New York ist immer eine Reise wert, natürlich auch Paris, Kapstadt oder Istanbul. Aber hast du auch Porto, Chicago oder Marrakesch auf deiner Bucket List? So viele aufregende Städte und Metropolen, dass man mindestens zwei Leben bräuchte, wollte man sie alle einmal gesehen haben. Wie soll man herausfinden, welche Stadt am besten zu einem passt? Staunst du gerne über ultramoderne Hochhausfassaden und glitzernde Malls? Dann ab nach Tokio oder Dubai! Von der Stadt direkt zum Bad ins Meer? Geht am besten in Sydney! Lust auf romantische Altstadtgassen und kleine Läden, die zum Stöbern einladen? Dann sind Prag oder Venedig deine erste Wahl!

Die MARCO POLO Redaktion hat 45 Top-Ziele in der ganzen Welt für dich ausgesucht. Entscheide selbst, wohin die Reise geht!

Viele unvergessliche Städte-Trips
wünscht dir

Deine MARCO POLO Redaktion

東海長
南山不老

ALLE ZIELE IN DIESEM BUCH

EUROPA

WELT

8 EDINBURGH
7 DUBLIN
14 LONDON
1 AMSTERDAM
19 PARIS
27 ZÜRICH
16 MAILAN
20 PORTO
15 MADRID
3 BARCELONA
13 LISSABON

EUROPA
18 OSLO
24 STOCKHOLM
23 ST. PETERSBURG
11 KOPENHAGEN
6 DANZIG
10 HAMBURG
4 BERLIN
12 KRAKAU
21 PRAG
17 MÜNCHEN
26 WIEN
5 BUDAPEST
25 VENEDIG
9 FLORENZ
22 ROM
2 ATHEN

AMSTERDAM
Keizersgracht

1

Eine Stadt, die sich über ganze 90 Inseln erstreckt, die geprägt ist von unzähligen Grachten, berühmten Museen und einer kompakten Innenstadt unter Denkmalschutz. Seit Jahrhunderten gehen hier der Unternehmergeist der Kaufleute und das tolerante „Anything goes" eine Verbindung ein, die ein ganz eigenes Flair ergibt. So präsentiert sich Amsterdam mit seiner ungewöhnlich internationalen und ungewöhnlich jugendlichen Bevölkerung aufregend und doch entspannt, aktiv und geruhsam, weltstädtisch und dörflich zugleich.

CHECK

- ✓ Westentaschen-Metropole
- ✓ Brücken ohne Ende
- ✓ Fahrräder haben Vorfahrt
- ✓ Rembrandt & Van Gogh
- ✓ Toleranz liegt im Blut

ENTDECKE AMSTERDAM

Hausboote säumen die Amsterdamer Grachten

Leicht windschief lehnen sich die schmalen Häuser aneinander. Ein Radler überquert auf seinem quietschenden Fahrrad die Brücke, vor dem Eckcafé sitzen Leute beim Bierchen in der Sonne. In der Ferne hört man die Straßenbahn über den Leidseplein rumpeln. Keine Frage, Amsterdam ist eine schöne Stadt, die mit ihrer Entspanntheit und Lebendigkeit jährlich Millionen Besucher in ihren Bann zieht.

METROPOLE IM KLEINFORMAT

Dank der kompakten Innenstadt wirst du in Amsterdam mehr oder weniger unvermeidlich zum Spaziergänger. Denn erst wer zu Fuß durch die backsteingepflasterten Gassen entlang der Grachten läuft, wird die Schönheit der schmalen, hohen Bürgerhäuser wahrnehmen, wird den Reiher auf dem Dach des Hausboots bemerken, wird hier und dort auf ein verborgenes *hofje* oder einen kleinen Designerladen stoßen. Das historische Ensemble des Grachtenrings ist über die Jahrhunderte hinweg komplett erhalten geblieben.

ALTE STADT, JUNGE BEWOHNER

Dass Amsterdam dennoch kein angestaubtes Freilichtmuseum, sondern eine sehr lebendige Stadt ist, liegt einerseits am unbefangenen Umgang der Holländer mit ihren Denkmälern – da wird schon mal eine Neonreklame an einen gotischen Treppengiebel gehängt –, andererseits aber auch an der internationalen und jungen Bevölkerung. Die Hälfte der Amsterdamer stammt nicht aus den Niederlanden, und 41 Prozent der Einwohner sind jünger als 35 Jahre. Und so ist das Nachtleben rund um Leidse- und Rembrandtplein turbulent, die

Shoppingmöglichkeiten sind fast grenzenlos, und die Wahl zwischen den zahlreichen veganen Hipster-Cafés, angesagten Bars und Restaurants der Stadt fällt ungeheuer schwer. Wer Amsterdam besucht, der will aber auch die drei großen Museen Rijksmuseum, Van Gogh und Stedelijk Museum mit ihren einzigartigen Kunstschätzen nicht verpassen.

DAS GOLDENE ZEITALTER

Es waren Toleranz und Weltoffenheit, die die Geschichte der niederländischen Hauptstadt geprägt haben. Ihre Ursprünge liegen in einem sumpfigen Fischerdorf an der Mündung des Flusses Amstel in das IJsselmeer, das heute ein See ist, damals jedoch noch ein Arm der Nordsee war. Gegen Ende des 16. Jh. zogen viele protestantische und jüdische Flüchtlinge etwa aus Antwerpen und Lissabon hierher. Die Einwander brachten Geld und internationale Kontakte und läuteten das Goldene Zeitalter ein. In den folgenden 150 Jahren entwickelte sich Amsterdam zu einer wichtigen und reichen Hafenstadt, deren Lager mit Nelken, Zimt, Seide, Kaffee und Porzellan gefüllt waren. Als die Stadt aus allen Nähten zu platzen drohte, ließen sich reiche Kaufleute außerhalb der alten *wallen* prächtige Wohnhäuser mit angeschlossenen Lagerräumen an der Heren-, Keizers- oder Prinsengracht bauen. Um 1700 zählte Amsterdam etwa 220 000 Einwohner, war damit die drittgrößte Stadt in Europa, auch wenn nur etwa 50 Jahre später ihr Stern wieder zu sinken begann.

HIPPIE-PARADIES & BAUWUT AM IJ

In den 1970er-Jahren wurde es dann wieder bunt und lustig in der Grachtenstadt, als Amsterdam zum Mekka für Hippies, Hausbesetzer und Aussteiger aus aller Welt wurde. Liberale Politiker bewirkten die Legalisierung sanfter Drogen. Für seine Toleranz ist Amsterdam auch heute noch bekannt: Nicht nur Tulpen und Grachten, sondern auch Coffeeshops und Rotlichtviertel prägen das Image. Was man in den letzten Jahren zudem immer mehr sieht, sind Kräne und Baustellen. Vor allem am IJ-Ufer hat sich zuletzt viel getan, östlich vom Hauptbahnhof sind komplette neue Stadtviertel entstanden, die Entwicklung am Nordufer und im alten Holzhafen im Westen der Innenstadt ist noch in vollem Gange. In der historischen Altstadt bekommt man davon aber nicht allzu viel mit. Amsterdam ist und bleibt eine überschaubare, ungewöhnlich entspannte, manchmal aber auch etwas chaotische Weltstadt, deren Bewohner sich am liebsten noch immer ökologisch korrekt mit ihrem *fiets* fortbewegen, dem meist rostigen Fahrrad.

MARCO POLO TOP-HIGHLIGHTS

RIJKSMUSEUM ★1

Von Rembrandts „Nachtwache“ bis zu Vermeers „Küchenmagd“ ist das ganze Goldene Zeitalter vertreten

Tipp: Im Museumsgarten lockt der begehbare Wasserpavillon des dänischen Künstlers Jeppe Hein. 12 Sekunden hat man Zeit, um sich in die Mitte zu stellen und zu knipsen, bevor es feucht wird

GRACHTENRING ★2

Nirgends in Amsterdam spaziert es sich so schön wie entlang der Pracht von Heren-, Keizers- und Prinsengracht

Tipp: Vom Grachtenboot aus hat man an der Mündung der Reguliersgracht in die Herengracht gleich sieben Brücken auf einmal im Blick

NIEUWMARKT ★3

Kulturenclash im Rotlichtviertel: Rund um die alte Stadtwaage gibt es *nasi goreng, biertjes* und Gouda

BEGIJNHOF ★4

Einen Gang runterschalten: Amsterdams ältestes *hofje* ist eine Oase im Shopping-Getümmel

Tipp: Montagmorgens um Punkt neun Uhr hat man den Hof noch für sich allein

WESTERTOREN ★5
Unten ruht Rembrandt in der Kirche, oben schaut man über die Dächer des Grachtenrings
📷 *Tipp: Nur morgens kann man nach Westen fotografieren, wo der Jordaan und das IJ ein besonders schönes Panorama bieten*

VAN GOGH MUSEUM ★6
Die weltweit größte Sammlung mit Gemälden des berühmten Ohrabschneiders und Sonnenblumenmalers

TUSCHINSKI ★7
In Amsterdams expressionistischem Lichtspielhaus lässt sich manchmal sogar Ex-Königin Beatrix blicken
📷 *Tipp: Auf dem zweiten Balkon bist du ganz nah an der prächtigen Gewölbedekoration*

CONCERTGEBOUW ★8
Lass mal hören: altehrwürdiges Konzerthaus mit legendär guter Akustik

JORDAAN ★9
Das Kontrastprogramm zum prächtigen Grachtenring: Hutzelige Häuser, historische Kneipen und vor allem versteckte *hofjes* machen den Charme des ehemaligen Arbeiterviertels Jordaan aus

KONINGSDAG ★10
Am Tag des Königs spielt ganz Amsterdam verrückt – erst beim stadtweiten Flohmarkt, anschließend bei Bier und Oranjebitter-Likör

BEST OF
LOW BUDGET
FÜR DEN KLEINEN GELDBEUTEL

PARKKULTUR
Im Sommer trifft sich im Vondelpark ganz Amsterdam – zum Picknick, zum Besuch eines der (kostenlosen) Konzerte auf der Freiluftbühne oder einfach zum Fußballspielen. In diesen Park geht man eben nicht wegen der Ruhe, sondern wegen der Geselligkeit.

KLASSIK AM MITTAG
Die gratis zugänglichen „Lunchkonzerte" im Concertgebouw sind eine Amsterdamer Institution. Immer mittwochs um 12.30 Uhr kann man einer Probe des Concertgebouworkest beiwohnen oder sich ein halbstündiges Konzert von jungen Talenten anhören.

KINO IM FREIEN
Auf einer kleinen Halbinsel am Westerdoksdijk findet jedes Jahr im August ein mehrwöchiges Kinofestival im Freien namens Pluk de Nacht statt. Nur wer zum Liegestuhl auch eine Wolldecke haben möchte, muss dafür bezahlen.

GALERIEN IM JORDAAN
Zeitgenössische Kunst zu erleben muss nicht gleich Eintritt kosten. In Amsterdam kann man auch einfach einen Galerienspaziergang unternehmen. Die meisten bekannten Galerien, wie Fons Welters, Annet Gelink oder Torch, findest du in unmittelbarer Nähe zueinander im Jordaan-Viertel.

KNALLBUNTER PARADIESVOGEL
Chinesen mögen es farbenfroh. Mitten zwischen den alten Backsteinbauten am Zeedijk thront der buddhistische Fo-Guang-Shan-He-Hua-Tempel. Hier darfst du einen Blick in das religiöse Herz der Amsterdamer Chinatown werfen.

BEST OF

TYPISCH

DAS ERLEBST DU NUR HIER

BRÜCKEN, BRÜCKEN, BRÜCKEN

Insgesamt 600 Brücken gibt es in der Altstadt, darunter als berühmtestes Exemplar die hölzerne Magere Brug über die Amstel, die aussieht, als wäre sie einem Gemälde von Van Gogh entsprungen. Den Oudezijds Achterburgwal überspannt seit Kurzem sogar die weltweit erste Brücke aus dem 3-D-Drucker.

AUF DEM RAD DURCH DIE STADT

Ohne Fahrräder ist Amsterdam nicht denkbar. Dank vieler Verleihe können Besucher es den Einheimischen gleichtun. Besonders netten Service und einen guten Latte Macchiato bietet Star Bikes Rental.

WOHNEN AN DEN GRACHTEN

Amsterdams Grachtenhäuser sind mal windschief und hutzelig, mal imposant und vornehm. Schulter an Schulter säumen sie Altstadtkanäle. Zwar bestehen alle aus Backstein, aber keins gleicht dem anderen. Die prächtigsten Häuser findest du im Gouden Bocht der Herengracht.

BRAUNE CAFÉS

Rundum holzvertäfelt, vor allem aber „gezellig" müssen sie sein: die „braunen Cafés", die es in Amsterdam an fast jeder Ecke gibt. Manch ein Beispiel dieser Kneipengattung ist, wie De Oosterling oder Wynand Fockink, mehrere hundert Jahre alt.

KÖNIGLICHES DATUM

Am Koningsdag, dem 27. April, feiern die Niederländer ihren König Willem-Alexander. In Amsterdam wird der Tag mit einem stadtweiten Flohmarkt begangen, der nachmittags in eine große Freiluftparty übergeht. Style dich von Kopf bis Fuß in Orange und hau mal richtig auf den Putz.

DIE BESTEN INSIDER-TIPPS

BEACHPARTY AM UFER

„Gezellig“ geht auch open air, wie im Strandlokal auf dem Gelände der früheren NDSM-Werft.

HISTORISCH PROSTEN

Sich im 1670 eröffneten Café Hoppe mit seinem schummrigen Holzinterieur und Sand auf dem Boden unter die Locals mischen und ein zünftiges Bier zischen.

TREPPAUF, TREPPAB ...

... geht's durch das verwinkelte Kaufmannshaus Ons Lieve Heer op Zolder. Das Highlight: die dreigeschossige katholische Geheimkirche auf dem Dachboden.

XXX

Was hat es mit den drei übereinander stehenden Kreuzen auf sich, die man überall sieht – am Giebel von Grachtenhäusern, auf Bootsflaggen und auf den als Amsterdammertjes bekannten Pfählen, die die Gehwege von der Straße abgrenzen? Ihren Ursprung haben sie in den drei Andreaskreuzen im Amsterdamer Stadtwappen.

ÜBER DEM ABGRUND SCHAUKELN

Auf dem Adam-Hochhaus kann man in 100 m Höhe hin- und herschwingen, bis der Magen kribbelt.

ÜBER DIE GRACHTEN TUCKERN

Bei Boaty darf man selber Kapitän spielen und ein mit Ökostrom angetriebenes Elektroboot mieten.

SURINAMISCHE BROODJES

Auf dem Albert-Cuyp-Markt locken Spezialitäten aus aller Welt.

DAS SCHMECKT IN AMSTERDAM

Unsere Empfehlung heute

Snacks

PATAT OORLOG
Pommes mit Mayonnaise, Erdnussauce und Zwiebeln

RUNDVLEESKROKET
Rindfleischkrokette

BITTERBALLEN
frittierte Fleischbällchen, mit Senf zum Dippen

HOLLANDSE NIEUWE
junger Matjes, mit oder ohne Gewürzgurke und Zwiebeln

SAUCIJZENBROODJE
warmes Blätterteigbrötchen mit Wurstfüllung

Hauptgerichte

MOSSELEN
in Weißwein oder Bier gekochte Miesmuscheln, dazu Pommes und Mayo

STAMPPOT
Kartoffelbrei mit Wurst oder Fleisch und Gemüse

ROTI
indisch-surinamische Weizenfladen, gefüllt mit pikantem Fleisch oder Gemüse

KIPSATÉ
indonesische Hühnerspieße mit Erdnusssauce

ERWTENSOEP
dicke Erbsensuppe mit Roggenbrot und Katenspeck

Süßes

POFFERTJES
Mini-Pfannküchlein mit Butter und Puderzucker

APPELTAART
Apfelkuchen, mit oder ohne Schlagsahne

OLIEBOLLEN
in Fett ausgebackene Rosinenkrapfen mit Puderzucker

Getränke

WITBIER
Weißbier, gebraut mit Koriander und Zitrusfrüchten

KOFFIE VERKEERD
Kaffee „verkehrt herum" (mit viel warmer Milch)

GENEVER
Wacholderschnaps

Acrópolis-Museum

2

In Athen, der Metropole direkt am Meer, treffen absolute Kultur-Highlights wie die Akropolis und ihr neu gestaltetes Museum auf das pulsierende Leben von heute. Urige Tavernen, Szenerestaurants, trendige Cafés und Lounges gibt es im Überfluss. Die unterschiedlichsten Museen sowieso. Und das Shoppingangebot reicht vom Flohmarkt bis zum Edelkaufhaus. Was will man mehr? Vielleicht baden? Dann nimm die Metro und fahr zu den Stränden und zum Hafen von Piräus, von dem Tagesausflüge zu idyllischen Inseln möglich sind.

CHECK

- ✓ 5000 Jahre Geschichte
- ✓ Stadt der Gegensätze
- ✓ Szeneviertel Psirrí
- ✓ Vergiss Gyros & Souvláki
- ✓ Luxusyachten in Piräus

ENTDECKE ATHEN

Zu Füßen der Akrópolis: Anafiótika-Viertel

Athen von Anfang an: Einen besonders schönen Einstieg ins Athener Lebensgefühl? Nimm einfach Platz in einem der Straßencafés in der Odós Adrianoú gleich gegenüber der antiken Agorá. Hier überblickst du das parkähnliche Gelände des antiken Marktplatzes, auf dem einst große Philosophen wie Sokrates und Platon wandelten, und schaust auf das Thiseion, Griechenlands besterhaltenen antiken Tempel. Dahinter erheben sich der nackte Fels des Areopags und der steile Felshang der von Tempeln gekrönten Akrópolis. Wenn das kein guter Einstieg ist!

DIE STADT ERLAUFEN

In Athen brauchst du auf keinen Fall ein Auto und nur selten eine der drei Metrolinien, einen der abgasarmen Busse, einen Trolleybus oder die hier Tram genannte, hochmoderne Straßenbahn. Fast alles erreichst du bequem und ohne langweilige Durststrecken zu Fuß. Durch Athen zu bummeln macht Spaß und wird nie langweilig. Auf dem Weg vom Thissío, die Nordseite des Akrópolis-Hügels entlang zum Akrópolis-Museum fühlst du dich kaum noch in einer Großstadt, auch wenn die Stadt mit all ihren Vorstädten ca. 3,8 Mio. Einwohner hat, im eigentlichen Athen wohnen allerdings nur ca. 664 000 Menschen.

ZWISCHEN ANTIKE UND NEUZEIT

Im modernen Akrópolis-Museum, das selbst schon eine architektonische Sehenswürdigkeit darstellt, wird man schließlich auf vielfältige Weise mit Athens bekanntestem Bauwerk bekannt gemacht – und kann auf der Terrasse dieses Museums von Weltrang im Angesicht der

antiken Tempel in einer schicken Cafeteria Spezialitäten aus ganz Griechenland genießen. Auf den Tellern können Käse von den Ägäischen Inseln oder Wurst aus Mykonos oder Léfkas liegen, in den Gläsern schimmert griechischer Wein oder eine traditionelle Pflaumenlimonade. Gehst du weiter um die Akrópolis herum, kommst du sogleich in Athens Altstadt, die Pláka. Zumeist in zarten Ockertönen gehaltene, ziegelgedeckte Häuser und klassizistische Stadtvillen aus dem 19. und frühen 20. Jh. säumen in der Pláka die meist autofreien Gassen, beherbergen kleine Museen, Galerien und historische Archive. An den Hauptachsen der Pláka reiht sich Laden an Laden, Taverne an Taverne. Anders als am verkehrsreichen, durch seine Luxushotels und das Parlamentsgebäude repräsentativen Síntagma-Platz laden in der Pláka kleine, ganz urbane Plätze zum Entspannen ein, und in vielen kleinen Hotels kannst du hier mitten in der Geschichte wohnen.

STADTVIERTEL-VIELFALT

Nur ein paar Meter weiter fühlst du dich – wie im Stadtviertelchen Anafiótika – in ein ägäisches Inseldorf versetzt. Zum besonderen Flair der Athener Innenstadt tragen auch andere, an die Pláka angrenzende Stadtviertel bei, die noch bis vor wenigen Jahrzehnten reine Industrie- und Gewerbeviertel waren. Im Thissío-Viertel trifft man sich bei Rockmusik in den ehemaligen königlichen Pferdeställen, zeigt eine Galerie moderne Kunst in einer einstigen Hutfabrik. Im Psirrí-Viertel werden heute noch tagsüber in vielen kleinen Werkstätten Schuhe, Taschen und andere Lederwaren genäht, während abends die Tavernen, Bars und Musiklokale überwiegend junge Leute aus der ganzen Stadt anziehen. Sogar der alte Gasometer im Gázi-Viertel hat eine neue Verwendung als Kunstgalerie gefunden, um die herum Bars und Restaurants auch wohlhabende Gäste anocken.

DER ATEM DER GESCHICHTE

Und überall entdeckst du antike Ruinen und kleine mittelalterliche Kirchen. In keiner anderen Großstadt Europas ist die Antike noch so präsent wie hier, Rom ausgenommen. Hier wurde zuerst gebaut und gedacht, was die Römer später nachahmten, technisch verbesserten und schließlich – wie das Theater mit der Tierhatz und den Gladiatorenkämpfen oder die Tempel zur Kaiserverehrung – entwürdigten und entweihten. Gegenwart und Geschichte verschmelzen in Athen überall miteinander.

MARCO POLO TOP-HIGHLIGHTS

AKRÓPOLIS ★1
Meisterwerke antiker Baukunst und ein unvergesslicher Rundblick
📷 *Tipp: Ein Mensch vor den Säulen des Parthenon macht deren Höhe erst deutlich*

TEMPEL DES OLYMPISCHEN ZEUS ★4
15 Säulen am Rand der Altstadt zeugen vom einst größten Tempel Athens

AKRÓPOLIS-MUSEUM ★2
Antike Kunst in einem Maßstäbe setzenden Bau, der selbst ein Kunstwerk ist

MARKTHALLEN ★5
Alles schön drapiert, vom Hammelhoden bis zum Filetsteak, von Anchovis bis zum Thunfisch. Drum herum Käse, Nüsse und Oliven

AGORÁ MIT AGORÁ-MUSEUM ★3
Das Herz des antiken Athen inmitten eines schönen Parks, dazu Griechenlands am besten erhaltener Tempel
📷 *Tipp: Den besten Überblick hast du vom Dach des Agorá-Museums aus*

LIKAVITTÓS ★6
Ganz Athen – einschließlich der Akrópolis – liegt dir hier zu Füßen
📷 *Tipp: Die schönsten Bilder gelingen, wenn in der Stadt die Lichter angehen*

PLÁKA 7
Die Altstadt ist Freilichtmuseum, Shoppingmeile und Freiluftlokal zugleich. Aber es gibt auch ganz stille Ecken
Tipp: Am fotogensten sind die von Katzen geliebten engen Gassen im Anafiótika-Viertel

NATIONALGARTEN 8
Eine grüne Oase im Herzen der Stadt: Bänke unter Palmen, ein Ententeich und ein weltentrücktes Café

ARCHÄOLOGISCHES NATIONALMUSEUM 9
Unermesslich wertvolle Kunstschätze von der Steinzeit bis zu den alten Römern

SÍNTAGMA-PLATZ 10
Athens zentraler Platz wird vom alten Königspalast, dem heutigen Parlament, dominiert
Tipp: Sei um 11 Uhr zur Wachablösung vor dem Denkmal des Unbekannten Soldaten

BEST OF LOW BUDGET

FÜR DEN KLEINEN GELDBEUTEL

METRO ODER MUSEUM?
Athener Metrostationen sind oft auch Museen. In der Station *Acrópolis* siehst du eine Replik des Parthenon-Frieses, in der Station *Monastiráki* ein gemauertes Bachbett und Wasserleitungen aus der Antike.

DEM TRUBEL ENTFLIEHEN
Mitten im Großstadttrubel entspannen: Im Schatten hoher Palmen und alter Bäume des Nationalgartens (Ethnikós Kípos) kannst du hier bei freiem Eintritt Athener Volksleben und, wenn du magst, dein Picknick verspeisen.

BUSFAHRT IM HAFEN
Im größten Fährhafen Europas, *Kantharós*, ist immer eine Menge los. Von Kai zu Kai zu schlendern dauert Stunden. Wer müde wird, besteigt einen der im Hafengebiet kostenlos verkehrenden Passagierbusse.

FLOHMARKTPREISE
Bunte, trubelige Flohmarktgassen liegen um den *Monastiráki-Platz* herum. Jeans, Hemden, T-Shirts, andere Klamotten und Schuhe sind hier besonders günstig zu haben.

IM ÄLTESTEN WOHNHAUS ATHENS
Das Gebäude des eintrittsfreien Benizélos-Museums gilt als ältestes erhaltenes Haus Athens. Damals gehörten zum Haus auch eine Oliven- und Weinpresse. Im kleinen Hof des Museums kann man die nostalgische Atmosphäre gut bei einer Tasse Kaffee genießen.

FRAGEN STATT FÜHRUNG
Tolle Idee: Im *Akrópolis-Museum* kannst du den Museumswärtern kostenlos Fachfragen zu Objekten stellen. Das erspart eine komplette Führung.

BEST OF
TYPISCH
DAS ERLEBST DU NUR HIER

HAFENFLAIR AUF GRIECHISCH
Athen liegt zwischen Bergen und Meer. Beides hast du vor Augen, wenn du in den Fischrestaurants und Musikcafés am *Mikrolímano-Hafen* von Piräus sitzt, vor Fischerbooten und Yachten.

VIRTUELLE ANTIKE
Modernste Technologie entführt dich im Hellenic Cosmos ins antike Athen oder nach Konstantinopel. Spaziere über die wiederbelebte antike Agorá und nimm selbst an einem Scherbengericht aktiv teil.

DER SONNTÄGLICHE SPAZIERGANG
Sonntags gehen die Athener gern spazieren. Am liebsten umrunden sie dabei auf einer autofreien Flaniermeile die Akrópolis – zumindest halb, von der Metrostation Akrópolis bis zur Station Monastiráki. Im ersten Teil steht viel Straßenkunst, im zweiten liegen viele Cafés und Tavernen.

DIE TAVERNEN IM KELLER
Kleine Kellertavernen sind eine markante Eigenart Athens. In der Taverne *Diporto* im Marktviertel ist Schlichtheit Kult. Freunde und Fremde sitzen an nur acht Tischen beisammen, die Kellner sprechen nur Griechisch, aber es gibt täglich immerhin sechs stets marktfrische Gerichte.

HAMMAMS
Die traditionellen Badehäuser der osmanischen Zeit sind in Athen wieder groß im Kommen. Übers Traditionelle hinaus bieten sie auch zeitgenössische Behandlungen an.

HÖHLENWASSER
Die einzigen Wassertropfen, die du in der Höhle von Peanía sehen wirst, sind jahrhundertealt, und sie fallen von bildschönen Tropfsteingebilden auf dich herunter.

DIE BESTEN INSIDER-TIPPS

ATHEN VON GANZ OBEN
Besonders zum Sonnenuntergang sind die kleinen Felskuppen nahe der Akrópolis Athens schönster Aussichtspunkt.

GRIECHISCH TANZEN LERNEN
Du willst griechisch tanzen? Im Kritikoú lernst du ganz schnell zu Livemusik die ersten Schritte.

BUNTE COCKTAILS SCHLÜRFEN
Bezahlbare Cocktails auf Weltniveau in legerem Ambiente schüttelt und rührt dir das Baba au Rum.

OPEN-AIR-THERMALBAD
Pool und Meer sind normal. Die Athener haben alternativ den See von Vouliagméni, einem Küstenvorort. Thermalquellen halten in dem als Bad gefassten See die Temperatur ganzjährig auf mindestens 22 Grad. Schön ist auch die Felskulisse samt Grotte.

DURCH DIE CITY JOGGEN
Lauf einfach mit. Täglich geht's nach dem Warm-up vom Síntagma durch die Pláka zur Akrópolis und zurück.

SCHLEMMEN WIE DIE LOCALS
300 Tische voller Kebabs. Im Thanásis kommt dir jeder Tag vor wie ein griechisches Dorffest.

DER STADT ENTFLIEHEN?
Noch auf Athener Stadtgebiet, aber schon mitten im Grün der Wälder am Hang des Berges Ymettós steht das uralte, heute unbewohnte Kloster Kessarianí. In der Umgebung des Klosters sind mehrere Wanderwege gut markiert.

DAS SCHMECKT IN ATHEN

Unsere Empfehlung heute

Vorspeisen

DOLMADÁKIA
Mit Reis gefüllte Weinblätter

FÁVA
Püree aus gelben Platterbsen mit Zwiebeln und Olivenöl

TARAMÁ
Püree aus Fischrogen, rot oder weiß

Salate

CHORIÁTIKI
Gemischter Salat mit Oliven und Fétta-Käse

CHÓRTA
Salat aus gekochten Blättern von Wildpflanzen und Mangold

PATSÁRIA
Mit ihren Blättern gekochte milde Rote Bete

Fleisch

BEKRÍ MEZÉ
In Rotwein gedünstetes, leicht scharfes Schweinegulasch

JUVÉTSI
Überbackene, reisförmige Nudeln mit Rindfleisch

KLÉFTIKO
Mit Kartoffeln und Kräutern geschmortes Lamm- oder Ziegenfleisch

KOKORÉTSI
Gegrillte, in seinen Darm gewickelte Innereien vom Lamm

STIFÁDO
Rindergulasch mit kleinen Gemüsezwiebeln in Tomaten-Zimt-Sauce

Fisch

BAKALJÁROS ME SKORDALIÁ
Stockfisch vom Kabeljau, serviert mit Knoblauch-Kartoffel-Püree

KAKAVIÁ
Fischsuppe mit einem ganzen, in der Suppe gekochten Fisch Ihrer Wahl, separat serviert

KALAMÁRI JEMISTO
Im Ganzen servierter mit Käse gefüllter frischer Tintenfisch

KSIFÍAS
Steak vom Schwertfisch, garantiert grätenfrei

MARÍDES
Knusprig ausgebackene Sardellen, mit Kopf und Schwanz zu verzehren

Plaça Reial

3

Ob Chillen auf der Plaça, Sundowner am Strand, Kulturtempel oder coole Kneipe, Sightseeing oder Shopping: In Barcelona wird dir garantiert nicht langweilig. Auch wenn jeder ständig etwas vorhat, bleibt immer Zeit für einen Espresso oder Drink – mediterrane Gelassenheit pur. Cafés und Bars gibt es an jeder Ecke, dazu spannende Museen und abgefahrene Locations, die sich manchmal hinter meterdicken mittelalterlichen Mauern verstecken. Vor allem in der Barri Gòtic sind Historisches und Aktuelles wunderbar vermixt.

CHECK

- ✓ **Stadt trifft Meer**
- ✓ **Gaudís Jugendstil**
- ✓ **Tapas & Cava**
- ✓ **Für Nachtschwärmer**
- ✓ **Alles in Laufweite**

ENTDECKE BARCELONA

Carrer del Bisbe im Herzen des gotischen Viertels

Den ersten Blick auf Barcelona erhaschen die meisten Touristen aus der Vogelperspektive – beim Landeanflug. Was von oben aussieht wie ein aufgelöstes dunkles Riesenknäuel, ist das Gotische Viertel mit seinen verwinkelten Gassen. Dort sind die Straßen so eng, dass oft nur ein schmaler Streifen Licht hineinfällt – wenn überhaupt. Abseits der Touristenströme kannst du noch geheimnisvolle Ecken und Winkel entdecken: Mittelalter pur! Gleich nebenan das scharf gestochene Straßenraster des Jugendstilviertels Eixample, das an ein Schachbrett erinnert. Zwischendrin schrauben sich hypermoderne Turmbauten in den Himmel.

SCHÖNES DURCHEINANDER

Im Gewusel der Altstadt dringen oft klassische Gitarrenklänge oder sanfter Jazz an dein Ohr: Vor allem um die Kathedrale herum postieren sich teils wirklich gute Musiker, egal ob sie nun Klassik oder Pop spielen. Historisches und Aktuelles liegen auch sonst in der Barri Gòtic friedlich nebeneinander: Reste römischer Ruinen neben hippen Concept Stores, winzige Krimskramsläden neben angesagten Modeshops. Überhaupt, die Katalanen kennen sich aus mit Widersprüchen. Das war schon so, als sich die reichen Bürger Barcelonas eines der prächtigsten Jugendstilviertel der Welt bauen ließen. Die feine Gesellschaft wollte zeigen, was sie hatte, die Häuser konnten nicht schön und verschnörkelt genug sein. Wenn es um das Image ihrer Hauptstadt geht, lassen sich die Katalanen nicht lumpen. Ob Architektur, Design und Fashion oder Kunst und Kultur – da wird in Barcelona nicht gekleckert, sondern geklotzt!

BARCELONA ERFINDET SICH NEU – IMMER WIEDER

An kreativer Energie hat es der Mittelmeermetropole nie gefehlt. Das war schon so bei der Weltausstellung von 1888, die die Stadt aus ihrem Dornröschenschlaf rüttelte und den Aufbruch einläutete in eine neue Zeit im Zeichen des aufblühenden Jugendstils. Für die große Show richtete man das Terrain um den Ciutadella-Park her. 1929 wurde die Stadt im Zuge der zweiten Weltausstellung wieder völlig umgekrempelt – diesmal wurde der Montjuïc erschlossen. Die Olympischen Spiele von 1992 bescherten Barcelona schließlich eine ganz neue Stadt: Die runderneuerte Mittelmeermetropole mauserte sich zum Mekka für Architekten, Stadtplaner und Touristen. Zu den populärsten Errungenschaften gehört der kilometerlange Sand- und Badestrand. Vor allem am Wochenende flanieren, joggen, radeln oder skaten die Barcelonesen über die palmenbestandene Promenade und gönnen sich eine Paella mit Meerblick.

EIN HIGHTECH-VIERTEL MACHT VON SICH REDEN

Nördlich des Olympischen Dorfs liegt das Viertel Poblenou, das gerade von einer gigantischen Industrieruine zum ultimativen Hightechviertel umgemodelt wird: Rund um die imposanten Firmensitze, Innovationszentren und Produktionsstudios hat sich eine neue Kultur- und Kneipenszene angesiedelt, zum Teil in weitläufigen Fabriklofts. Blickfang der schönen neuen Bauwelt ist der rot und blau changierende Riesenphallus, der Wolkenkratzer Torre Glòries – ein Entwurf von Jean Nouvel. Und an der Mündung des Besós entsteht seit ein paar Jahren eines der teuersten Quartiere, die Diagonal Mar, mit exklusiven Wohnhäusern und Designhotels im Hochformat.

MASSENTOURISMUS CONTRA ÜBERLEBENSKUNST

Hinzu kommt, dass Tausende von Wohnungen über Airbnb und Co. lukrativ an Urlauber vermietet werden. Das ließ die Mietpreise zusätzlich steigen. Mit restriktiver Lizenzvergabe und saftigen Geldstrafen versuchte die Stadt dagegenzusteuern – vergeblich. Trotzdem: Zur gleichförmigen Hochglanzcity ist Barcelona deshalb noch lange nicht geworden. Zum Glück. An vielen Ecken gibt es Läden und Kneipen, die das Designfieber überstanden haben. Und es leben hier immer noch junge Kreative mit genügend subversiver Fantasie, um das Markenzeichen *disseny barceloní* gegen den Strich zu bürsten.

MARCO POLO TOP-HIGHLIGHTS

SAGRADA FAMÍLIA ★1
Gaudís große Unvollendete ist Barcelonas berühmteste Baustelle
📷 *Tipp: Die Monumentalität fängst du mit dem Weitwinkel am besten ein, besonders vom Mittelstreifen der Avinguda Gaudí aus*

LA RAMBLA ★4
Freilichtbühne für Flaneure, Touristen und Taschendiebe – der ganz eigene Charme der prominentesten Promenade Barcelonas

MUSEU PICASSO ★2
Beeindruckende Sammlung des genialen Malers in mittelalterlichen Mauern – mit hervorragenden Sonderausstellungen

MERCAT DE SANT JOSEP ★5
Der „Bauch Barcelonas" gilt aus gutem Grund als schönste Markthalle der Stadt
📷 *Tipp: Foodfotografen kommen direkt nach Öffnung, vor den Reisegruppen, und fragen nett um Erlaubnis*

BARRI GÒTIC ★3
Die verwinkelte Altstadt versetzt Besucher zurück ins Mittelalter
📷 *Tipp: Am späten Nachmittag fällt das Licht besonders malerisch in die Gassen*

CASA MILÀ ★6
Das verrückteste Mietshaus der Stadt setzte neue Maßstäbe beim Wohnungsbau. Näher kommst du dem Genie Gaudís nirgends

PARK GÜELL ⑦
Drachen, Schmetterlinge, Schlangen und zauberhafte Grotten: Als Plus bietet Gaudís hängender Märchengarten noch einen großartigen Blick über die Stadt

PALAU DE LA MÚSICA CATALANA ⑧
Musikpalast im üppigsten Modernismestil: Architekt Lluis Domènech i Montaner hat aus dem Vollen geschöpft
📷 *Tipp: Die Keramikblüten an Säulen und Balustraden kommen vor unscharfem Hintergrund super zur Geltung*

MUSEU NACIONAL D'ART DE CATALUNYA ⑨
Von Fresken bis Fotografie: Die Kunstsammlung ist einzigartig
📷 *Tipp: Bis abends bleiben! Der Treppenaufgang rückt das Lichtspektakel der Font Màgica in die richtige Perspektive*

CAMP NOU ⑩
Beeindruckendes Stadion des Clubs, der für Barcelona viel mehr ist als ein Verein

BEST OF
LOW BUDGET

FÜR DEN KLEINEN GELDBEUTEL

WORKOUT AM STRAND
Der Bizeps könnte ein Trimming vertragen, aber du hast keine Lust auf stickige Gyms? Dann auf zum Meer! Entlang der Promenade warten Klimmzugstangen, Sprossenwände, Bauchtrainer und andere Fitnessgeräte.

GRATIS INS GOTTESHAUS
Barcelonas gotische Kathedrale samt Kreuzgang musst du gesehen haben – dafür aber nicht unbedingt Eintritt bezahlen: Wenn du außerhalb der Kernzeiten kommst, ist die Besichtigung gratis!

MITTAGS FÜRSTLICH TAFELN
Sich den Bauch mit Köstlichkeiten vollschlagen und dabei den Geldbeutel schonen: Das „Menu de mediodía" macht's möglich. Auch die aufstrebenden Stars von Barcelonas Gourmetszene bieten mittags günstige Menüs an, wie Rafa Peña in seiner Gastro-Bar Gresca. Für diese Qualität zahlt ihr anderswo leicht das Doppelte.

PICASSO AM ABEND
Auf dem Markt erzielen Picassos Werke Rekordpreise, im Museu Picasso ist der Kunstgenuss kostenlos – zumindest, wenn du online ein Ticket für Donnerstagabend oder für den ersten Sonntag im Monat reservierst. Auch im Museum für Katalanische Kunst ist der Eintritt am ersten Sonntag im Monat frei.

JAM-SESSION MIT DEN STARS VON MORGEN
Egal ob New Flamenco, Jazz oder Pop: Die Schüler des Taller de Músics haben's drauf und zeigen jeden Abend im JazzSí Club ihr Können. Mit acht bis zehn Euro ist der Preis mehr als fair, schließlich wird er voll aufs erste Getränk angerechnet.

BEST OF

TYPISCH

DAS ERLEBST DU NUR HIER

IN APPETITLICHEN HÄPPCHEN

An den Tresen der Bars kommst du den Essgewohnheiten der Einheimischen am besten auf die Spur! Probiere Häppchen mit Fisch und Meeresfrüchten in der rustikalen Bar Leo, marktfrische Tapas in der Cervecería Catalana oder leckere Kleinigkeiten in der Bar El Xampanyet.

GAUDÍS GOTTESHAUS

Die Sagrada Família ist das weltberühmte Wahrzeichen der Stadt. Wer die beeindruckenden gigantischen Säulen und das spektakulare Licht im Inneren des riesigen, vom Papst geweihten Kirchenschiffs nicht gesehen hat, kennt Barcelona nicht!

MEDITERRANES LEBENSGEFÜHL

Auf den vielen lauschigen Plätzen genießen Besucher und Einheimische das Flair der Stadt – bei einem Kaffee oder einem kühlen Bier. Besonders stimmungsvoll sind die Plaça de la Vila und die Plaça de la Virreina im Gràcia-Viertel.

POPULÄRES PANOPTIKUM

Wirf dich auf der berühmten Rambla ins Getümmel – zwischen Touristen und Theaterbesuchern, Kulturinteressierten und Kitschverkäufern, gestylten Opernbesuchern und geschickten Kellnern. Am unteren Ende der Rambles verblüffen die lebenden Statuen mit fantasievollen Kostümen.

STEINGEWORDENES REPTIL

Knochen, Masken, Elefantenfüße: Für sein bizarres Jugendstilwohnhaus Casa Batlló am Nobelboulevard Passeig de Gràcia ließ sich Kataloniens berühmter Baumeister Antoni Gaudí von der Natur inspirieren. Im Innern gleicht kein Zimmer dem anderen.

DIE BESTEN INSIDER-TIPPS

IRRWEG FÜR VERLIEBTE
Im Parc del Laberint macht es Spaß, sich zwischen Zypressenhecken zu verlaufen. Die Parkanlage ist der Treff der Liebespaare – als Kulisse dienen Amorstatuen, Wasserkaskaden und Marmortempel.

IN ANDACHT VERSINKEN
Vom Turó de la Rovira oberhalb des Parc Güell ist der Blick über die Stadt so atemberaubend, dass manche glatt das Knipsen vergessen.

HAI IN SICHT!
Gefahrlos an Haien vorbeischlendern kannst du im Acryltunnel des Aquàrium, das eine grandiose Schau von über 8000 Tieren und Pflanzen aus allen Meeren der Welt bietet, mit nachgebauten Korallenriffen, Biotopen und Tiefseeszenarien.

STILBEWUSST SÜFFELN
Im In-Viertel Sant Antoni feiert der Likörwein Wermut ein Revival! Hipster schwören auf die Hausmarke der Bar Calders.

MIT DRACHEN TANZEN
Beim Stadtfest Mercè ziehen feuerspuckende Ungeheuer durch die Straßen – zu mitreißender Musik.

TRENDSCOUT WERDEN
Lässig, urban, laufstegtauglich: Im Born-Viertel entdeckst du in Modeläden wie Suno die Design-Genies von morgen.

DEN TAG ZUR NACHT MACHEN
Ob Swing, Tango oder Salsa: Mit tragbaren Lautsprechern macht Barcelonas Tanzgemeinde jeden Platz zur Partyzone.

DAS SCHMECKT IN BARCELONA

Unsere Empfehlung heute

Vorspeisen

ESCALIVADA
geröstetes Gemüse (Aubergine, Paprika, Zwiebel) in Olivenöl

ESQUEIXADA
Salat aus Stockfisch, Tomaten, Zwiebeln, Paprika und Oliven

ESPINACS A LA CATALANA
Spinat mit Rosinen und Pinienkernen

AMANIDA CATALANA
Salat mit *embotits,* geräucherten Wurstwaren

Hauptgerichte

SUQUET DE PEIX
katalanischer Fischsuppentopf mit Meeresfrüchten und Kartoffeln

BACALLÀ A LA SAMFAINA
Stockfisch mit Gemüseragout

ARRÒS NEGRE
schwarze Reispfanne mit Tintenfisch samt Tinte

FIDEUÀ
Nudelpaella mit Fisch und Meeresfrüchten, im Ofen überbacken

FRICANDÓ
in Pilzsauce gesottene Kalbsfilets

MANDONGUILLES AMB SIPIA
Fleischbällchen mit Tintenfisch in Sauce

CANELONES A LA CATALANA
mit Béchamelsauce überbackene und mit Hack oder Huhn gefüllte Röhrennudeln

Beilagen

PA AMB TOMÀQUET
Brot, mit Knoblauch und Tomate eingerieben und mit Olivenöl beträufelt

ALLIOLI
Mayonnaise aus Knoblauch und Olivenöl

Desserts

CREMA CATALANA
Eiercremesüßspeise mit Karamellkruste

MEL I MATÓ
Frischkäse mit Honig

Getränke

CAVA
Katalanischer Schaumwein

Brandenburger Tor

4

Hier kommt Berlin! Achtung Keule: Wer Ruhe braucht, ist hier definitiv falsch. Doch für alle, die gern aus rund 150 Konzerthäusern und Bühnen, 180 Museen und Sammlungen wählen möchten, die im Park spontan zu Beats tanzen, vietnamesischen Kaffee auf Englisch bestellen oder mit dem Trabi am Reichstag vorfahren wollen, ist bestens gesorgt. Denn so international und vielfältig wie in seiner Hauptstadt ist Deutschland sonst nirgendwo.

CHECK

- ✓ **Einstige Mauerstadt**
- ✓ **Wasserblick: Spree & Co.**
- ✓ **Clubs, Cafés & Kneipen**
- ✓ **Herkunft? Nebensache!**
- ✓ **Hinterhofidyllen**

ENTDECKE BERLIN

Sommerfeeling mit Blick auf die Museumsinsel

In Berlin ist genug Platz für ein Miteinander von Hochkultur – Hallo Philharmonie, Staatsoper, Deutsches Theater! – und ihrer wilden Schwester, der Off-Kultur. Ob Varieté, Kiez-Soap oder äthiopischer Singer-Songwriter – für wenig Geld gibt es Großartiges gleich in der Nachbarschaft. Das Partyvolk zieht es derweil in die über 200 Clubs sowie unzähligen Bars, Cafés und Kneipen, die zu jeder Tages- und Nachtzeit je nach Bedarf Craft Beer, Pfeffi-Schnaps oder eine Techno-Sause servieren.

DIE MAUER KANN MAN (FAST) VERGESSEN

Über diesem Trubel ist die Erinnerung an die Teilung der einstigen Mauerstadt fast schon komplett verwirbelt. Von 1961 bis 1989 teilte die Mauer Ost-Berlin als Hauptstadt der DDR unter sowjetischem Einfluss von der Insel West-Berlin. Doch Sanierungswelle und Neubauboom nach der Wiedervereinigung haben viele Unterschiede geschliffen. Wer heute das Leben in der geteilten Stadt nachfühlen will, muss zur Gedenkstätte Berliner Mauer an der Bernauer Straße fahren oder sich von Zeitzeugen durch das ehemalige Stasigefängnis Hohenschönhausen führen lassen. Im Alltag, am einstigen Grenzübergang Checkpoint Charlie etwa, ist angesichts luxuriöser Geschäftshäuser und Boutiquen im alten Osten und baulicher Tristesse im Westen die Lage längst nicht mehr klar. Auch der während der Teilung im Grenzgebiet brach gefallene Potsdamer Platz, Mitte der 1990er-Jahre Europas größte Baustelle, hat sich u.a. mit dem Sony-Center längst wieder als Geschäfts- und Einkaufszentrum etabliert. An die City West rund um die Gedächtniskirche, den neuen, gläsernen Hauptbahnhof und das Regierungsviertel mit Bundeskanzleramt und all seinen Abgeordnetenbüros haben sich die

Berliner inzwischen längst gewöhnt. Sein Personal lässt sich auf der Promenade am Spreeufer oder in den anliegenden Cafés auch mal jenseits der „Tagesschau" besichtigen. Großer Bahnhof wird um die Prominenten jedoch nicht gemacht.

NEUES SCHLOSS, NEUE SKYLINE, NEUE BERLINER

Die Veränderungen gehen weiter. Wo einst der Palast der Republik am Ende des Prachtboulevards Unter den Linden das Repräsentationsbedürfnis des sozialistischen Staates erfüllte, entstand der Nachbau des historischen Stadtschlosses als neuer kultureller Magnet. Das darin untergebrachte Humboldt-Forum mit den Museen außereuropäischer Kulturen, Wissenschaftseinrichtungen und Bibliotheken ist als Ergänzung zur Museumsinsel gedacht. Zudem werden rund um den Alexanderplatz bald Hochhäuser in den Himmel ragen und das durch Bauvorschriften bedingte Fehlen einer Skyline vergessen lassen. Der wohl höchste Wohnturm wird der Alexander Tower, dessen 35 Stockwerke mit einer Gesamthöhe von 150 m nur noch vom benachbarten Fernsehturm überragt werden.

HERKUNFT? NEBENSACHE!

Gebaut werden auch Wohnungen, denn die fehlen in der seit Jahren wachsenden Stadt. Über 3,7 Millionen Menschen leben hier. Für den Multikulti-Ruf sorgen die Berliner mit ausländischen Wurzeln in über 190 Nationen – die meisten von ihnen aus der Türkei. Sie haben sich vor allem in den westlichen Innenstadtbezirken Kreuzberg, Neukölln und Wedding eingerichtet. Ein Trip auf einen der Wochenmärkte, auf denen Großfamilien kistenweise Auberginen und Weintrauben kaufen und um Gewürzpreise feilschen, gleicht einem Kurzurlaub in einer anderen Kultur. Dazu kommen viele Osteuropäer, vor allem Polen, aber seit der Wirtschaftskrise auch Spanier und Israelis und Flüchtlinge aus Kriegsgebieten. Berliner ist, wer in der Stadt lebt. Woher er einst kam und woran er glaubt, ist egal. Das hat Tradition. Schon im 17. Jh. zog es die protestantischen Hugenotten als Glaubensflüchtlinge aus Frankreich an die Spree, denn die Herrscher Preußens waren bekannt für ihre religiöse Toleranz. Darüber hinaus bereicherten die Hinzugekommenen auch Kultur, Wirtschaft und nicht zuletzt den Speiseplan. Bouletten (bzw. Buletten) etwa, die französische Bezeichnung für Fleischküchlein, sind eine Berliner Spezialität geworden, und auch Bagel und Döner kamen aus der Welt auf die Teller der Stadt.

MARCO POLO TOP-HIGHLIGHTS

REICHSTAGSGEBÄUDE ★1

Der Bundestag versteht zu residieren! Mit der modernen, begehbaren Glaskuppel wurde dem Koloss der Neorenaissance eine zeitgenössische Krone aufgesetzt

📷 *Tipp: Einmal auf die andere Spreeseite wechseln, schon sieht der Bau ganz anders aus*

BRANDENBURGER TOR ★2

Früher Grenze, verbindet das Wahrzeichen mit der Quadriga on top heute den Osten mit dem Westen der Stadt

POTSDAMER PLATZ ★3

Urbanes Zentrum mit dem Sony Center, Hochhäusern und viel Großstadtflair

JÜDISCHES MUSEUM ★4

2000 Jahre jüdischer Kultur werden im spektakulären Museumsbau des Stararchitekten Daniel Libeskind präsentiert

📷 *Tipp: Nicht das Außengelände mit dem Garten des Exils verpassen!*

FERNSEHTURM ★5

Berlin auf einen Blick gibt es von der Aussichtsplattform in 203 m Höhe über dem Alexanderplatz

📷 *Tipp: Vorne Weltzeituhr, hinten Fernsehturm, die beiden Hochhäuser als Flanken – Berliner wird's nicht!*

MUSEUMSINSEL ★6

Der Beweis, dass fünf weltberühmte Museen samt beeindruckenden Sammlungen auf eine Spreeinsel passen

📷 *Tipp: Die schönste Perspektive hast du von der Ebertbrücke Richtung Bodemuseum*

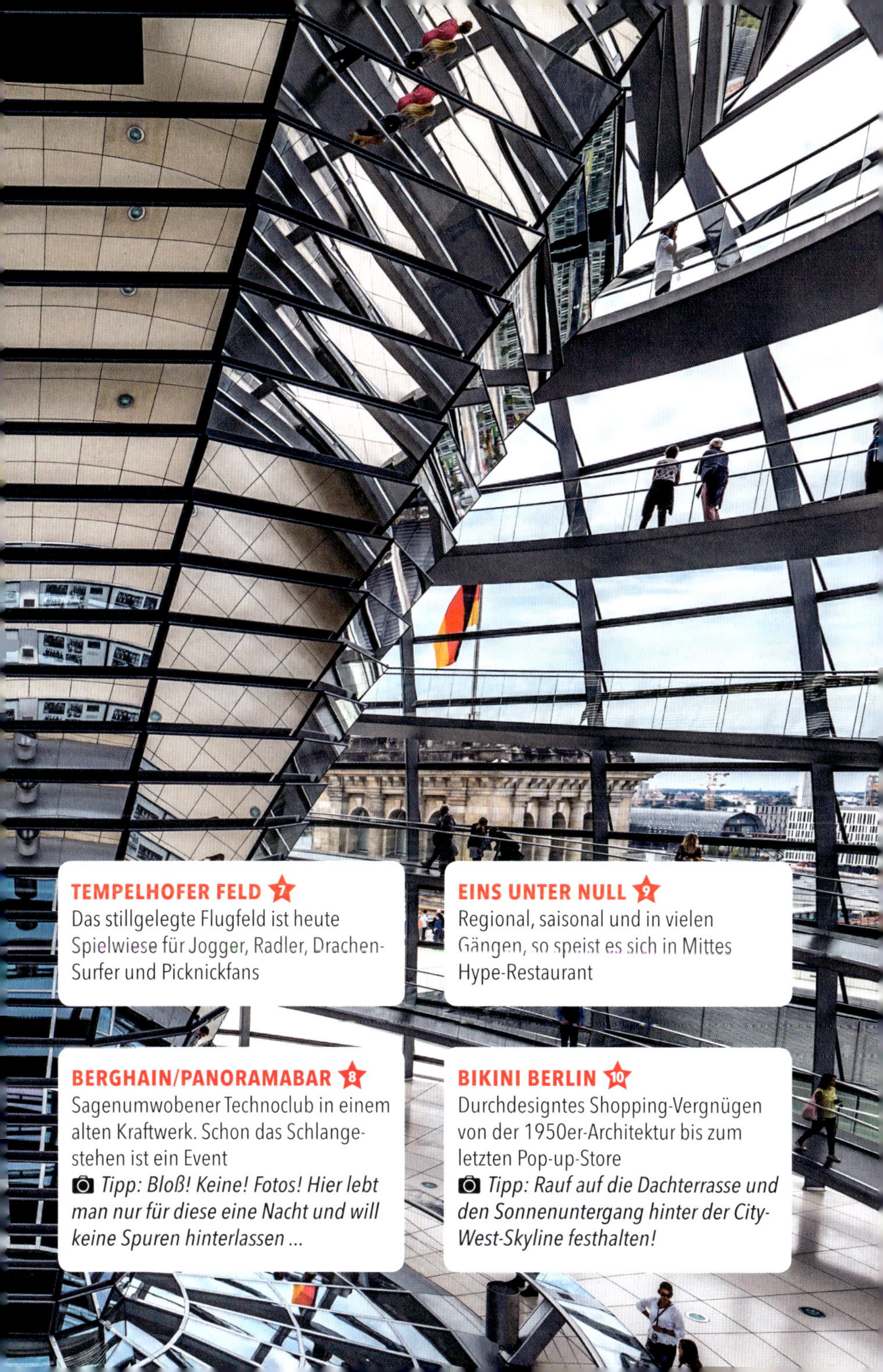

TEMPELHOFER FELD ⑦
Das stillgelegte Flugfeld ist heute Spielwiese für Jogger, Radler, Drachen-Surfer und Picknickfans

BERGHAIN/PANORAMABAR ⑧
Sagenumwobener Technoclub in einem alten Kraftwerk. Schon das Schlangestehen ist ein Event
Tipp: Bloß! Keine! Fotos! Hier lebt man nur für diese eine Nacht und will keine Spuren hinterlassen …

EINS UNTER NULL ⑨
Regional, saisonal und in vielen Gängen, so speist es sich in Mittes Hype-Restaurant

BIKINI BERLIN ⑩
Durchdesigntes Shopping-Vergnügen von der 1950er-Architektur bis zum letzten Pop-up-Store
Tipp: Rauf auf die Dachterrasse und den Sonnenuntergang hinter der City-West-Skyline festhalten!

BEST OF
LOW BUDGET
FÜR DEN KLEINEN GELDBEUTEL

DER MAUER AUF DER SPUR
Die kostenlose Mauerschau-App der Bundeszentrale für politische Bildung führt auf den Spuren der Berliner Mauer durch die Stadt. Mit Karten, historischen Fotos sowie Film- und Ton-Dokumenten.

MITTAGSMUSIK
Hochkarätige Ensembles geben kostenlose Konzerte – jeden Dienstag von September bis Juni mittags in der Philharmonie.

LET IT ALL OUT
Statt erst bestellen gleich anprobieren und dabei bis zu 70 Prozent sparen, das geht beim Zalando Outlet in der Köpenicker Str. 20. Krümelmonster kommen derweil im Bahlsen-Fabrikverkauf in der Oberlandstr. 52–63 mit Keksen in 5-Kilo-Eimern auf ihre Kosten. Portionsgrößen für den kleinen Hunger gibt's auch.

AUS ELSES SICHT
Wer keine Angst vor 285 Stufen hat, bekommt von der Siegessäule mit ihrer Goldelse obenauf gute Aussicht zum kleinen Preis.

QUER ÜBER'N WANNSEE
Mit der BVG-Fähre schippert es sich gemächlich vom S-Bahnhof über den Wannsee ins dörfliche Kladow und zurück. Die 20-minütige Fahrt ist im BVG-Tagesticket enthalten. Frische Brise und Naturerlebnis gib's kostenlos obendrauf.

VOM LEBEN IN DER DDR
Wie es sich im Zelt auf dem Trabidach schlief, mit Rotkäppchen-Sekt feierte und mit der Stasi als Nachbar lebte, vermittelt die eintrittsfreie Ausstellung „Alltag in der DDR" in der Kulturbrauerei.

BEST OF

TYPISCH

DAS ERLEBST DU NUR HIER

PACK DIE BADEHOSE EIN ...

Sieht aus wie Ostsee, ist aber Wannsee. Das Strandbad bietet neben einem Ohrwurm auch Strandkörbe und Sand, soweit das Auge reicht. Berlin ist eben eine Großstadt am Wasser.

QUADRIGA UND ZWÖLF STELZEN

Berlin ohne Brandenburger Tor geht nicht. Zu seinen Füßen toben sich Straßenkünstler wie Hobbyfotografen aus. Findest du eine neue Perspektive auf das Wahrzeichen der Stadt?

IM HIMMEL ÜBER BERLIN

Zum Glück wurde der Fernsehturm nicht, wie mal geplant, auf den Müggelbergen am Stadtrand errichtet, sondern auf dem zentralen Alexanderplatz. So bietet er heute in 203 m Höhe die beste Sicht über die ganze Stadt.

ES GEHT UM DIE WURST

Um das mal klarzustellen: Die Currywurst wurde in Berlin erfunden, und auf besonders legendäre muss man auch mal 5 Minuten warten. Doch das lohnt sowohl in Kreuzberg bei Curry 36 am Mehringdamm 36 als auch bei Konnopke in Prenzlauer Berg in der Schönhauser Allee 44b.

PARK-PARTY

An Sommer-Sonntagen wird der Mauerpark zum Festivalgelände, mit Livemusik, Karaokeshow und einem Flohmarkt, dessen Angebot von alten Messern bis zu hippen Jutebeuteln reicht.

PELZMÄNTEL UND BRILLANTEN

Auch wenn der Osten um die Friedrichstraße längst aufgeholt hat: Der Ku'damm bleibt mit seinen Edelboutiquen der Prachtboulevard der Stadt.

DIE BESTEN INSIDER-TIPPS

SIGHTSEEING IN HIGHSPEED
Wer was sehen will, nimmt S- und U-Bahn. Mit dem Lückenschluss der U5 sind viele Wahrzeichen Berlins in Windeseile erreichbar: in nur 10 Minuten vom Alexanderplatz zum Reichstag.

IN ABGRÜNDE SCHAUEN
Schaurig schön wird es bei der Tour durch vergessene Atombunker vom Verein Berliner Unterwelten.

IN DEN ORIENT REISEN
Der Markt am Maybachufer brummt wie ein Basar. Da handelst du um Gewürzpreise und genießt frische Gözleme.

AUF ROLLEN ROCKEN
Nicht verpassen: die Rollerskate-Disco im Kreuzberger Club-Urgestein SO 36.

GRENZERFAHRUNG SAMMELN
Im Tränenpalast am alten Grenzübergang Friedrichstraße wird es in der Passkontroll-Kabine beklemmend.

RASANT AUFSTEIGEN
Europas schnellster Fahrstuhl katapultiert dich auf den Kollhoff-Tower, wo dir ganz Berlin zu Füßen liegt.

SONNENKRAFT VORAUS!
Wie wär's mit einer lautlosen, umweltschonenden Tour über Spree und Dahme? Dann entscheide dich fürs emissionsfreie Solarboot.

MAL GANZ GROSS RAUSKOMMEN
Keine Superstar-Stimme? Egal! Beim Karaoke im Mauerpark am Sonntag kann jeder performen.

DAS SCHMECKT IN BERLIN

Unsere Empfehlung heute

Snacks

SAURE GURKEN
Aus dem Spreewald, natürlich

SOLEI
Hartgekochtes Ei, eingelegt in Salzlake

BULETTEN
Französisch benannte Fleischklopse

KLAPPSTULLE
Belegtes Brot, zusammengeklappt

CURRYWURST
Zerschnittene Bratwurst mit Currysauce

Hauptgerichte

EISBEIN
Gepökelte Schweinshaxe mit Erbspüree

LÖFFELERBSEN MIT SPECK
Dickflüssiger Eintopf

KASSELER
Geräucherte Schweinerippe, die nicht aus Kassel kommt: Ein Berliner Fleischer namens Kassel verhalf ihr zu Ruhm. Dazu gehört Sauerkraut

DÖNER
Abgeschabtes Fleisch vom Grillspieß mit Salat im Brot

MAKALI
Vegetarischer Döner mit gegrilltem Gemüse

Desserts

PFANNKUCHEN
In Fett ausgebackener Hefeteig, mit Marmelade gefüllt (nein, die heißen hier nicht Berliner!)

SPLITTERBRÖTCHEN
Rustikale Variante des Croissants

BERLINER LUFT
Fluffige Weißweincreme mit Himbeersauce

Getränke

BERLINER WEISSE
Weißbier mit „Schuss", wahlweise Waldmeister- oder Himbeersirup

FASSBRAUSE
Limonade mit Malz, aber ohne Alkohol

FUTSCHI
Cola mit Weinbrand (Eckkneipengetränk)

BERLINER LUFT
Pfefferminzlikör, von Insidern Pfeffi genannt, nicht zu verwechseln mit der gleichnamigen Süßspeise

Blick von der Fischerbastei

5

Von oben, von unten oder vom Wasser der Donau aus betrachten – Budapest bleibt immer schön. Und das mit all seinen Macken: dem bröckelnden Putz hundertjähriger Gebäude, der umstrittenen Politik, die in seinem Parlament gemacht wird, den eigensinnigen Hauptstadtbewohnern mit ihrer tief verwurzelten Melancholie. Wer sich einmal nachts auf der Fischerbastei von den Lichtern der Stadt hat hypnotisieren lassen oder tags per Straßenbahn über die Freiheitsbrücke gerattert ist, der ist – zack! – schwer verliebt.

CHECK

- ✓ Donau, Buda & Pest
- ✓ Zu Fuß auf Entdeckertour
- ✓ Poesie der Kaffeehäuser
- ✓ Hinterhofschätze
- ✓ 2000-jährige Geschichte

ENTDECKE BUDAPEST

Kulturzentrum Bálna, der gläserne „Wal"

Oft ist es gerade das Unperfekte, das die Stadt so liebenswert macht. Allen voran sind da Buda und Pest, die beiden durch die Donau getrennten Stadthälften. Sie sind wie vollkommene Gegensätze, die sich doch charmant anziehen. Entdecke selbst, wie unterschiedlich Stimmung, Architektur und Geschichte beider Seiten Budapests sind. Sicher ist aber auch: Die Höhen der grünen Budaer Berge und das Retro-Urbane der großbürgerlichen Pester Wohnhäuser gehören einfach zusammen.

DAUERBAUSTELLE BUDAPEST

Budapest ist auch gut 30 Jahre nach der Wende eine Stadt im Um- und Aufbruch. Die zentralen Plätze, darunter der Kossuth Lajos tér vor dem Parlament, wurden in den vergangenen Jahren neu gestaltet, historische Gebäude wie die Pester Redoute und die Liszt-Ferenc-Musikakademie erstrahlen in altem Glanz. Und die einst heruntergekommenen Lagerhäuser wurden in das gläserne Kultur- und Handelszentrum Bálna integriert. Jüngstes großes Bauprojekt ist das Liget Budapest: Der rund 100 ha große Stadtpark hinter dem Heldenplatz erhält gerade fünf neue Museen und ein Musikhaus. Die Budapester jedoch sind skeptisch: Bauvorhaben ziehen in Ungarn vermehrt leider auch Korruption an, während Krankenhäuser und Schulen verfallen.

EGAL WAS KOMMT, ES IST IMMER WAS LOS

Der Alltag ist für die meisten hart – bei Lebenshaltungskosten, die weitgehend auf westeuropäischem Niveau liegen, ermöglichen selbst gute Löhne den Budapestern nur ein bescheide-

nes Dasein. Und dennoch sind sie die größten Fans ihrer Stadt. Denn hier spielt die Musik: Die großen Bands treten nur in der Hauptstadt auf, nur hier finden die großen Sportereignisse und Festivals statt, und auch das Verreisen geht von Budapest aus am geschicktesten. Im Sommer ist Budapest ein einziges Open-Air-Eldorado. Donauufer, Stadtwäldchen und Parks: Die ca. 1,7 Mio. Einwohner machen die Stadt in jeder freien Minute zu ihrem Tummelplatz. Sie gehen raus – und sie gehen aus. Das gilt auch für Familien: Die Ü30er Szilvi und Tomi wohnen mit ihren zwei Kindern in einem Plattenbauhochhaus auf der Budaer Seite. Das Budget ist knapp, aber am Freizeitvergnügen wird nicht gespart. Das eigene Auto – ein roter 2015er Suzuki Swift, eines der Lieblingsautos der Ungarn – ist Luxus- und Prestigeobjekt. Zoo, Kindereisenbahn, Ausflüge in die Budaer Berge, Skaten auf der Margareteninsel – die Familie hat sich in Budapest einen bunten Erlebnisraum abgesteckt. Mach doch mit, pack auch du deine Skates ein!

TYPISCH HAUPTSTADT

Eine Vertreterin der älteren Generation ist Márta: Die Rentnerin trifft man meistens im Kaffeehaus. Dort tratscht sie bei einem Stück Dobos-torta mit ihren Freundinnen – und das, sagt Márta, muss sein, auch wenn die 80 000 Forint Rente das eigentlich nicht erlauben. Eine weitere Freude sind die Besuche in den Thermalbädern: Sie sind mehr als nur Heilbäder, sie sind Kontaktbörse und Unterhaltung. Beides solltest du nicht verpassen: die Kaffeehäuser und die Thermalbäder, denn sie gehören einfach zu Budapest. Aus allem das Beste machen, darin sind alle Budapester geübt. Vor allem aber verbindet sie eines: Budapester sind – Budapester. Gesegnet mit dem unerschütterlichen Selbstbewusstsein, tempo- und tonangebend zu sein.

BLICK NACH VORN

In jüngster Zeit zieht die Hauptstadt Bilanz. Budapest besinnt sich mehr denn je auf die schwierigen Lebensbedingungen der meisten Menschen und auf ihre ureigene ungarische Identität. Das Budapest von morgen soll ein anderes sein. Wie es aussehen soll? Die Antwort steht noch aus. Die Schönheit der Stadt ist von alledem unberührt. Sie bahnt sich weiterhin ihren Weg durch die Ritzen mitgenommener Häuserwände und die Wellen des sonnengeplagten Asphalts. Sie ist sichtbar in zauberhaften Pester Innenhöfen und in den charmanten Gesten der humorvollen Ungarn. Na, hast du dich schon verliebt?

MARCO POLO TOP-HIGHLIGHTS

BURGPALAST ★1
Das monumentale Bauwerk mit seinen Museen thront hoch oben auf dem Budaer Burgberg
📷 *Tipp: Geh ganz nach hinten zum Steg, um von weniger Touristen umgeben großartige Panoramabilder zu schießen*

GELLÉRT-BAD ★2
Das Thermalbad im Jugendstil ist innen wie außen mit Abstand das schönste in ganz Budapest

FISCHERBASTEI ★3
Ein idealer Ort, um sich in Budapest zu verlieben, denn der Ausblick ist wunderbar

MARGARETENINSEL ★4
Die Park- und Freizeitanlage ist eine Oase der Entspannung und ein angesagter Treffpunkt für lange Partynächte
📷 *Tipp: Mach dich auf die Suche nach der um 1810 gepflanzten Platane. Ihr gewaltiger herabhängender Ast sieht aus wie eine Schaukel – ein schönes Motiv!*

PARLAMENT ★5
Wahrzeichen ohne Wenn und Aber – trotz der politischen Missstände im Land wirkt der Anblick des Parlaments einfach hypnotisierend
📷 *Tipp: Geniale Fotos lassen sich von der anderen Flussseite aus schießen – eine Metrostation bis Batthyány tér und ab zum Donauufer*

SYNAGOGE IN DER DOHÁNY UTCA 8

Das imposante Gotteshaus mit den Zwiebeltürmen ist die größte Synagoge Europas

SANKT-STEPHANS-BASILIKA 6

Es mag gruselig klingen, aber in der größten Kirche Budapests ruht die „Heilige Rechte" des Nationalheiligen König Stephan

Tipp: Für spannende Perspektiven nähere dich aus der Zrínyi utca und fotografier von so weit weg wie möglich

NEW YORK KÁVÉHÁZ 9

Prunkpalast der Extraklasse: Das traditionsreiche Café bietet royalen Glanz

HELDENPLATZ 7

Mit seinen Denkmälern und Museen ist dieser Platz eine Art nationales Gesamtkunstwerk

ZENTRALE MARKTHALLE 10

Ihre Architektur, das bunte Treiben und das große Warenangebot machen sie zu einem der beliebtesten Treffpunkte

BEST OF LOW BUDGET

FÜR DEN KLEINEN GELDBEUTEL

SIGHTSEEING AUF SCHIENEN

Mit der Straßenbahnlinie 2 erlebst du Budapests schönste Seiten im Alltag (möglichst nicht während des Berufsverkehrs, dann ist es zu voll). Am besten ist ein Sitzplatz zur Donau hin – für das ganze Panorama von der Margaretenbrücke bis zum Palast der Künste.

JAZZ MIT STIL

Wenige Gehminuten vom Kálvin tér entfernt befindet sich im Budapest Music Center der Opus Jazz Club – ein Geheimtipp für Fans von Jazz und Kammermusik. Der Eintritt ist ein absolutes Schnäppchen, und es gibt sogar kostenlose Konzerte.

FITNESS FÜR NULL

Sport muss bekanntlich nicht immer etwas kosten, außer so einige Kalorien. Umso besser, dass es in Budapest mehrere Open-Air-Fitnessstudios gibt, die jedem offenstehen. Besonders beliebt sind die Fitnessgeräte unter der Margaretenbrücke, die vor allem Jogger gern in Anspruch nehmen.

KULTURTERMIN AN FEIERTAGEN

An den drei Nationalfeiertagen 15. März, 20. August und 23. Oktober bieten viele der Budapester Museen, darunter das Museum der Bildenden Künste, zur Feier des Tages freien Eintritt für alle.

ISS DICH ZUM SPARFUCHS

Sightseeing ist spannend – aber du hast Hunger bekommen? Dann frag doch im Restaurant deiner Wahl, ob es ein Mittags- oder Tagesmenü gibt. Unter der Woche werden diese fast überall angeboten. Zwei, drei Gänge gibt's dabei oft für wenige Euro.

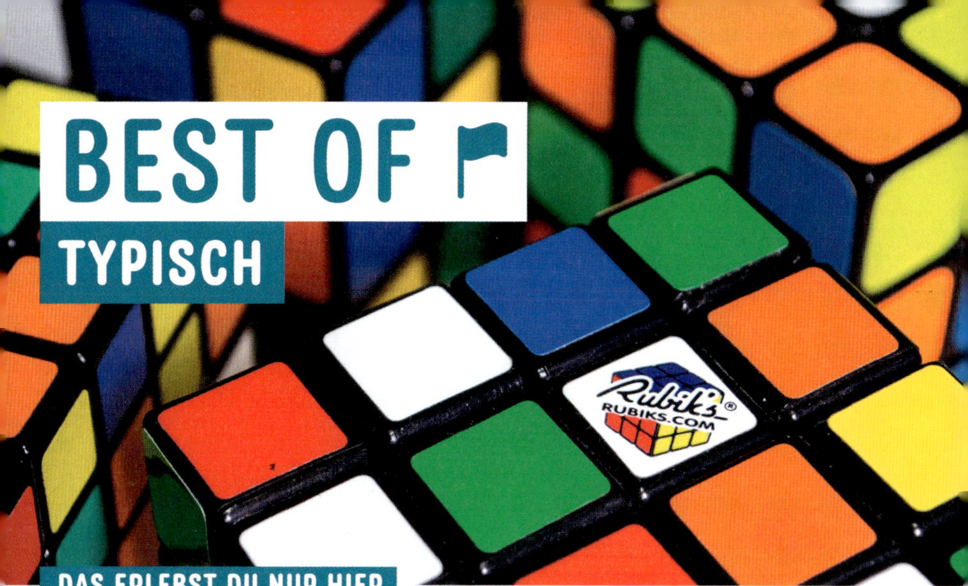

BEST OF

TYPISCH

DAS ERLEBST DU NUR HIER

ERFINDERISCHES VÖLKCHEN
Was haben der weltberühmte bunte Zauberwürfel (Rubik-kocka), Vitamin C, die Vinyl-Langspielplatte und der Kugelschreiber gemeinsam? Sie alle wurden von Ungarn erfunden bzw. entdeckt.

ERLEBNIS UND ERINNERUNG
Die maurisch-byzantinischen Zwiebeltürme der Synagoge in der Dohány utca sind das Wahrzeichen eines in Europa einzigartigen städtischen Kosmos: des heute wieder sehr lebendigen jüdischen Viertels. Die Synagoge ist eine Augenweide und erinnert zugleich an die Leiden und Opfer der Ghettozeit.

BRÜCKEN-IKONE
Die Freiheitsbrücke, diese Tausende von Tonnen schwere Dame aus Eisen und Stein, ist unglaublich anziehend. Tagsüber huschen geschäftige Budapester und bummeln Touristen von einer auf die andere Seite, spätabends kann man der Stadt von hier aus beim Schlafengehen zusehen. Magisch!

MÄRCHENBURG IM STADTWÄLDCHEN
Einfach märchenhaft: Um 1900 im architektonischen Stilmix gebaut, ist bis heute die Vajdahunyad-Burg eine der spannendsten, weniger mainstreamigen Sehenswürdigkeiten der Stadt. Komm dem Stilmix auf die Spur.

VERSTECKTE SZENEKNEIPEN
Die Hinterhöfe des alten jüdischen Viertels zwischen Rákóczi út und Király utca sind zur angesagten Nightlifelocation geworden. Überall, wo Gebäude vom Verfall bedroht waren, haben sich alternative „Ruinenkneipen" angesiedelt, so auch das beliebte Szimpla Kert mit seiner künstlerischen Deko.

DIE BESTEN INSIDER-TIPPS

ENTSPANNEN IM THERMALBAD
Im Gellért-Thermalbad könnte man vor lauter Jugendstil glatt das Schwimmen vergessen – ein Bad wie aus einem Wes-Anderson-Film!

BUDAPESTER UNTERWELT
In den Budaer Bergen kannst du in der Pálvölgyi-Höhle und der Szemlőhegyi-Höhle in die Tiefe hinabsteigen und die Hauptstadt von unten bewundern.

PAPRIKA UND SALAMI UNTER STAHL UND GLAS
Großer Bahnhof für den täglichen Einkauf: Den schönsten Blick auf die 150 m lange Halle hast du von einem der Querkorridore auf der oberen Etage. Für den kleinen Hunger gibt es im 1. Stock köstliche *lángos,* Teigfladen mit verschiedenen Belägen.

2000-JÄHRIGER DURCHBLICK
Das im Boden der Pfarrkirche Belvárosi Plébániatemplom eingelassene Plexiglas eröffnet dir den Blick in die Krypta aus der Römerzeit.

CORNERN AUF DER BRÜCKE
Im Sommer ist die hübsche Freiheitsbrücke ideal, um sich mit einem Bier in der Hand am Donaupanorama zu berauschen.

RAUF AUFS TANZPARKETT
Wer die Ungarn einmal beim Tanz erlebt hat, der kennt sie. Verpass nicht den Tanzabend im Fonó.

GENIESSEN WIE DIE LITERATEN
Im Centrál Kávéház lässt sich der Kaffeeduft schnuppern wie die ungarischen Schriftsteller des 19. Jh.

DAS SCHMECKT IN BUDAPEST

Unsere Empfehlung heute

Vorspeisen

PADLIZSÁNKRÉM
Auberginencreme mit Brotfladen und frischem Gemüse

VELŐS PIRÍTÓS
Toastbrot mit Knochenmark

Suppen

GULYÁSLEVES
Gulaschsuppe

SZEGEDI HALÁSZLÉ
Fischsuppe auf Szegediner Art

FOKHAGYMALEVES
Cremige Knoblauchsuppe mit Croûtons

Hauptgerichte

VÖRÖSBOROS MARHAPÖRKÖLT SZTRAPACSKÁVAL
Rotweinpörkölt (etwas zwischen Eintopf und Gulasch) vom Rind mit Kartoffelspätzle

PAPRIKÁS CSIRKE GALUSKÁVAL
Paprikahuhn mit Eierspätzle

VEGETÁRIÁNUS TÁL
Vegetarische frittierte Platte mit Käse, Blumenkohl, Pilzköpfen und Zucchini, mit Pommes frites oder Reis

TEJFÖLÖS UBROKASALÁTA
Salat aus eingelegten Gurken mit saurer Sahne

VEGYES SAVANYÚSÁGOK
Auswahl an Sauergemüse (Weißkohl, Paprika, Gurken)

Desserts

SOMLÓI GALUSKA
„Schomlauer Nockerln", Biskuitkuchen mit Schokosauce und Schlagsahne

GUNDEL PALACSINTA
Palatschinken (Eierkuchen) nach Gundel-Art – mit Walnüssen, Schokosauce und Schlagsahne

GESZTENYEPÜRÉ
Maronenpüree mit Schlagsahne

Getränke

HÁZI LIMONÁDÉ
Hausgemachte Zitronenlimonade

SZÖRPÖK
Fruchtsirupschorle: Himbeere *(málna)*, Holunder *(bodza)* oder Hagebutte *(csipkebogyó)*

PÁLINKA
Obstschnaps (Aprikose, Pflaume oder Birne)

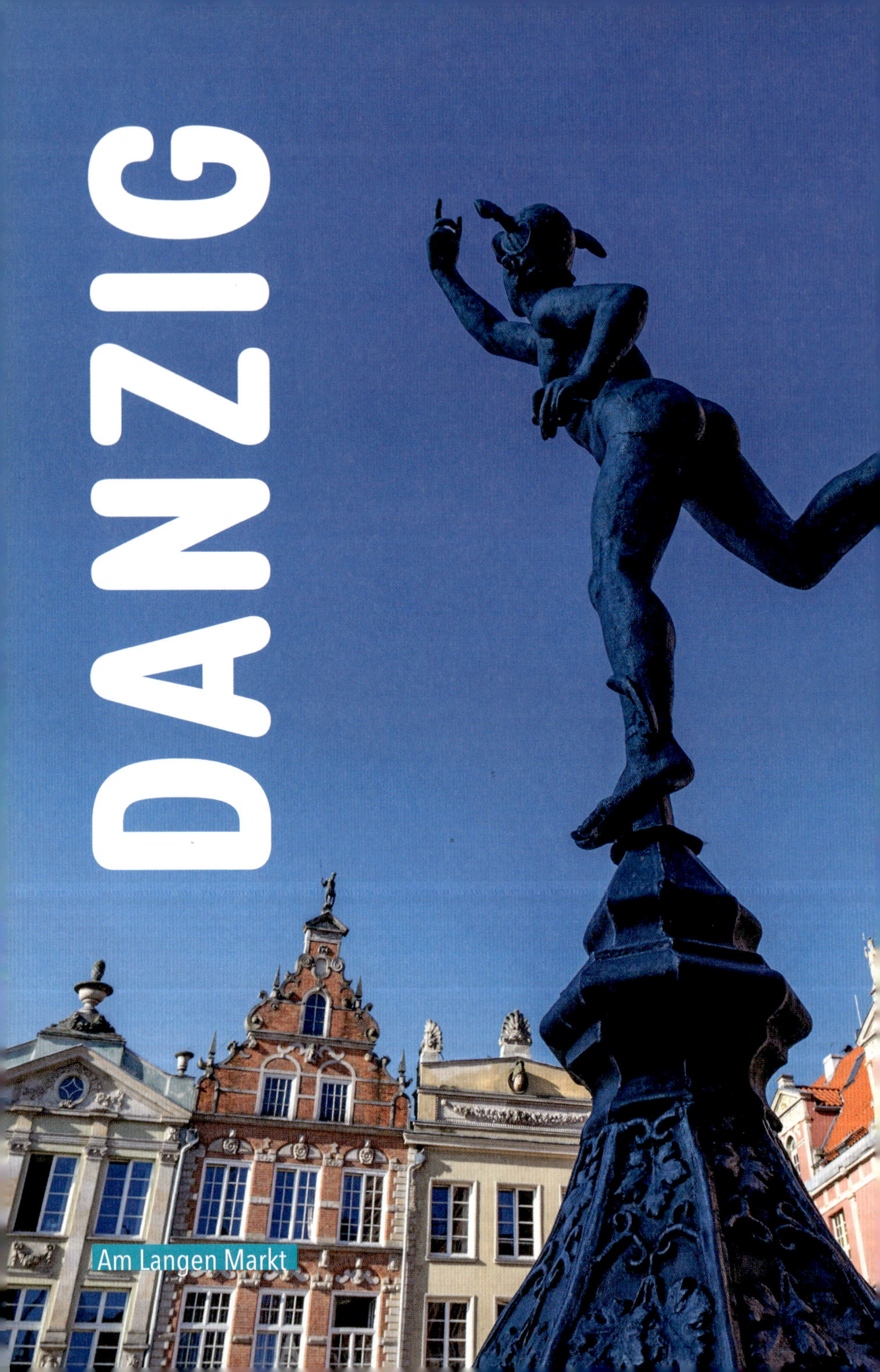

Am Langen Markt

6

Die alte Hansestadt Danzig (Gdańsk) mit dem Seebad Sopot und dem Hafen Gdynia hat viel zu bieten: prachtvolle Bürgerhäuser und Mammutkirchen, moderne Museen und Industriedenkmäler, dazu Strände ohne Ende und Seen im waldreichen Hinterland. Gäste waren in dieser tausend Jahre alten und doch so jung wirkenden Stadt schon immer willkommen. Ganz nach dem Spruch über dem Triumphbogen des Goldenen Tors: „Es möge wohl gehen denen, die dich lieben."

CHECK

- ✓ Sympathische Locations
- ✓ Gotikperlen & Top-Museen
- ✓ Rund um die Mottlau
- ✓ Klassikklänge im E-Werk
- ✓ Flanieren am und im Meer

ENTDECKE DANZIG

Mottlau-Ufer – Lange Brücke und Krantor

Danzig ist wegen seiner Lage und seiner Schönheit eine von Polens Perlen. Unübersehbar dabei: das steinerne Erbe der Hanse. Die reich verzierten Bürgerhäuser verleihen der Stadt einen liebenswerten Charme. Kaum zu glauben, dass Danzig 1945 fast völlig in Trümmern lag. Wie die Stadt damals ausgesehen hat, lässt ein Blick auf historische Fotos im Rechtstädtischen Rathaus erahnen.

NEU, MIT PATINA

Nach dem Krieg machten sich die Bewohner daran, den historischen Kern Danzigs wieder aufzubauen. Mehr als 600 Häuser rekonstruierten Meister-Restaurateure nach alten Stichen und Fotos, originalgetreu bis ins Detail. So verströmt die Rechtstadt heute wieder das Flair früherer Jahrhunderte, als dort die wohlhabenden Kaufleute residierten. Heute werden auch Alt- und Vorstadt aufgehübscht, und die Speicherinsel wird revitalisiert, die Hamburger Speicherstadt lässt grüßen. Auch der Vorort Wrzeszcz (Langfuhr), den Studenten, Kreative und (Lebens-)Künstler zum Szeneviertel machten, wandelt sich: Das graue Entchen, wo Günter Grass aufwuchs und später auch sein großer kleiner Romanheld Oskar Matzerath nebst Blechtrommel, erhält ein Facelifting. Und aus der ehemaligen Lenin-Werft wird eine „Junge Stadt" (Młode Miasto) mit Apartments, Einkaufs- und Kulturzentren.

HELDEN UND MÄRTYRER

Die heimliche Lust, Autoritäten ein Schnippchen zu schlagen, scheinen die Menschen in Danzig in ihren Genen zu haben. Vor mehr als 1000 Jahren musste der böhmische Bischof

Adalbert diesen rebellischen Wesenszug der Bewohner des Küstenstreifens noch mit dem Leben bezahlen. Der Gottesmann schipperte über die Danziger Bucht, stieg bei „Gyddanycz" vom Boot und begann, die Leute zu taufen. Nicht alle dankten ihm seinen missionarischen Eifer – schon bald wurde ihm der Kopf abgeschlagen. Sein Märtyrertod wurde später von einem Benediktinermönch beschrieben, und dieses Dokument gilt heute als „Geburtsurkunde" der Stadt.

DREI AUF EINEN STREICH

In den Nachkriegsjahrzehnten ist Gdańsk mit seinen Nachbarn Gdynia (Gdingen) und Sopot (Zoppot) zu einem urbanen Zentrum zusammengewachsen. 35 km zieht sich „Trójmiasto", die Dreistadt, an der Westseite der Danziger Bucht hin, mit inzwischen fast 800 000 Einwohnern die dominierende Metropole der polnischen Ostseeküste. Ungleiche Geschwister sind sie geblieben, die „Drei-Städte": Ganz im Norden Gdynia, Industriehafen, Heimat der Handelsflotte und wichtigste NATO-Basis der Ostsee. In den 1920er-Jahren im Bauhausstil errichtet, ist sie das Gegenstück zum historischen Danzig – mit einer Promenade, an deren Ende ein naturbelassener Strand beginnt. Sopot, die dritte Stadt an der Küste, ist ein Seebad mit herrlichem Strand, das sich den mondänen Glanz früherer Tage zurückerobert hat. Wer will, kann mit Boot, Zug oder Auto in der Dreistadt an einem Tag drei Welten erleben, die unterschiedlicher nicht sein könnten und doch auf ihre Weise zusammengehören. Auch das gehört zum Reiz einer Reise nach Danzig.

GESPALTENE GESELLSCHAFT

Der Sozialismus und die schwere Krise seiner Überwindung: Geschichte. Seit 2004 gehört man zur EU. Allerdings zeigt sich die Gesellschaft gespalten: Ein großer Teil der Polen unterstützt die konservativ-katholische Regierung, die keine moslemischen Flüchtlinge ins Land lässt, Homo-Ehe und Abtreibung als „Sünde" brandmarkt und ganz allgemein gegen den Zerfall christlicher Werte zu Felde zieht. All das begreift der andere Teil der Bevölkerung zu Recht als Kreuzzug gegen die so hart erkämpfte Freiheit und tut sein Missfallen laut und öffentlich kund. Von alldem merken Besucher freilich wenig, sie sehen vielmehr eine Dreistadt, die auch dank reichlich fließender EU-Gelder glanzvoll, schick und trendy geworden ist. Auch in Kultur wird viel investiert: Das ganze Jahr ist Danzig eine Bühne für hochkarätige Veranstaltungen. So fällt es nicht schwer, sich hier wohlzufühlen.

MARCO POLO TOP-HIGHLIGHTS

NATIONALMUSEUM (MUZEUM NARODOWE) 1

Was Sponsoren in 1000 Jahren zusammentrugen; der größte Schatz: „Das Jüngste Gericht" von Hans Memling

FRAUENGASSE (ULICA MARIACKA) 2

Die schönste Straße der Rechtstadt mit dem Flair des alten Danzig

Tipp: Die Gasse ist schmal, die Häuser hoch – nur mittags gibt's so viel Licht, dass die Fassaden erstrahlen

LANGGASSE & LANGER MARKT (ULICA DŁUGA & DŁUGI TARG) 3

Danzigs Prachtmeile mündet in einen Platz, der ringsum von Prachtbauten gesäumt ist. Von morgens bis abends herrscht beste Stimmung

MARIENKIRCHE (BAZYLIKA MARIACKA) 4

78 m ist ihr Turm hoch, in 30 m Höhe spannen sich die Gewölbe des Innenraums: die größte Backsteinkirche der Welt

Tipp: Von der Turmspitze liegt dir Danzigs Rechtstadt zu Füßen – Vogelperspektive auf Kaufmannshäuser

EUROPÄISCHES ZENTRUM DER SOLIDARITÄT 5

Hinter dem Solidarność-Platz mit den drei Kreuzen werden in einem rostroten Riesenbau Polens Arbeiterkämpfe 1956–89 „live" erzählt.

📷 ***Tipp:** Setz dich mal mitten in Polens Geschichte, z. B. am Runden Tisch*

RECHTSTÄDTISCHES RATHAUS (RATUSZ GŁÓWNEGO MIASTA) 6

Der Rathausturm mit seinem Glockenspiel ist ein Wahrzeichen von Danzig. Drinnen werden tolle Ausstellungen gezeigt

MUSEUM DES ZWEITEN WELTKRIEGS (MUZEUM II WOJNY ŚWIATOWEJ) 7

Multimedial und anschaulich, unter- und oberirdisch – eines der besten polnischen Museen

WESTERPLATTE 8

Per Boot zur grünen Halbinsel, wo der Zweite Weltkrieg begann

📷 ***Tipp:** Legt das Schiff ab, schießt du die besten Bilder von der Promenade mit Windjammern im Vordergrund*

OLIWSKI-PARK 9

Ländliches Idyll in der Stadt, mittendrin eine Kathedrale

📷 ***Tipp:** Willst du die hohen Kirchtürme komplett im Bild haben, leg dich auf den Boden!*

ZOPPOT (SOPOT) 10

Schlendern, staunen, am Strand sein: Polens schönster Küstenort mit langem Seesteg und viel Bäderarchitektur

BEST OF LOW BUDGET

FÜR DEN KLEINEN GELDBEUTEL

GESUNDES WÄSSERCHEN
Sopot ist ein Kurbad – auch wegen des aus 800 m Tiefe heraufgepumpten Mineralwassers. Kosten kannst du das leicht salzhaltige Wasser gratis: Fahr im Kurzentrum im Panoramalift in die 3. Etage – Plastikbecher stehen bereit.

MUSEUM UMSONST
Die Polnische Post, Symbol für den Ausbruch des Zweiten Weltkriegs, ist heute Museum und Gedenkstätte. An einem Tag der Woche ist der Eintritt frei. Auch andere Museen Danzigs bieten solche Frei-Tage, ein Blick auf Öffnungszeiten und Eintrittspreise lohnt.

ANTIKES UNTERM MARKT
Im Keller der Markthalle sind hinter einer Glaswand Danzigs älteste Steine zu bestaunen: Fundamente des Dominikanerklosters, das hier mal stand. In Duftwolken geräucherter Salami von den Wurstständen des Markts gehüllt, erklären Infotafeln den Ort – eine gute kostenlose Geschichtsstunde.

KUNST IN DER KIRCHE
Der Pfarrer der gotischen Johanneskirche hat ein Faible für moderne Kunst – die Ausstellungen in dem Gotteshaus waren schon oft Stadtgespräch. Anschauen kostet nichts, und wem's gefällt, der spendet was.

SPAREN MIT KARTE
Es gibt sie für einen bis drei Tage, wahlweise für Sehenswürdigkeiten, Aktivitäten und Verkehr. Mit ihr besuchst du mehr als 20 Museen und nutzt den Nahverkehr gratis, bekommst Rabatt in vielen Restaurants. Erhältlich ist die *karta turysty* online und in den Touristeninfos.

BEST OF

TYPISCH

DAS ERLEBST DU NUR HIER

GESCHICHTE MULTIMEDIAL
Auf dem Gelände der früheren Lenin-Werft liegt in einem kupferfarbenen, an einen Schiffsrumpf erinnernden Bau das Europäische Zentrum der Solidarität: begrünte Begegnungsstätte, multimediales Museum und mehr zu Polens Weg in die Freiheit.

HOCH ZU DEN TURMGLOCKEN
Wie ein Fels in der Brandung überragt die Marienkirche Danzigs Häusermeer. Sie bietet 25 000 Menschen Platz, etwas Größeres hat die Backsteingotik der Welt nicht hinterlassen. Ein Aufstieg auf den Turm krönt den Besuch – aber du musst gut zu Fuß sein !

KÖNIGLICHE HANDELSHÄUSER
Giebel an Giebel säumen prachtvolle Kaufmannshäuser den Königsweg durch die Rechtstadt, der Begriff „Gasse" führt leicht in die Irre! Einige der Patrizierpaläste kann man auch innen besichtigen, das Uphagenhaus ist das schönste. Vom Boden bis zur Decke wurde es originalgetreu rekonstruiert.

BÄLLE IM LEUCHTTURM
Weite Aussichten von der Mottlau-Mündung bis zur Halbinsel Hel bietet der Leuchtturm Nowy Port. Außerdem kannst du hier viermal am Tag einen Zeitball sehen, der aus großer Höhe hinabsaust – auf der Welt sind insgesamt nur vier im Einsatz.

ZEITMESSUNG. PRÄZISEST.
Wer hätte das gedacht? Im Turm der Katharinenkirche befindet sich ein Wissenschaftsmuseum, dessen bestes Stück eine Pulsar-Uhr ist: Antennen auf dem Dach empfangen Signale von Neutronensternen, die per Computer in Sekunden umgerechnet werden.

DIE BESTEN INSIDER-TIPPS

IN DER WELT DES BERNSTEINS
Der glitzernde Stein, der keiner ist, steckt voller Geheimnisse, die im Bernsteinmuseum entschlüsselt werden.

FISCH ESSEN & GOLD SCHLÜRFEN
Frisches aus der Ostsee, abgerundet mit einem hochkarätigen Likör, genießt man am besten im Goldwasser.

MIT DER WASSER-STRASSENBAHN SCHIPPERN
Stadt am Fluss, nahes Meer – was liegt näher, als Danzig vom Boot aus zu erleben?

CRAFTBEER KOSTEN
Seit Jahrhunderten wird in Danzig gebraut – heute bieten kleine, stylische Brauereien wie das PG4 naturtrübe 1a-Biere. Probier doch mal Jopenbier (piwo Jopeskie), ein dunkler, hochprozentiger Gerstensaft (mehr als 10 Prozent), der nach Portwein, Karamell und Nüssen schmeckt.

AUF DER BRÜCKE FLANIEREN
Gleißend heller Steg mit Prachtausblick, bunten Bötchen und Yachten – die längste Ostseebrücke in Sopot.

IN DIE LUFT GEHEN
Im Riesenrad Amber Sky drehst du mehrere Runden und erlebst das historische Danzig von oben.

DER SAAL DER SÄLE
In Danzigs schönstem Festsaal im Artushof am Langen Markt ist so manches kurios: Votivschiffe baumeln von der Decke, ein 11 m hoher Ofen erweist sich als Comic-Strip in Keramik.

DAS SCHMECKT IN DANZIG

Unsere Empfehlung heute

Vorspeisen

TATAR Z ŁOSOSIA
Lachstatar

ŚLEDZIE
Marinierte Heringe mit Zwiebeln

ŻUREK W CHLEBIE
Roggenmehlsuppe im ausgehöhlten Brotteig

KARP PO ŻYDOWSKU
Karpfen in Aspik süßsauer eingelegt

ZUPA RYBNA
Deftige Fischsuppe

BARSZCZ
Rote-Bete-Suppe

CHŁODNIK
Kalte Rote-Bete-Suppe mit Sauermilch

Hauptgerichte

PIEROGI
Gefüllte warme Teigtaschen
- *ruskie* – mit Käse und Zwiebeln
- *z dzika* – mit Wildschweinfarce
- *ze szpinakiem* – mit Spinat
- *z kapustą* – mit Sauerkraut

STEK HALIBUTA
Heilbutt-Steak

SMAŻONY FILET DORSZA
Dorschfilet, gebraten

KACZKA Z JABŁKAMI
Ente, gebraten und mit Äpfeln gefüllt

POTRAWKA CIELĘCA
Kalbsragout

ROLADA WOŁOWA
gefüllte Rindsroulade

Beilagen

MIZERIA
Gurkensalat mit saurer Sahne und Dill

KASZA GRYCZANA
Buchweizengrütze

KOPYTKA
Kartoffelklöße mit Speck

Nachspeisen

GOFRY
Waffel mit Obst und Schlagsahne

SZARLOTKA
Apfelkuchen

SERNIK
Quarkkuchen mit Rosinen

DUBLIN

Old-Jameson-Brennerei

7

Dublin ist ein Phänomen: Die Stadt ist einer der besten Orte für ausgelassene Feiern und hemmungslose Junggesellenabschiede. Und zugleich waren hier einige der größten Dichter und Denker zu Hause, die zum Teil ein beschauliches Leben gelebt haben. Heute ist Dublin laut, ist hektisch und gezeichnet von langen Staus und zäh fließendem Verkehr. Warum nur mag trotzdem jeder diese Stadt? Wohl, weil sie so authentisch ist. Authentischer, als es andere Hauptstädte je sein könnten.

CHECK

- ✓ **Weltoffene Metropole**
- ✓ **Party in Temple Bar**
- ✓ **Dreirädrige Ecocabs**
- ✓ **Irische Geschichte atmen**
- ✓ **Whiskey & Bücher satt**

ENTDECKE DUBLIN

Dublin ist so kompakt, dass Besucher kein Auto benötigen – erst recht nicht, seitdem vor Jahren eine neue Straßenbahn gebaut wurde. Fast alles lässt sich bequem zu Fuß oder mit öffentlichen Verkehrsmitteln erkunden: das Trinity College und seine überwältigende Bibliothek mit dem Book of Kells; das Nationalmuseum mit dem „Gold der Kelten"; die georgianischen Plätze im vornehmen Süden; die wuchtigen Gemäuer der Zentralbank und des Schlosses; die Hauptpost in der O'Connell Street, Dublins Prachtstraße, sowie die St Patrick's Cathedral, wo Jonathan Swift Dekan war, dieser bissige irische Satiriker, der zu Unrecht den allermeisten nur für seinen Gulliver bekannt ist.

EINE JUNGE STADT MIT BIERGERUCH

Dublin ist eine junge Stadt, fast ein Drittel der Bevölkerung ist unter 25 Jahren. Das macht sich in der Atmosphäre und im Rhythmus der Stadt bemerkbar. Neben den alten Pubs gibt es Bars und Clubs, vor allem im Vergnügungsviertel Temple Bar, wo die Nacht schillert, bis der Morgen graut. Das alte Viertel zwischen Liffey und Dame Street mit seinen engen, kopfsteingepflasterten Gassen sollte eigentlich einem Busbahnhof weichen, doch dann wurde viel Geld investiert, die heruntergekommenen Häuser sind renoviert, die Brachflächen bebaut. Und im Hafen entstanden im Rahmen des größten Entwicklungsplans in der irischen Geschichte Wohnungen, Hotels, Parks, ein Konferenzkomplex und ein Einkaufszentrum – die Docklands. In den Liberties hingegen, dem ältesten Arbeiterviertel Dublins, gibt es noch immer viele Antiquitätenläden und kleine Geschäfte, in denen aller möglicher Krimskrams verkauft

wird. Über den kleinen Straßen hängt der Geruch von Guinness, der von der nahe gelegenen Brauerei herübergeweht wird.

TRINITY COLLEGE & DER HÖCHSTE OBELISK EUROPAS

Das Herz der Metropole ist und bleibt aber die Gegend um die mehr als 400 Jahre alte Universität, Trinity College, das schicke Einkaufsviertel um die Grafton Street und das Regierungsviertel um Merrion Square und St Stephen's Green, deren schöne Grünanlagen wie geschaffen sind für eine Verschnaufpause. Noch mehr Platz bietet der Phoenix Park, nordwestlich des Zentrums. Neben dem Haupteingang steht der höchste Obelisk Europas, 62 m ist er hoch.

ERZÄHLUNGEN & ERZÄHLER

Die Freude der Iren am Erzählen kommt in den Pubs zum Ausdruck. Spätestens dort erfährst du, dass Pub und Kultur keine Gegensätze sind und eine Reise nach Dublin erst richtig abrunden. Wer sich für Geschichten im Allgemeinen und Literatur im Besonderen interessiert, dem wird Dublin sowieso wie ein Paradies vorkommen. In Museen, Theatern und am Bloomsday, dem jährlichen James-Joyce-Festtag am 16. Juni, der längst zu einer Festwoche ausgedehnt worden ist, feiert Dublin seine Schriftsteller, von denen immerhin drei den Literaturnobelpreis gewonnen haben: William Butler Yeats, George Bernard Shaw und Samuel Beckett. James Joyce bezeichnete Dublin einmal als „die Sau, die ihre Ferkel frisst". Dem Schriftsteller war seine Heimatstadt zu eng, zu katholisch, sodass er wegzog, zuerst nach Paris, später nach Zürich. Mit seinem monumentalen Roman Ulysses hat er Dublin dennoch ein literarisches Denkmal gesetzt, wie es keine andere Stadt für sich beanspruchen kann.

WIKINGER, KELTEN & ENGLISCHE KÖNIGE – UND DAS WETTER

Ohne die Wikinger gäbe es Dublin nicht. Die gründeten um 841 die Siedlung an der Liffey, wurden 1014 vom irischen Hochkönig Brian Boru besiegt und verschmolzen mit der keltischen Bevölkerung. Ab Ende des 12. Jh. versuchten die englischen Könige, ganz Irland zu unterwerfen, was aber erst nach der Reformation gelang. Damit begann die jahrhundertelange protestantische Herrschaft über das mehrheitlich katholische Land. Und noch ein Wort zum Wetter. Ein Sprichwort besagt, dass die Iren zwei Tage im Jahr besonders genießen: Weihnachten und den Sommer. Das ist natürlich nur ein Vorurteil, Generationen von Urlaubern sind aus Irland sonnengebräunt nach Hause zurückgekehrt – es ist reine Glückssache.

MARCO POLO TOP-HIGHLIGHTS

TRINITY COLLEGE ★ 1
An der Universität mit ihrer alten Bibliothek und den schönen Höfen wird das Studieren zum Erlebnis
📷 *Tipp: Der Long Room mit seinen rund 200 000 Büchern ist eins der schönsten Fotomotive Dublins*

ST PATRICK'S CATHEDRAL ★ 2
Die größere der beiden Dubliner Kathedralen – im Kirchenschiff ist der Dekan und Erfinder von Gulliver, Jonathan Swift, begraben

MERRION SQUARE ★ 3
Die schönste Architektur Dublins: Um diesen Park reihen sich lauter Gebäude aus Dublins goldenem 18. Jh.

NATIONAL MUSEUM – ARCHAEOLOGY ★ 4
In diesem baulich einzigartigen Museum erzählen Gold und andere Schätze Geschichten aus Irlands Vergangenheit
📷 *Tipp: Die Rotunda des Museums mit ihrer riesigen Kuppel und dem Mosaikboden ist unbedingt ein Foto wert*

CHESTER BEATTY LIBRARY 5
Papyrus-Schriften, Schriften aus Jade, buddhistische Buchschätze: In diesem Museum sind Bücher noch wahre Kunstwerke

GUINNESS STOREHOUSE 6
Die Brauereigeschichte ist keineswegs trocken: Am Ende der Tour gibt's Guinness und einen Blick über Dublin

KILMAINHAM GAOL 7
Eine beklemmende Erfahrung: In diesem früheren Gefängnis erlebst du den Alltag der Insassen von einst und das Schicksal irischer Patrioten.
Tipp: Die Halle zu den Zellen wirkt auch auf Bildern gespenstisch bedrückend – am besten in Schwarz-Weiß

THE BRAZEN HEAD 8
Im ältesten Pub von ganz Dublin, wenn nicht Europas, geht es gemütlich und in Sachen Musik irisch-traditionell zu

MULLIGAN'S 9
Eine echte Dubliner Institution: Seit Generationen besuchen Prominente und Politiker wie James Joyce und John F. Kennedy diesen klassischen Pub

CLARENCE HOTEL 10
Wer U2 mag, wird auch ihr Hotel mögen. Bono und The Edge haben am Ufer der Liffey eine Luxusherberge eröffnet
Tipp: Der Blick aus den Rundfenstern des Penthouse ist super – er reicht direkt auf die Liffey

BEST OF LOW BUDGET

FÜR DEN KLEINEN GELDBEUTEL

ALLE DUBLINER TRAGEN GRÜN UND HABEN ROTE BÄRTE?

Am St Patrick's Day schon! In jeder Stadt und in jedem Dorf ehrt man den Schutzheiligen der Grünen Insel mit Musik, Straßenfesten oder Feuerwerk – und natürlich mit Festzügen. Der größte findet in Dublin statt. Viel Party für wenig Geld.

DEN ROCKLEGENDEN AUF DER SPUR

Dublins Musikszene hat außer U2 auch jede Menge anderer berühmter Rockmusiker hervorgebracht. Der Rock 'n' Stroll Trail führt auf deren Spuren. Die Broschüre mit Podcast gibt's kostenlos im Internet: Herunterladen, ausdrucken und los geht's.

ÖKOLOGISCH KORREKTES VERKEHRSMITTEL

Wem die Füße vom Sightseeing schmerzen, der lässt sich innerhalb der City Dublins bequem und ökologisch in einem Ecocab ans Ziel bringen. Kräftige Menschen in überdachten Dreirädern tun das ganz umsonst, weil sie von Firmen gesponsert werden.

DAS GOLD DER KELTEN GIBT'S NOCH GRATIS

Der Eintritt in die staatlichen Museen ist noch immer frei. Besuch das National Museum und bestaune die kostbare Sammlung mit Exponaten der Wikingerzeit und einer Goldkollektion aus längst vergangenen Tagen keltischen Wohlstands.

LIVEMUSIK IM PUB

Die Kosten für Konzertbesuche können die Urlaubskasse schnell sprengen. Nicht so in Dublin: Hier gibt es noch Pubs, in denen man irische Livemusik for free genießt. Gute Adressen sind The Brazen Head und Hughes' Bar.

BEST OF

TYPISCH

DAS ERLEBST DU NUR HIER

DIE NEUEN, ALTEN DOCKLANDS

Der alte Hafenbezirk hat in den 1990ern sein Gesicht gewandelt: Eine der Hauptattraktionen ist noch immer das Kongresszentrum mit seinem gläsernen Atrium, dazu die Samuel Beckett Bridge und ein von Daniel Liebeskind entworfenes Theater.

SAUBERE SACHE

An jedem 16. Juni machen sich James-Joyce-Fans auf zu Sweny's Pharmacy, um Zitronenseife zu kaufen – wie Leopold Bloom in „Ulysses". Eine Apotheke ist der Laden nicht mehr, doch das Buchgeschäft verkauft Literatur von Joyce und bietet regelmaßig Lesungen an. Ein Besuch lohnt sich also auch an jedem anderen Tag des Jahres.

BELIEBTES ZAHLENSPIEL

Nirgendwo ist Irland irischer als beim Bingo, das in den Gemeindehallen und im National Stadium stattfindet. Irgendwann ruft jemand „Check", und die hochkonzentrierten Gesichter der Spieler entspannen sich für Sekunden.

DAS HERZ DES ALTEN DUBLIN

Der Stadtteil The Liberties trägt seinen Namen seit der Zeit, als er zollfreier Bezirk war. In den kleinen Läden und Antiquitätengeschäften in der Thomas Street und Meath Street sind Schnäppchenjäger unterwegs. Auch die Guinness-Brauerei liegt in den Liberties.

MIT DEM ZUG AM MEER ENTLANG

Die Irische See immer im Blick: Der Dublin Area Rapid Transport bringt dich einmal um die Dubliner Bucht. Der Vorortzug fährt von Howth und Malahide im Norden Dublins immer an der Küste entlang bis nach Greystones in der Grafschaft Wicklow.

DIE BESTEN INSIDER-TIPPS

MIT DEM BOOT RAUS AUS DER STADT

Der Grand Canal – früher industriewirtschaftlich genutzt – führt quer durch Dublin. Also: Komm ins Gespräch mit einem Hausbootnutzer und lass dich ein paar Kilometer in die Natur mitnehmen.

FEIERN IN TEMPLE BAR

Das Viertel ist berüchtigt für sein Nachtleben – aber wer in Temple Bar nicht einmal mitgefeiert hat, der hat Dublin nicht wirklich erlebt.

WEITER BLICK

Kostenlos und schön ruhig obendrein ist der Blick vom Howth Head über die Dubliner Bucht und weite Teile der Stadt. Der kurze Aufstieg ist mit passenden Schuhen nicht beschwerlich. Er beginnt hinterm Deer Park Hotel.

GÄLISCHES LEBENSWASSER

Die Whiskey-Traditionsbrennerei Jameson ist schon lange aus der Hauptstadt weggezogen. Zurückgelassen hat sie allerdings die alte Jameson Distillery am Smithfield Market, wo du erfahren kannst, was es mit dem Uisce Beatha (gälisch für „Lebenswasser") auf sich hat.

SICH AUF ULYSSES EINLASSEN

Pack den Dublin-Klassiker ein, erklimm den Martello Tower in Sandycove und lies das Meisterwerk dort, wo das erste Kapitel spielt.

DEN IREN IN SICH ENTDECKEN

Sogar Barack Obama hat irische Wurzeln – und viele weitere Berühmtheiten. Im Epic-Museum erfährst du, wohin es die Iren alles verschlagen hat.

DAS SCHMECKT IN DUBLIN

Unsere Empfehlung heute

Vorspeisen

DUBLIN BAY PRAWNS
Hummergarnelen in Knoblauch und Weißwein gegart

AUSTERN
Frisch mit Zitrone und einem Pint Guinness

SODA BREAD
Hausgemachtes Brot, am besten mit irischer Butter und Räucherlachs

Hauptgerichte

BANGERS AND MASH
Bratwürstchen mit Kartoffelpüree. Typisches Pubgericht

IRISH STEW
Traditioneller Lammfleischeintopf mit Kartoffeln, Möhren, Zwiebeln

FISH & CHIPS
Eigentlich englisches Nationalgericht, aber hier lassen die Iren ihren Patriotismus fahren und essen gern paniertes, gebratenes Fischfilet mit Pommes Frites, gewürzt mit Malzessig

SHEPHERD'S PIE
Ein Hackfleisch-Gemüse-Auflauf aus Lamm, überbacken mit Kartoffelpüree

Desserts

PIE
Teigtasche, süß oder herzhaft gefüllt. Der Klassiker zum Nachtisch ist der Apple Pie

BREAD AND BUTTER PUDDING
Ein Auflauf u. a. aus Brot, Eiern, Milch und einem Schuss Whiskey

APPLE AND POTATOE CAKE
Dieser Kuchen wird tatsächlich mit Kartoffeln und Äpfeln gebacken

BAILEYS BROWNIES
Saftiger Schokoladenkuchen vom Blech, mit einer Baileys-Buttercreme bestrichen

Getränke

STOUT
Dunkles obergäriges Bier, z. B. Guinness, Beamish oder Murphy's

IRISH WHISKEY
Das „Wasser des Lebens", die bekanntesten Marken sind Jameson und Bushmills

IRISH CIDER
Der alkoholhaltige Apfelwein ist das Getränk im Sommer

Traumblick vom Calton Hill

8

Edinbarra – so sagt's schnarrend der Schotte – ist eine Naturbegabung. Vulkanismus und Eiszeiten ließen am Meeresarm Firth of Forth eine schroffe Hügellandschaft zurück, wohinein sich die Stadt organisch fügt. Eine Königsburg wie ein Adlerhorst aus dem 7. Jh. bildete den Grundstein, die Stadt legte sich später zu Füßen des Edinburgh Castle. Die eindrucksvolle Skyline der Old Town aus gesehen, am besten vom Calton Hill, bietet eines der fotogensten Porträts einer europäischen Hauptstadt.

CHECK

- ✓ **Leben im Karomuster**
- ✓ **Pubs, Cafés & Dudelsack**
- ✓ **Highland-Feeling**
- ✓ **Jazz & Folk-Fiddles**
- ✓ **Und oben thront die Burg**

ENTDECKE EDINBURGH

Jamming with the locals: Folk im Sandy Bell's

In Europas Metropolenkonzert spielt Edinburgh eher eine leise Geige – den lautesten Dudelsack schon! Mit erneuerter Hauptstadt-Verve wird Schottlands Takt vorgegeben. Das passt ins Bild. Zwischen dramatischen Vulkanhöhen spielen zwei grundverschiedene Altstädte eine Romanze zwischen Kitsch und Kultur.

ANGELOCKT VON ROMANEN

Dass das märchenhafte, aber entlegene Flair südlich der Highlands kein Geheimnis mehr ist, verdankt Edinburgh einem einzigen Mann. Der Autor Walter Scott verwob im 19. Jh. Volkslegenden, Schlachten gegen England und Liebestragödien zu süffigen Historienromanen. Die Leser in Europa lockte seine Prosa nach Schottland. Auch Theodor Fontane, der Edinburgh wegen seiner Geografie und neoklassizistischen Architektur der New Town als „Athen des Nordens" beschrieb. Schottlandtourismus ist ohne Scott undenkbar, genauso wie „Highlander"-Filme und „Outlander"-Serie. Sowie der Kult um den Kilt. Scott machte aus dem von den Engländern geächteten praktischen Highlander-Rock schlau einen Modeartikel, als er den englischen König Georg IV. 1822 nach Edinburgh lud und in einen Kilt steckte. Das Schotten-Karo war en vogue. 2010 kreierte man zum Papstbesuch einen Tartan, 2018 schuf Burberry einen Regenbogen-Tartan für die LGBT-Gemeinschaft.

GEISTIGE HÖHENFLÜGE UND EINE STADT, DIE ZUM HIMMEL STINKT

Zu Beginn des 18. Jh. war Schottland bankrott. Halb zog England die Schotten, halb sanken diese in die Arme Londons: Der Act of Union von 1707 vereinigte die Länder unter Londons

Führung zu Großbritannien. Aufschwung und Talentförderung waren die Folge. Der schottischen Aufklärung entsprangen wissenschaftliche und geistige Höhenflüge: 1726 eröffnete die erste medizinische Fakultät auf der Insel in Edinburgh, 1739 eine philosophische Gesellschaft. Adam Smith, Vater der Volkswirtschaftslehre, kam aus Edinburgh – die Stadt war plötzlich Europas geistiger Nabel, wie Voltaire staunend befand. Denkmäler sowie Porträttafeln in Pubs bringen dir dieses Vermächtnis näher.

OLD TOWN & NEW TOWN

Zu jener Zeit stank Old Town zum Himmel. Wohl 50 000 Menschen hausten auf engstem Raum in zwölfstöckigen Hochhäusern – unten betuchte Bürger, darüber arme Schlucker. Die Notdurft landete in den heute noch engen Gassen – *close* und *wynd* genannt –, im Pub blieb der geworfene Zechbecher im Dreck der Wand stecken. Jedoch gebar man in diesem Dunst kühne Ideen. Vom Calton Hill oder dem kolossalen Denkmal für Walter Scott wird ein Kraftakt sichtbar: Linker Hand das Mittelalter mit der Burg, von der sich die Old Town bis zum königlichen Holyrood-Schloss hinunterschwingt. Rechter Hand dominiert eine zweite City. Die um 1800 im georgianischen Stil errichtete New Town ist das Nonplusultra damaliger Stadtplanung: uniform, präzise, großzügig. Edinburgh 2.0 war wegen der Überbevölkerung südlich eines Abwassersees, in dem auch Hexen ertränkt wurden, nötig geworden. Der trockengelegte Sumpf ist heute Edinburghs grüne Mitte. Diese Princes Street Gardens teilen Mittelalter und Mondäne. So ein grandioser Wurf reicht für Jahrhunderte – und fürs Weltkulturerbe.

DIE ALTE SCHOTTISCHE SEELE EDINBURGHS

Beide Altstädte kannst du ideal zu Fuß erobern. Ständig geht's steil rauf und runter, über grobes Pflaster und Treppenfluten. Robuste Treter gebietet die Old Town, während für New Towns schicke Trottoirs sogar High Heels passen. Wo auch immer: Suche den Kontakt mit den Einwohnern, sie werden dich begeistern – auch wenn sie manchmal schwer zu verstehen sind. Im Gespräch stößt du auf die schottische Mundart, weit entfernt vom nasalen Englisch der Queen, eher ein gutturales Rollen. Gerätst du im Pub in eine Musik-Session, wird es noch schwerer, denn so mancher Song wird hier in Gälisch oder altem Scots gesungen. Doch dann bist du in der alten schottischen Seele Edinburghs angekommen, mit einem zünftigen Pint Bier in der Hand.

MARCO POLO TOP-HIGHLIGHTS

EDINBURGH CASTLE ★1
Seit mehr als 800 Jahren der einzige Wolkenkratzer der Stadt
📷 *Tipp: Schön ist die Ansicht auch von den nördlich gelegenen West Princes Street Gardens*

ROYAL MILE ★2
Edinburghs mittelalterliche Meile führt zwischen historischen Hochhäusern von der Burg hinunter zum Schloss
📷 *Tipp: Vom Dach der Cathedral passt die Perspektive in zwei Richtungen*

SCOTTISH PARLIAMENT ★3
Der geniale Jahrhundertbau für das moderne Schottland ist ein faszinierender Kontrast zur Altstadt
📷 *Tipp: Eine einstündige Fotoführung durchs Gebäude verschafft dir einzigartige Detailperspektiven*

SCOTTISH NATIONAL GALLERY OF MODERN ART ★4
Gleich zwei neoklassizistische Gebäude mit Kunst der letzten hundert Jahre liegen am Rand einer dörflichen Idylle

THE GRAIN STORE (5)
Eine Restaurantformel, die satt und romantisch aufgeht: schnörkellose Altstadtmauern gepaart mit coolem Service und brillanter schottisch-französischer Küche

GEORGE STREET (6)
Shoppen und Bummeln in schicker Atmosphäre: Die Fashion Mile mit eitler georgianischer Architektur ist das New-Town-Gegenstück zur Royal Mile

LEITH (7)
Der alte Hafen vor der Stadt ist das Ausgehmekka mit zwei Sterneköchen, Streetfood-Halle und royaler Yacht

CALTON HILL (8)
Vulkanhügel mit skurrilem Gebäudeensemble, modernster Kunst, Restaurant und traumhaftem Stadtblick zum Sunset

CAFÉ ROYAL CIRCLE BAR (9)
Elegantes Barock-Pub in viktorianischem Design

📷 *Tipp: Zapfhahn unscharf im Vordergrund, scharf fokussiert auf die Keramiktafeln einheimischer Erfinder dahinter*

EDINBURGH FESTIVAL FRINGE (10)
Der weltgrößte Kulturfestival mit Gauklern, Comedy, Talenten und ganz großen Stars findet im August statt

BEST OF LOW BUDGET

FÜR DEN KLEINEN GELDBEUTEL

MODERNE KUNST UMSONST

Die beiden Scottish National Galleries of Modern Art stellen die spannendste Kunst der Moderne aus. Und da der Eintritt frei ist, darfst du keinesfalls die Skulpturen von Henry Moore und Gormley oder auch die Werke von Eduardo Paolozzi, dem größten modernen Künstler Edinburghs, verpassen.

DREISTÜNDIGE LIEBESERKLÄRUNG AN DIE STADT

Die enthusiastischen Guides von *edinburgh freetour.com* sind begeistert von ihrer Stadt und wissen alles: vom Spuken und Spucken, Erfinden und Unabhängigkeitsstreben.

FESTIVAL DER FESTIVALS

Erst war das Festival Fringe nur ein Ableger des International Festival. Doch längst kommen Millionen im August, wenn Comedy- und Theater-Events nicht die Welt kosten.

VOM SCHAF BIS ZUM SCHOTTENROCK

Wie ein Schaf geschoren und ein schottischer *kilt* gefertigt wird, erfährst du gratis bei der Shoppingvisite in der fünfstöckigen Tartan Weaving Mill gleich im ersten Laden unterhalb vom Castle.

WO SCHOTTLAND TAGT

Das wie ein umgedrehtes Schiff anmutende Scottish Parliament passt sich als moderne Vision genial in die enge Altstadt ein. Die Neugier auf die bisweilen kryptische Architektur befriedigen kostenlose Thementouren.

JAZZ FOR FREE

Die Jazz Bar ist der swingendste Club in der Stadt. Bei „Teatime Acoustic" und Nachmittagskonzerten gibt's von Dienstag bis Sonntag kostenlose Sessions bis 19.30 Uhr.

BEST OF

TYPISCH

DAS ERLEBST DU NUR HIER

ABER BITTE MIT KARO!

Im 16. Jh. entdeckten die Schotten die dereinst von den Kelten getragene karierte Tunika für sich. Dreimal sechs Meter Wollgewebe ergeben einen Rock, der Familienclan bestimmte das karierte Muster.

FIDDELN ZUM BIER

Pint-Glas mit dunklem Bier in der Hand, melancholische Tanzrhythmen in den Ohren. Ohne Kopfhörer! Sandy Bell's ist nicht nur ein normales Pub, sondern täglich auch ein Magnet für jammende Folkmusiker.

SPEISEN IM BAUCH DER STADT

Weiße Stoffserviette, ein zwielichtiges Gewölbe, nackte Wände aus derber Gruselepoche. Im Grain Store hast du kein Rendezvous mit einem Geist, sondern mit cooler Cuisine, lebendigem Service und famoser Fotokunst.

MEMENTO MORI

Der schräge Greyfriars-Friedhof ist Poesiealbum und Traueraltar. Nix Grabesstille: Hier spukt's! Die Leichendiebe Burke und Hare gruben hier für einen Anatomieprofessor Bestattete aus.

BAUERNFRÜHSTÜCK AL FRESCO

Samstags um neun auf dem Farmers' Market beim Castle. Bauern und umweltbewusste Produzenten bieten exquisite Produkte feil: Wildschwein, Biobier, Fleisch von Strauß und Wasserbüffel, Honig, Sauerteigbrot, Chutneys.

TEA ROYAL

Lust auf Teezeremonie? In diesen heiligen Hallen führst du deine Tasse mit abgespreiztem Finger zum Mund. Schon für King George IV war die Signet Library edles Gesellschaftszimmer.

DIE BESTEN INSIDER-TIPPS

HIGHLAND-FEELING IN THE CITY!

Einen Weitblick von bis zu 100 km an schönen Tagen erlaubt Arthur's Seat, die landschaftlich dramatischste der drei vulkanischen Erhebungen im Stadtkern (251 m).

(MIT) WHISKY ABFÜLLEN LASSEN

Geschmack und Menge nach Maß: Im The Whisky Shop lässt du ganz nach deinem Gusto abzapfen.

SIR WALTER AUFS DACH STEIGEN

287 sich verdrehende Stufen sind's bis zum literarischen Aussichtspunkt vom Scott Monument.

LICHTSPIELE IN DER KATHEDRALE

Die Fenster der St Giles Cathedral bieten auch bei Sauwetter leuchtende Lichtspiele. Und in der großartigen Kapelle für den Ritterorden der Distel spielen zwei geschnitzte Engel – was wohl? – Dudelsack!

SCHOTTISCHEN KÄSE KOSTEN

Auld Reekie – Old Smokey – hieß Edinburgh in früheren Zeiten mal. I.J. Mellis bietet den Ruf als Rauchkäse an.

SPUK UNTERM PFLASTER

The Real Mary King's Close ist die Gasse aller Gassen. Das tiefer gelegene und dereinst eingemauerte Stück gruseliger Stadtgeschichte erlaubt einen authentischen Blick ins späte Mittelalter.

WUNDERBARE GESCHICHTEN

Schotten lieben das Erzählen. Beste Inspiration im Knox House mit dem einzigartigen Scottish Storytelling Centre (es gibt natürlich ein Erzählfestival!).

DAS SCHMECKT IN EDINBURGH

Unsere Empfehlung heute

Breakfast

KIPPERS
geräucherter Hering, gesalzen, oft in Milch

PORRIDGE
Hafergrütze mit Milch

FULL SCOTTISH
das volle Programm für alle, die noch etwas vorhaben: *potato scone* (Kartoffel-Pfannkuchen), *baked beans*, Ei, *bacon*, Pilze, Würstchen

Lunch

COCK-A-LEEKIE
Hühnersuppe mit Lauch und eventuell Backpflaumen, manchmal eingedickt mit Reis oder Gerste

CULLEN SKINK
Räucherfischsuppe mit Milch, Kartoffel, Zwiebeln

OYSTERS
Loch Fyne-Austern von einem Meeresarm an der Westküste Schottlands sind die besten

SCALLOPS
Jakobsmuschelfleisch, meist von den Orkney-Inseln

Mains

HAGGIS
mit Schaf-Innereien und Hafermehl gefüllter Schafsmagen

BLACK PUDDING
mit Hafer angereicherte Blutwurst, kommt in guter Qualität vor allem von der Insel Lewis

ROAST GROUSE
gebratenes Moorschneehuhn, eine seltene Delikatesse mit sehr würzigem rotbraunem Fleisch, die Jagd ist umstritten

POACHED SMOKED HADDOCK
geräucherter Schellfisch mit pochiertem Ei

Dessert & Teatime

CRANACHAN
Komposition aus fetter Schlagsahne, Röst-Hafermehl, Honig, Whisky und Beeren

ARRAN BLUE
weicher Blauschimmelkäse von der Insel Arran

SCONES & CLOTTED CREAM
Buttergebäck, serviert mit Rohmilch-Rahm

Blick von San Miniato al Monte

9

Florenz ist eine Metropole, wenn auch im Kleinformat, und sicherlich eine der schönsten Städte der Welt, die jeder auf seine Art entdecken kann. Wenn man von San Miniato oder Fiesole herunterblickt, hat man die historische Altstadt gut im Blick, die Palazzi und Kirchen, die kleinen Gassen und das wunderschöne Umland. Der Fluss Arno schlängelt sich mitten durch die Stadt, und auf den umliegenden Hügeln liegen die gelb-rötlich leuchtenden Villen. Genug des Ausblicks – nun hinein in das pulsierende Leben der Stadt!

CHECK

- ✓ **Stadt der Medici**
- ✓ **Eine Brücke voller Läden**
- ✓ **Handwerk im Oltrarno**
- ✓ **Michelangelos David**
- ✓ **Und dieses Eis … lecker!**

ENTDECKE FLORENZ

Palazzo Vecchio und die endlosen Fensterreihen der Uffizien

Wer konnte 59 v. Chr., als Julius Cäsar die Kolonie Florentia gründete, ahnen, dass diese Stadt Jahre später von Millionen überrannt werden würde? Obwohl man hier durch teilweise kleinste Gassen schlendert, ist Florenz eine Weltstadt. Auf den Plätzen wird sich gesonnt, am Abend scharen sich Gruppen um Straßenmusikanten, stehen vor Bars und Trattorien. Genießer füllen Restaurants und Enotheken und wählen mit Kennerblick Schinken, Käse, Wein und Olivenöl aus. Gut betuchte Asiaten, Amerikaner und Europäer schleppen glücklich die Last ihrer Einkäufe, die sie auf den noblen Shoppingmeilen erstanden haben. Und irgendwann begegnen sich alle in den Warteschlangen vor den Uffizien, dem Palazzo Pitti oder der Galleria dell'Accademia wieder. Denn Florenz steht vor allem anderen für die Kunst.

KUNST OHNE LIMIT!

Das Ensemble aus Kirchen und Palästen, Plätzen und Gassen, Brunnen und Statuen ist ein über Jahrhunderte gewachsenes Gesamtkunstwerk, das auf der Welt seinesgleichen sucht. Die schönsten Plastiken, Gemälde und Tapisserien sind in den Kirchen und in über 70 Museen der Stadt ausgestellt. Und oft sind die Paläste von herrlichen Gartenanlagen umgeben. Viele von ihnen sind für Besucher geöffnet. Aber auch eine Tür mit ihrem bronzenen Handknauf, ein Fenstergesims oder eine Dachtraufe ist oft ein kleines Kunstwerk. Fast alle Sehenswürdigkeiten kann man zu Fuß erreichen. Kleiner Tipp: Erkundet die pittoresken Gassen abseits der Hauptrouten vor allem in den lebendigen Handwerkervierteln im Oltrarno jenseits des Flusses. Wenn man die Augen offen hält, entdeckt man hier genauso viel Besonderes.

IM ZEICHEN DER MEDICI

300 Jahre bestimmte allein eine Familie die Geschicke der Stadt: die der Medici. Mit ihrem Reichtum, ihrem Kunstsinn und ihrem Mäzenatentum prägte sie maßgeblich Entwicklung und Aussehen von Florenz. Den Medici sind viele bedeutende Bauwerke zu verdanken, so der Palazzo Medici Riccardi oder die Kirche San Lorenzo mit der ganz mit Halbedelsteinen ausgelegten Cappella dei Principi. Ebenso gehen die Galleria degli Uffizi mit ihrer weltbekannten Gemäldesammlung oder der Palazzo Pitti auf die Medici zurück. Auch die prächtigen Medici-Villen in der unmittelbaren Umgebung der Stadt sind heute Touristenmagneten. Und es war eine Frau, Anna Maria Luisa (1667–1743), die letzte dieser mächtigen Familie, die in ihrem Testament verfügte, dass „von den Dingen, die zum Schmuck des Staates, zum Nutzen der Öffentlichkeit und als Anreiz für die Neugier der Fremden (!) bestimmt sind, nichts veräußert" werden dürfe. Als hätte sie es vorausgesehen, welche Bedeutung die Sammlungen in der Zukunft für die Stadt haben würden.

WOHNEN IM ZENTRUM? KAUM BEZAHLBAR!

Als Florenz 1865–71 Hauptstadt des neu gegründeten Königreichs wurde, erlebte die Stadt ihre zweite Renaissance. Aus repräsentativen Gründen ließ man das alte Marktviertel und das mittelalterliche Ghetto abreißen und dafür die Piazza della Repubblica anlegen. Die große Stadtmauer wurde geschliffen und in ihrem Verlauf die breite Ringstraße gebaut, heute eine der wichtigsten Verkehrsadern. Drum herum entstanden großbürgerliche Stadtviertel. Die Stadtplaner haben glücklicherweise immer verhindert, dass sich das jahrhundertealte Stadtbild des Zentrums wesentlich veränderte. Heute lebt hier nur noch der kleinste Teil der rund 382 000 Einwohner von Florenz, denn die Wohnpreise gehören zu den teuersten Italiens. Florentiner trifft man daher meist nur noch in der Innenstadt, wenn sie dort zur Arbeit gehen.

VERGANGENHEIT TRIFFT AUF MODERNE

Lange hat diese Stadt von ihrer glorreichen Vergangenheit gezehrt. Auch heute tut sich Florenz im Vergleich zu anderen Städten noch schwer mit der Moderne, obwohl versucht wird, ihr immer mehr Raum zu geben. Man bemüht sich, Florenz zu „entstauben", und lässt sich auf Experimente ein. Vom avantgardistischen Theater bis zu Performances ist mittlerweile alles erlaubt und erwünscht. Die historischen Plätze bilden eine eindrucksvolle Kulisse für moderne Installationen und Straßenfeste. Auch das Florenz der Zukunft wird seine Besucher begeistern.

MARCO POLO TOP-HIGHLIGHTS

DUOMO DI SANTA MARIA DEL FIORE & CAMPANILE ★1

Man kann schon mal eine Genickstarre riskieren, um Kuppel und Glockenturm nur von unten anzusehen

PONTE VECCHIO ★2

Wenn der Arno im Lichterschein glänzt, glitzern auch die Juwelen auf der Brücke – bis die schweren Holzläden geschlossen werden

📷 *Tipp: Bei Dämmerung oder nachts von der Ponte Trinitá aus mit Spiegelung der Häuser im Arno. Kitschig schön!*

GALLERIA DEGLI UFFIZI 3
Unzählige Kunstschätze und eine Dachterrasse mit herrlichem Blick
Tipp: Monumentale Tiefe: vom Palazzo Vecchio mit Blick zum Fluss, Kamera frontal, leicht nach oben!

SANTA CROCE 4
Im Tod sind sie alle gleich, nur ihre Grabmäler unterscheiden sich. Geh in der Bettelordenskirche der Franziskaner auf Entdeckungstour

SAN MINIATO AL MONTE 5
Schönste Kirchenromanik mit einem überwältigenden Blick über die gesamte Stadt

LA MENAGÈRE 6
Eine coole Location – Café, Dining-Bar, Conceptstore und Blumenladen in einem

IL SANTO BEVITORE 7
Wunderbar, um den Tag schlemmend im Oltrarno ausklingen zu lassen

MERCATO SAN LORENZO 8
Auf dem Markt draußen drängeln sich die Touristen, nicht aber in der Markthalle, wo Florentiner Hausfrauen mit den Händlern feilschen

FIESOLE 9
Älter, höher gelegen und kunsthistorisch ebenso interessant wie Florenz
Tipp: Das Panoramabild: vom höchsten Punkt, dem Kloster San Francesco, runter auf die Stadt – mit Zweig im Vordergrund für mehr Tiefe

MAGGIO MUSICALE FIORENTINO 10
Internationale Musik- und Ballettfestwochen

BEST OF LOW BUDGET

FÜR DEN KLEINEN GELDBEUTEL

SONNTAGSKUNST
Wer außerhalb der Saison am ersten Sonntag des Monats in der Stadt ist, hat Glück, dann sind alle staatlichen Museen kostenlos – auch die Galleria dell'Accademia mit dem Original-David von Michelangelo. An allen anderen Tagen bietet auch die Kopie des David vor dem Palazzo Vecchio ein gutes Fotomotiv.

EINE PAUSE IN DER BIBLIOTHEK
In der Biblioteca delle Oblate in der Via dell' Oriuolo sitzt man fast ungestört unter Klosterarkaden. Brunelleschis Kuppel ist zum Greifen nah. Das Ambiente kostet nichts – da kann man sich schon mal einen Cappuccino und eine *brioche* gönnen.

EIN DRINK UND ALL YOU CAN EAT
Zwischen 19 und 21 Uhr ist Aperitivo-Zeit. Ihr holt euch für ca. 10 Euro ein Getränk, und dann geht's direkt zum Buffet. In vielen Bars der Stadt gibt's Pasta, Gemüse, Nudelsalate, Häppchen – also eigentlich alles. Theoretisch ist der *aperitivo* ein Vor-Abendessen, aber danach ist man definitiv satt.

STADTRUNDFAHRT MIT DEM C3
Der kleine Elektrobus C3 fährt für 1,50 Euro durch die engen Gassen des alten Florenz vorbei an Piazza Pitti, Piazza Santa Croce und überquert zweimal den Arno. Er ist damit die günstigste Stadtrundfahrt!

SPARSAM ESSEN
Nicht, was die Menge angeht, denn bei Da Giorgio nahe Santa Maria Novella werden *primo* und *secondo* (also erster und zweiter Gang) plus Wasser und Wein serviert, mittags für 13, abends für 15 Euro. Einfache toskanische Küche, sehr gutes Preis-Leistungs-Verhältnis.

BEST OF

TYPISCH

DAS ERLEBST DU NUR HIER

DIE BRÜCKE DER JUWELIERE
Der Ponte Vecchio ist sicher einmalig. Auf welcher Brücke gibt es schon überhängende Läden? Am schönsten, wenn die Lichter der Stadt mit den Juwelen in den kleinen Brückenläden um die Wette glitzern.

MUSEUM STATT BÜROS
Büros *(uffizi)* für die Landesverwaltung sollten hier untergebracht werden, als Cosimo I. den repräsentativen Bau 1559 bei Vasari in Auftrag gab. Zum Glück waren die Medici Kunstliebhaber. Heute sind „die Büros" als Galleria degli Uffizi weltberühmt.

GELATO ARTIGIANALE
Vom einfachen Milchgeschäft zur weltberühmten Eisdiele: Vivoli ist trotz vieler anderer guter Eisdielen immer noch die Florentiner *gelateria* par excellence! Das nach hauseigenem Rezept hergestellte Eis wird aus den Räumen im Herzen von Florenz für besondere Festlichkeiten sogar bis nach Australien verschickt.

SANDWICH ALLA FIORENTINA
Ein würziges *panino al lampredotto* oder eine *trippa alla fiorentina* an einem der urigen Büdchen wie dem Antico Trippaio in der Via Dante Alighieri gehört in Florenz einfach irgendwann dazu. Seid aufgeschlossen und gebt den Florentiner Spezialitäten eine Chance!

KUNSTHANDWERKERVIERTEL
Oltrarno ist das echte Florenz. Mit seinen lebendigen Plätzen, dann wieder stillen, kühlen Gässchen, Geschäften, vielen kleinen Werkstätten und Kunsthandwerkerateliers ist die Atmosphäre in San Frediano auch heute noch sehr florentinisch. Und abends tobt hier das Leben.

DIE BESTEN INSIDER-TIPPS

PAUSE AUF DER DACHTERRASSE DER UFFIZIEN

Bei so viel Kunst nicht verpassen: eine Erfrischung unter Sonnenschirmen samt bester Aussicht auf den Palazzo Vecchio. Wo gibt's das? In der Caffetteria auf der Dachterrasse der Uffizien.

MESSER GEWETZT ...

... und dann einer butterweichen *bistecca fiorentina* in der Fiaschetteria Trattoria Mario zu Leibe rücken. Einfach köstlich!

BRUNELLESCHIS KUPPEL ERKLIMMEN

Ausdauer und Schwindelfreiheit braucht man für die Besteigung der Domkuppel. 463 Stufen führen steil nach oben, und es gibt kein Zurück. Auf dem Weg kann man immer wieder aus kleinen Luken auf die Stadt spähen, ihr seht die grandiosen Fresken – und ganz oben: 360-Grad-Panoramablick!

BEI GALILEO ZU BESUCH

Astronomische Geräte, Planetenmodelle, das erste Teleskop und die Fernrohre des großen Astronomen sind im Museo Galilei zu bestaunen – alles spannend für neugierige Kinder und Erwachsene.

CHOCOLATIER SCHLEMMEN

Im Rivoire bei einer Tasse Schokolade dem Treiben auf einem der schönsten Plätze der Stadt zusehen – zum Dahinschmelzen.

DURCH GEMÄCHER SCHREITEN

Im komplett wie früher eingerichteten Palazzo Davanzati fühlt man sich wie einst die Adeligen.

DAS SCHMECKT IN FLORENZ

Unsere Empfehlung heute

Vorspeisen

CROSTINI TOSCANI/BRUSCHETTE
geröstetes Brot mit Hühnerleberpastete/ Tomaten

COCCOLI CON PROSCIUTTO E STRACCHINO
unwiderstehlicher Mix aus frittierter *pasta* mit cremigem Käse und Schinken

PANZANELLA
leichter Sommersalat mit toskanischem Weißbrot und Tomaten

Primi – erster Gang

RIBOLLITA
dicker Gemüseeintopf mit weißen Bohnen und Brot

PAPPA AL POMODORO
lauwarm servierte Tomatenbrotsuppe

TAGLIATELLE ALLA LEPRE/ AL CINGHIALE
Bandnudeln mit Hasenragout / Wildschweinragout

TRIPPA ALLA FIORENTINA
nur für Innereienliebhaber: Kalbskutteln mit Tomatensauce

Secondi – zweiter Gang

BISTECCA FIORENTINA
DIE Spezialität: saftiges, 3,5 cm dickes T-Bone-Steak

TAGLIATA DI MANZO
die *bistecca* in klein und in Stücken

BACCALÀ ALLA FIORENTINA
Stockfisch in Tomatensauce mit Basilikum

Desserts

BISCOTTI DI PRATO (CANTUCCI)
Mandelkekse, die man in Vin Santo, einen süßen Dessertwein, taucht

TORTA DELLA NONNA
„Omas Torte" aus Mürbeteig und Puddingcreme

Getränke

VINO DELLA CASA
Hauswein

NEGRONI
der Florentiner Cocktail, der reinhaut! Gin, Roter Wermut und Campari

Hafencity mit Kreuzfahrtschiff

10

Wind und Wasser – aus diesen Elementen ist Hamburg gemacht. Kein großartigerer Blick als in der Hafencity oder von den Landungsbrücken auf Schiffe, Elbe und die entfernten Kräne des Hafens, kein schönerer Platz an einem Sonnentag als an der langgestreckten Außenalster, wo Schwäne und Segelboote vorbeiziehen und prachtvolle Villen das Ufer säumen. Und abends geht's auf den Kiez in St. Pauli oder in die Elbphilharmonie. Langeweile kommt in Hamburg bestimmt nicht auf!

CHECK

- ✓ **Leben an Elbe und Alster**
- ✓ **Miniaturwunderwelt!!!**
- ✓ **Sonntags: Fischmarkt**
- ✓ **Feiern in St. Pauli**
- ✓ **Open-Air im Stadtpark**

ENTDECKE HAMBURG

Stehempfang: SUP-Fans auf der Außenalster

Es gibt sie, diese Tage, an denen selbst eingefleischte Hanseaten von ihrer Stadt überrascht werden. An einem Sommerabend hocken sie mit einem Bier am Elbstrand von Övelgönne. Vor sich Containerschiffe, Barkassen und Segler. Szenenwechsel Hafencity: Dort findet gerade mal wieder ein Festival statt – Jazz oder Literatur. Man hört noch etwas zu und bestaunt die gewaltige gläserne Fassade der Elbphilharmonie. Auch jetzt noch, spät am Abend, spazieren die Besucher hoch oben auf der Plaza einmal herum; Handys blitzen. Im Hintergrund sind die Neubauten der Hafencity und die beleuchteten Fassaden der Speicherstadt sichtbar. Wow, was für eine tolle Stadt! Mit dieser Erkenntnis sind die Hanseaten nicht allein. Über 14 Mio. Übernachtungen pro Jahr zählte das Tourismusbüro zuletzt, mehr als jemals zuvor.

„ELPHI" – WIR LIEBEN DICH TROTZDEM!

Auch die Bevölkerungszahl in Deutschlands zweitgrößter Stadt wächst seit Jahren: Die 1,8-Mio.-Grenze ist geknackt, und immer mehr Menschen zieht es an die Elbe. Wer etwas auf sich hält, kauft eine Loftwohnung am Strandkai oder zieht mit seiner Anwaltskanzlei in die Speicherstadt. Es gibt hier Schulen, Spielplätze, Kindergärten, eine Universität und ein Wissenschaftszentrum. An lauen Sommerabenden ist auf den Kais und in den Cafés der Teufel los, viele Kulturveranstaltungen zieht es hierher. Es gibt ein Kino, Galerien, im Lohsepark findet sich die Gedenkstätte für die aus Hamburg verschleppten Juden, und am Baakenhafen entstehen Häuser auf Stelzen im Wasser. Also alles super in der schönen, neuen Hafencity-Welt? Nicht immer, da wäre noch die „Elphi". Auch wenn der Hype um Hamburgs neues Wahrzeichen, die

Elbphilharmonie, gewaltig ist – der Skandal um die sagenhaft hohen Baukosten und die jahrelangen Bauverzögerungen sind nicht vergessen, und Kritiker des Großprojekts erinnern immer wieder auch daran.

HANSEATEN ZEIGEN HALTUNG

Hamburger seien arrogant, lautet ein Vorurteil. Doch eigentlich ist das Gegenteil der Fall. Die Hamburger sind hilfsbereiter, offener und freundlicher, als man erwartet. Viele sprechen Englisch – die Verbindung zum Handelspartner über den Kanal war schon immer bestens. Ebenfalls in dieser Tradition steht: Der Hamburger ist liberal. Ob lebenslanger Punk in der Hafenstraße oder hipper Werber, jeder darf sein, wie er ist. Eines allerdings wird von jedem gefordert: Haltung. Hier bleibt der Hanseat seiner Mentalität treu – nie die Contenance verlieren und immer Zurückhaltung üben. Bussi-Bussi und Goldkettchen? Das wird an der Waterkant höchst ungern gesehen. Wichtiger als der Glanz nach außen ist dem wahren Hanseaten der tatsächliche Gewinn. In keiner anderen Stadt wohnen mehr Millionäre pro Quadratmeter, die Geschäftstüchtigkeit liegt vielen im Blut. Um Gewinne zu erzielen, ist man nicht zimperlich. Eines der schönsten Beispiele hierfür ist Hamburgs Umgang mit dem Ursprung des Hafengeburtstags. Am 7. Mai 1189 soll Kaiser Friedrich I. Barbarossa der Stadt einen Freibrief für den Handel auf der Elbe ausgestellt und damit die Geburtsstunde des Hafens eingeläutet haben. Zwar weiß man seit 1907, dass dieser Freibrief eine Fälschung ist, doch das ist für die Hamburger kein Hinderungsgrund, dieses Ereignis jedes Jahr mit dem größten Hafenfest der Welt zu feiern – und gute Profite dabei zu machen.

PARKS, BÄUME, EIN SEE IN DER STADT

Hamburg ist eine der grünsten Städte Deutschlands, mit einem See mitten in der Stadt. Doch auch wenn das Wetter wieder schlechter wird: Regen und Nebel können den wahren Hanseaten nicht erschüttern. Schließlich gibt es als Entschädigung diese herrlichen Tage, an denen ein frisches Lüftchen weht und die Luft so klar ist, dass man sich bis zum Rande damit vollpumpen möchte. Elbe und Alster bieten großartige Panoramen, und doch ist alles ganz übersichtlich. Auch an nur einem Wochenende könnt ihr die besten Highlights problemlos mitbekommen. Dazu locken die vielen schönen Stadtteile mit ihrem jeweils ganz eigenen Ambiente, ihrer unterschiedlichen Geschichte, mit Restaurants und Clubs. Und wer etwas mehr Zeit hat, der macht tatsächlich mal einen Spaziergang vom Strand in Övelgönne in Richtung City: rechts das Elbwasser, vor sich die Stadt, die Elbphilharmonie, der Hafen – fantastisch!

MARCO POLO TOP-HIGHLIGHTS

SPEICHERSTADT ★ 1

So viel Ziegel gibt es nirgends. Völlig zu Recht mit dem Kontorhausviertel nun Weltkulturerbe

📷 *Tipp: Das Maritime Museum macht sich gut als Motiv mit der riesigen davorstehenden Schiffsschraube*

ELBPHILHARMONIE ★ 2

Hamburgs neues Wahrzeichen hat die Stadt bei Architekturfans und Musikliebhabern weltbekannt gemacht

📷 *Tipp: Ab aufs Schiff, Hadag-Dampfer oder Hafenrundfahrt, dann hast du die ganze „Elphi" vom Wasser aus im Blick*

MINIATUR-WUNDERLAND ★ 3

Die weltgrößte Modelleisenbahn ist Hamburgs meistbesuchte Sehenswürdigkeit

KUNSTHALLE ★ 4

Eines der wichtigsten Museen des Landes – und nicht nur dann, wenn es eine Sonderschau gibt

RATHAUS ★ 5

Geplant wurde über dreißig Jahre lang, doch das Ergebnis kann sich sehen lassen. Die Hamburger sind stolz auf ihr prunkvolles Rathaus

LANDUNGSBRÜCKEN ★ 6

Kapitäne, Touristen, Pendler: Auf dem Wasserbahnhof ist immer viel los

MICHAELISKIRCHE 7
Der Turm der St.-Michaelis-Kirche, kurz Michel genannt, ist und bleibt das Wahrzeichen der Stadt
Tipp: „Nachtmichel" buchen und Hamburgs Lichtermeer von oben fotografieren

BLANKENESE 9
Mit dem Treppenviertel präsentiert sich Hamburgs berühmtester Elbvorort von der besten Seite
Tipp: Mitten im Treppenviertel ein Foto machen – niemand glaubt dir, dass das wirklich Hamburg ist!

AUSSENALSTER 8
Hier ist Hamburg sooo elegant: weiße Villen, grüne Gärten und dazwischen die Segler

STRANDPERLE 10
Muttis, Werber, Yuppies: Hier trifft sich ganz Hamburg zum Trinken, Chillen, Sonnen am Elbstrand

BEST OF LOW BUDGET

FÜR DEN KLEINEN GELDBEUTEL

CHILL DOCH MAL!

Planten un Blomen liegt mitten in der City. Holzstühle laden zum Abhängen ein, es gibt tolle Spielplätze, eine Eislaufbahn, im Sommer kostenlose Wasserlichtkonzerte und zwei Tage Superjazz bei den Hamburg Jazz Open. Also nix wie hin!

REA GARVEY & CO. BELAUSCHEN

Konzerte auf der Open-Air-Bühne im Stadtpark sind oft ausverkauft. Schlaue Hamburger stört das nicht. Sie nehmen ihre Picknickdecke, eine Pulle Wein und machen es sich direkt neben dem Konzertgelände auf der Wiese gemütlich. Der Sound ist mittelprächtig, die Stimmung umso besser!

HALLO HEDI, WIR WOLLEN MIT!

Die Tanzbarkasse Frau Hedi ist legendär in Hamburg. Hier gibt es klasse Musik, oft sogar live, zwischendurch legt das Schiff immer wieder an der Brücke 10 an. Komm zur letzten Fahrt des Abends, die ist günstiger!

LEHRREICHES WASSER

Der kleine Ausflug Richtung Rothenburgsort lohnt: Dort liegt Hamburgs erste Wasseraufbereitungsanlage Kaltehofe. Schöne alte Wasser-Filterhäuschen stehen am Rand von Teichen, in denen Kormorane fischen, und auf einem frei zugänglichen Lehrpfad lernst du viel über Wasser und Natur.

SCHIFFSBEGRÜSSUNG

Zur Metropolregion Hamburg gehört auch Wedel. Das dortige Willkommhöft ist weltweit einmalig. Jedes Schiff, das nach Hamburg einläuft, wird mit Nationalhymne und -flagge begrüßt. Wer mehr wissen will, fragt den schnieken Kapitän in der Ansagekabine beim Restaurant Schulauer Fährhaus. Fernweh für lau.

BEST OF

TYPISCH

DAS ERLEBST DU NUR HIER

WASSER, STERNE, MUSIK

Das jüngste und schon berühmteste Wahrzeichen der Stadt ist die Elbphilharmonie. Konzertkarten sind rar, doch die Plaza in 37 m Höhe ist öffentlich. Komm abends: Unten funkeln die Schiffslichter, und im Wellendach mit seinen 1100 gebogenen Scheiben spiegelt sich der Mond.

AUF DIE ALSTER

Was ein echter Hamburger ist, der geht in der Mittagspause 'ne Runde segeln. Wer kein eigenes Boot besitzt, kann bei der Segelschule Pieper oder bei Käpt'n Prüsse eins mieten und die Außenalster erobern. SUP geht „notfalls" auch.

RIESENRAD UND FEUERWERK

Einmal im Jahr muss es der Dom sein. Auf dem Jahrmarkt vis-à-vis vom Millerntorstadion mit den fiesen Achterbahnen, dem behäbigen Riesenrad und den – hm, lecker – Buden mit Schmalzgebäck sind sich alle nah, ob alt und jung, schick oder schäbig. Freitags um 22 Uhr leuchtet der Himmel über St. Pauli beim Gratis-Feuerwerk!

AUSSICHT MIT REMOULADE

Auf den Landungsbrücken in St. Pauli ist immer die Hölle los. Hol dir ein XXL-Fischbrötchen, dann steig ein paar Stufen nach oben auf die Aussichtsterrasse und beobachte den Trubel von oben.

ZU FUSS UNTER DER ELBE

Steil führen die Treppen nach unten, während daneben die Autos im Fahrstuhl – ja tatsächlich, richtig gelesen! – in die Tiefe ruckeln. Der 426,5 m lange Fußmarsch durch die gekachelten Röhren des 1911 gebauten Alten Elbtunnels ist ein Erlebnis ganz anderer Art!

DIE BESTEN INSIDER-TIPPS

RAUS AUS DEM BETT: FISCHMARKT
Die Feuertaufe hast du bestanden, wenn du den inneren Schweinehund überwunden, am Sonntag früh aufgestanden und zum Fischmarkt gegangen bist. Hier wird verkauft, was sich nicht wehren kann: Fisch, Blumen und viel Vitamine. Gutes Flair!

WO FEIERN?
Die Hamburger Szene ist leicht zu finden. St. Pauli rund um die Reeperbahn, das Schanzenviertel, Ottensen und St. Georg – das sind die Hotspots der Nachtschwärmer.

EINMAL IM PORSCHE SITZEN
Schöne alte Autos und Rennwagen präsentiert das Museum Prototyp in einem alten Speicher in der Hafencity. Am Motorengeräusche-Archiv und dem Porsche-Fahrsimulator haben nicht nur Autofahrer ihren Spaß.

BUS AHOI!
Sightseeing per Schiff und Bus? Pah, kann jeder. In Hamburg gibt es den HafenCity-Riverbus: Der rollt auch in die Elbe!

SANDBURGEN BAUEN BEIM FELSEN
„Alter Schwede" heißt der Riesen-Findling am Elbstrand bei Övelgönne – ein toller Platz, um direkt daneben eine Sandburg zu bauen.

COOL UNTERWEGS
Die erste halbe Stunde mit den flotten, roten Stadträdern ist kostenlos. Radeln in Hamburg kann wirklich Spaß bringen!

PUCCINI MIT ELBBLICK
Das Opernloft im Fähranleger Altona begeistert mit Einsteiger-Opern für jedermann. Dazu der Blick auf Schiffe und Hafen.

DAS SCHMECKT IN HAMBURG

Unsere Empfehlung heute

Vorspeisen/Snacks

AALSUPPE
Klassische Restesuppe – das plattdeutsche „aal" meint nicht den Fisch, sondern „alles"

FISCHBRÖTCHEN
Diverse Fische oder Krabben im Brötchen: Halb Hamburg liebt das, die übrigen lassen die Finger davon

CROQUES
Mit Käse überbackene Baguettes, die angeblich 1976 in Hamburg erfunden wurden

Hauptgerichte

LABSKAUS
Pökelfleisch, Rote Beete, Matjes, Zwiebeln und Kartoffeln. Nur Mut – es schmeckt viel besser, als es aussieht!

SCHOLLE FINKENWERDER ART
Schön große Schollen, paniert und mit Speck gebraten

BIRNEN, BOHNEN UND SPECK
Schmeckt wirklich gut, auch wenn Südländer so was grauslich finden: Eintopf mit Kochbirnen, grünen Bohnen Speck und Kartoffeln (im Spätsommer)

STINTE
Winzige Lachsart, seit einigen Jahren wieder in der Elbe heimisch und zum Yuppiemahl aufgestiegen: Isst man mit Kopf und Schwanz, in Mehl gebraten. Saison: nur einige Wochen im Frühjahr

Desserts

FRANZBRÖTCHEN
Köstliches Plundergebäck mit Zimt, der ideale Trost für weinende Kinder

ROTE GRÜTZE
Angedickte Fruchtkaltschale mit Johannis-, Him- und Erdbeeren sowie Kirschen; wird mit Vanilleeis, Sahne oder kalter Milch serviert

Getränke

ALSTERWASSER
Ganz klar: Biermische mit klarer Zitronenbrause

GALÃO
Bloß kein Latte macchiato! Auf der Schanze trinkt man portugiesischen Milchkaffee!

KOPENHAGEN

Christianiabike: Kids in der Kiste

11

Kann eine Stadt cool und hyggelig zugleich sein, also gut gebaut und kuschelig? Kopenhagen kann! Und das lässig. Die Gelassenheit steckt an. Alle sind beim Du. Die City und einige Viertel sind historisch-hübsch mit viel Kopfsteinpflaster, pastellfarbenen Fassaden, kupfernen Türmchen und Souterrains bestückt, während Architekten kühne Träume in umgenutzten Rand- und Hafengebieten verwirklichen dürfen. Und mittendrin regiert das Fahrrad.

CHECK

- ✓ **Kleine, feine Metropole**
- ✓ **Design, Design, Design**
- ✓ **Shoppen in Frederiksberg**
- ✓ **Eine Königin mit Herz**
- ✓ **Hygge = Glück**

ENTDECKE KOPENHAGEN

Urlaubsfeeling am Nyhavn

Kopenhagen ist die Kleine unter den Großen. In keiner anderen Hauptstadt findest du dich so leicht zurecht. Ein Blick auf den Stadtplan zeigt: Das innere Straßennetz zeugt noch immer von der Form einer Festung. Haben in vergangenen Jahrhunderten Schutzwälle die Stadt im Westen begrenzt und die Kopenhagener vor Feinden geschützt, sind es heute vielspurige Boulevards, die sich um das Herz der Stadt legen. Dazwischen ist es in der Innenstadt eng wie einst. Zwischen Rathaus und dem idyllischen Nyhavn spazierst du auf Europas erster Fußgängerzone.

AUFBRUCH IN DIE POSTMODERNE

Seit der Jahrtausendwende boomt die urbane Entwicklung, wobei sich die Stadtplaner bisher einig waren: Hochhäuser passen nicht zu Kopenhagen. Das beginnt sich zu ändern, etwa 40 Hochhäuser sind geplant. Am Hafenkanal entstehen im Jahrestakt faszinierende öffentliche Bauten, die zumeist Publikum und Passanten sehr zugewandt sind. Etwa der „Schwarze Diamant", der die Königliche Bibliothek beherbergt, das neue Königliche Schauspielhaus mit dem Ofelia Plads sowie am gegenüberliegenden Ufer eine Oper, die Dänemarks reichster Reeder der Stadt schenkte. Viele ultraneue Visionen fürs Wohnen und Lernen werden in Ørestad auf der Insel Amager verwirklicht. Dieser neue Stadtteil wurde rasant auf eine Tabula rasa am Meer konstruiert. Das postmoderne Gegenstück zum historischen Zentrum ist wie ein kühn designter Laufsteg von morgen und hat in kurzer Zeit dem Architektenstar Bjarke Ingels einige Architektur-Oscars beschert. Und Kopenhagen bleibt in Aufbruchstimmung. Bis 2025 wird sich der frühere Industriehafen Nordhavn in ein Wohn- und Geschäftsviertel

verwandeln. 40 000 Kopenhagener sollen auf dem Areal wohnen – mit Blick auf Wasser und Kreuzfahrtschiffe. Der innere Hafenkanal bekommt ständig neue bauliche Eskapaden für Freizeit und Kultur. Direkt daneben lässt man den heute recht braven Kifferfreistaat Christiania in Ruhe, mal abgesehen von den Drogenrazzien der Polizei. Touristen stromern hier durch, und die meisten haben nichts gegen die würzige Luft.

ALLES IM GRÜNEN BEREICH

Im Grünen ist's hyggelig. Tolle Parks wie Frederiksberg Have laden zum entspannten Sitzen und Picknicken ein. Aber Kopenhagen ist auch ehrgeizig in Sachen Grün. Ziel: 2025 weltweit die erste klimaneutrale Metropole zu sein. Der öffentliche Nahverkehr wird zunehmend auf Elektromotoren umgestellt, 98 Prozent der Haushalte hängen am Fernwärmenetz. Wer sich's leisten kann, fährt ein E-Auto. Wichtigstes Verkehrsmittel aber ist das Fahrrad. Seit 2016 hat die Anzahl der Cykler die der Autos im Pendelverkehr überholt. Auch im Winter, denn Radwege werden noch vor den Straßen geräumt. Das Hafenwasser wird für Radler elegant überbrückt, und es gibt Schnelltrassen für Berufspendler.

GLÜCKLICHE DÄNEN

Bekannt ist, dass die meisten Dänen mit sich und ihrem Leben glücklich sind. Die Gründe fürs Glücksgefühl – sagen wir besser Zufriedenheit – sind ein gewollt egalitäres, sozial möglichst ausgewogenes Gesellschaftsdesign, die niedrige Arbeitslosenquote und weniger Zukunftsängste als andere Völker; man hat gelernt zu teilen. Und die Familie geht natürlich über alles.

SOGAR DIE ROYALS SIND GEERDET

Doch die Kopenhagener prahlen nicht mit ihrer Zufriedenheit. Sie halten es lieber mit dem Understatement. Sie geben nicht an, sondern sind eher bescheiden, lieber leise statt laut, entspannt statt hektisch. In den Straßen leuchten verchromte Halogenlampen neben schmiedeeisernen Kandelabern, moderne Architektur grenzt an altes Fachwerk, ein Pferdegespann der Leibwache Ihrer Majestät trabt vorbei an coolen Metrostationen. Und das Volk jubelt, wenn die gar nicht abgehobenen Royals vom Balkon ihres Schlosses winken. Besonderg beliebt: Margrethe II., die erste Frau auf dem dänischen Thron. Manchmal sieht man sie sogar radeln!

MARCO POLO TOP-HIGHLIGHTS

DEN BLÅ PLANET 1
Das Aquarium am Amager Strand macht dramatisch die Welle: drinnen mit tiefblauem Wasser voll mit tierischen Bewohnern, von außen als nordseegrauer Strudel aus Aluminium

AMAGERTORV 2
Der Platz ist die Seele der Strøget, er hat alles: feine Kaffeehäuser zum Sehen und Gesehen-Werden, einen bezaubernden Brunnen und edle Shoppingtempel

SKUESPILHUSET 3
Der tollste Platz an der Sonne im Innenhafen: Kopenhagen entspannt auf der Holzpromenade am Schauspielhaus

HARBOUR CIRCLE TOUR 4
Famos aussichtsreiche Radtour mit Badestopp um den Hafen – Höhepunkt der Tour ist die kunstvolle Cirkelbroen

Tipp: Setz das Rot der Brücke Cirkelbroen in Kontrast zum Schwarz der Königlichen Bibliothek gegenüber

LOUISIANA MUSEUM FOR MODERNE KUNST 5
Kunst flirtet mit grüner Küste. Skulpturen im Park und fesselnde Ausstellungen verhelfen dem Museum zu Weltruhm

Tipp: Lass Alexander Calders knallrote Mobile-Skulptur im Park perspektivisch vorm blauen Øresund tanzen

TIVOLI 6
Zuckerwatte! Nervenkitzel! Im Vergnügungspark zwischen Kinderkarussell, Achterbahn, Livekonzert und Lichtermeer amüsierst du dich königlich

KØDBYEN 7
Das Ex-Schlachterviertel ist jetzt ein kernig-postindustrielles Feier- und Speisequartier

AMALIENBORG SLOT 8
Vier Barockpalais dienen dem dänischen Königshaus als Stadtresidenz. Wachwechsel zum High Noon! Bei gebührendem Anlass winkt die Königin vom Balkon

ØRESTAD 9
Kopenhagen 2.0! Für so viel kreative Architektur kommt sogar die Metro ans Tageslicht
Tipp: Richte von der Hochbahnstation DR Byen das Teleobjektiv auf den ankommenden Zug vor blauem Konzerthaus

JÆGERSBORGGADE 10
Restaurant mit Michelinstern, Porridge bar, Schmuckboutique – Nørrebros hippste Straße bezaubert mit kreativen Ideen
Tipp: Nimm eine lange Belichtungszeit, damit der Fluss der frisch gerösteten Kaffeebohnen in der Rösterei (Nr. 57) verwischt

BEST OF LOW BUDGET

FÜR DEN KLEINEN GELDBEUTEL

ARCHITEKTENTRÄUME
Das neue Kopenhagener Quartier Ørestad auf der citynahen Insel Amager gleicht einem kostenlosen Freilichtmuseum der modernen Architektur. Die futuristischen Gebäude wirken wie von einem anderen Planeten. Tagsüber darfst du über eine öffentliche Rampe im Wohnkomplex 8-tallet bis nach oben laufen.

KOPENHAGEN VON OBEN
In einer Stadt ohne Wolkenkratzer ist es gar nicht so einfach, den Überblick zu gewinnen. Den schönen Panoramablick vom Turm des Folketing kannst du sogar kostenlos genießen.

IN DIE PEDALE TRETEN
Du möchtest dich dem Kopenhagener Tempo anpassen? Wenn du nicht dein eigenes Rad mitbringst, dann buch im Internet ein City Bike mit Elektromotor und Navigationssystem – die ersten Minuten sind kostenlos. Außerhalb der Rush Hour kannst du dein Rad kostenlos im Fahrradwagen der S-Bahn mitnehmen.

STRAND, MEER, BRÜCKE
Wo ist bloß die berühmte Øresund-Brücke aus der Krimiserie „Die Brücke“? Mit der Metro kommst du zum Amager Strandpark. Vom Deck des kunstvollen Designpools Kastrup Søbad hast du eine tolle Sicht auf den Sund – gratis.

KUNST KOSTENLOS
In zahlreichen Museen heißt es an einem Tag in der Woche: Eintritt frei. In der Ny Carlsberg Glyptotek ist Frei-Tag immer der Dienstag, im Thorvaldsens Museum der Mittwoch und in der Nikolaj Kunsthal ist's der Donnerstag.

BEST OF

TYPISCH

DAS ERLEBST DU NUR HIER

WACHABLÖSUNG

Bitte nicht lustig machen – viele Kopenhagener sind stolz, wenn die Königliche Leibgarde zum Palast der Königin marschiert. Punkt 12 Uhr heißt es: „Stillgestanden!"

OPER IN SICHT

Du bist kein Opernfan? Operaen kannst du auch von außen bewundern. Bei einer preiswerten Schiffsfahrt mit dem regulären *havnebus* siehst du neben der Oper noch andere Architektur-Highlights, etwa die Königliche Bibliothek.

PØLSEVOGN-PARADE

Die fahrbaren Würstchenbuden werden jeden Morgen auf Straßen und Plätze gefahren. Kopenhagen wäre ärmer ohne die vielen *pølsevogn*. Mittags zur *frokost* schmeckt ein typisch dänischer Hotdog mit Ketchup, Mayonnaise, Gurken und Röstzwiebeln.

DESIGN BIS INS DETAIL

Design überall. Die Mischung aus Minimalismus, Eleganz und klaren Schrifttypen fällt sogar auf den Autonummernschildern oder dem Metro-M auf. Oder im Foyer des Radisson Blu Royal Hotel, wo Arne Jacobsens Sessel warten. Geballt erfährst du den Dänen-Stil im Designmuseum Danmark.

IN DIE ZISTERNEN ABTAUCHEN

Unter Frederiksbergs Parklandschaft lagerte mal das Trinkwasser der Stadt. Die Cisternerne mit ihren dunklen Säulenhallen ist eine tolle Location für spannende Kunst.

„FREISTAAT" CHRISTIANIA

Voodoo, Hüttenzauber, Drogenparadies? Das selbstverwaltete Stadtviertel Christiania ist auf jeden Fall anders. Doch Vorsicht, ihr Instagrammer! Fotografieren ist in Teilen Christianias tabu.

DIE BESTEN INSIDER-TIPPS

SCHIPPERN UND SCHAUEN

Gewagt, aber in den Augen der Kopenhagener durchaus gelungen ist der moderne, dunkel verglaste Teil der Königlichen Bibliothek am linken Ufer Christians Brygge, der sogenannte Schwarze Diamant – am besten vom Wasser aus zu betrachten.

SCHWINDELNDE HÖHE ERKLIMMEN

Der Blick von der goldenen Wendeltreppe um den Turm der Vor Frelsers Kirke prickelt enorm.

HANDLICHES MIT PFIFF SHOPPEN

Peppe Küche-Diele-Bad mit witzig-funktionalem Design von Illums Bolighus auf.

WANN IST DIE KÖNIGIN ZU HAUSE?

Sie wohnt im Amalienborg Slot, genauer gesagt, im südöstlichen der vier Paläste. Ist sie zu Hause, weht auf diesem Dach der Dannebrog, die dänische Flagge.

SMØRREBRØD SCHNABULIEREN

Lunchen mit kreativ belegten Broten, Zimtschnecken und Edel-Kaffee? Am besten in Torvehallerne.

IN DEN ØRESUND HÜPFEN

Die kleine Meerjungfrau sitzt auf dem Trockenen. Du hingegen kannst im Hafenkanal schwimmen. Wo? Gleich in drei Hafenbädern, u.a. im Islands Brygge – mit riesiger Wiese, einer Holzpyramide und spektakulärem Sprungturm.

MIT JAZZ GLÜCKLICH WERDEN

Hast du Töne! Im Jazz Cup machen improvisierte Rhythmen zum Bier locker. Familiäre Atmosphäre, kundiges Publikum.

DAS SCHMECKT IN KOPENHAGEN

Unsere Empfehlung heute

Klassiker

PØLSER
Brühwürstchen als beliebter Hotdog-Imbiss, serviert mit Senf, Ketchup, Mayo, Gurken und Röstzwiebeln

SMØRREBRØD
üppig mit Fisch, Fleisch und Salat belegte Butterbrote; traditionelles dänisches Mittagessen

RØDE GRØDE MED FLØDE
Dessert aus roter Grütze mit Beeren und flüssiger Sahne

Hauptgerichte

FYLDT RØDSPÆTTE
gebratene Scholle, gefüllt mit Krabben und Spargelspitzen

FLÆSKESTEG
fetter Schweinebraten. Knusprige Kruste ist Pflicht!

DANSK BØF
gebratene Frikadellen mit Zwiebeln und Rote Bete

Süße Backwaren

KANELSTANG
langer Blätterteigstrang, gefüllt mit Marzipan und Schokocreme, garniert mit Mandelsplittern

ÆBLESKIVER
Siedegebäck-Kugeln, warm mit Marmelade serviert

WIENERBRØD
viellagige Kuchenteilchen mit hohem Fettanteil, gefüllt mit Marzipan, Schoko etc.

Getränke

AQUAVIT
Branntwein, versetzt mit Kräutern und Gewürzen wie Kümmel, Dill, Fenchel etc.

GAMMELDANSK
„Alter Däne": Magenbitter, aromatisiert mit zahlreichen Gewürzen wie Anis, Muskatnuss und Ingwer

ØL
Bier vom Fass *(fadøl)* oder aus der Flasche *(flaske)*

Marktplatz mit Marienkirche

12

Krakaus besondere Atmosphäre, ein Mix aus Kultur und prallem Leben, aus Historie und Moderne, aus Zukunft und Legenden, lockt Jahr für Jahr mehr Gäste, die auf den Spuren von Kopernikus spazieren, Festivals miterleben und auf Zeitreise inmitten unvergänglicher Architektur gehen wollen. Oder das Leben genießen, in Restaurants, Cafés und Clubs, die sich nicht vor denen größerer Metropolen Europas verstecken müssen.

CHECK

- ✓ Magie einer Märchenstadt
- ✓ Jazz in gotischen Kellern
- ✓ Jung, lebendig, entspannt
- ✓ Für Nachtschwärmer!
- ✓ Juwel an der Weichsel

ENTDECKE KRAKAU

Leben wie die Krakauer: Sonnenanbeter genießen ihre freie Zeit am Plac Nowy

In Krakaus Gesicht spiegeln sich die Jahrhunderte. Aber von steifer Museumsatmosphäre keine Spur: Die Metropole an der Weichsel steckt voller Energie und fast südländischer Lebhaftigkeit.

UNZERSTÖRTE SCHÖNHEIT

Krakau hat ein großes Herz. Genau genommen ist es eines der größten der Welt: Der Rynek Główny, der Marktplatz im Zentrum der Altstadt, misst 200 mal 200 m, eine Fläche, die allein schon durch ihre Weite inmitten des schachbrettartig angelegten Häusermeers beeindruckt. Umgeben ist das Herz Krakaus von reiner Schönheit, von Häusern und Gebäuden aller Architekturstile und aus allen Jahrhunderten. Denn die Metropole an der Weichsel hat die letzten 800 Jahre praktisch unzerstört überstanden. Und ist dabei alles andere als ein Museum: Auf dem Marktplatz konzentriert sich das Leben, hier treffen sich die Krakauer, hier ist das meiste los, bis tief in die Nacht – und tief unter der Erde.

Denn eine ganze Reihe der mehr als 100 Cafés, Restaurants, Bars und Clubs rund um den Rynek Główny, die Krakaus Kreislauf vor allem in warmen Sommernächten auf Hochtouren bringen, liegen in urigen Kellergewölben aus Backstein unter der Straße. Die Lebensadern Krakaus reichen tief: Wie in vielen alten Metropolen veränderte sich im Lauf der Jahrhunderte durch Aufschüttung und Überbauung das Niveau der Stadt, Erdgeschosse wurden zu Kellergeschossen. Wie diese unterirdische Welt aussieht, kannst du beim Bier in den historischen Kellern erleben: Mach es wie die Krakauer, die einfach gerne ausgehen – zu jeder Tageszeit sind die Lokale voll. „In Warschau", sagt man, „wird gearbeitet, in Krakau gelebt."

DICHTER, MUSIKER UND MALER

Dass die ungeliebte Schwester vor 400 Jahren mit dem Umzug des Königshofs auch die Hauptstadtwürde bekam, hat Krakau nur schwer verwunden. Doch die Stadt kompensierte dies auf ihre Weise: Sie wurde zur Bewahrerin von Geschichten und Legenden, zur Mäzenin von Dichtern, Musikern und Malern. Dass Krakau heute als Polens Kulturhauptstadt gilt, liegt also nicht nur an der Pracht ihrer architektonischen Schätze, die dem Zentrum das Prädikat des UNESCO-Weltkulturerbes einbrachten. Es sind auch die – gemessen an der relativ kleinen Einwohnerzahl von ca. 780 000 – vielen Theater, Konzertsäle, Galerien und Museen, die diesen Ruf unterstreichen. Dazu kommt eine Jazzszene, die von Kennern nur noch mit der von New York verglichen wird. Und dann ist da noch die Klezmermusik, die traditionelle jüdische Volksmusik, die lebendig ist wie eh und je.

NIEMALS VERGESSEN – UND DOCH INS HEUTE AUFBRECHEN

Das jüdische Erbe konzentriert sich auf Kazimierz, eine ehemals unabhängige Stadt, die 1800 eingemeindet wurde. Das friedliche Miteinander mit den katholischen Nachbarn endete mit der deutschen Besetzung Polens 1939: Nur rund 5000 der 60 000 in Kazimierz ansässigen Juden überlebten die nationalsozialistischen Gräuel. Regisseur Steven Spielberg setzte mit seinem Film „Schindlers Liste" dem Leiden der Krakauer Juden und dem Industriellen Oskar Schindler, der mehr als 1100 Zwangsarbeiter vor der Ermordung rettete, ein Denkmal. Heute ist Kazimierz ein junger und hipper Bezirk, beliebt bei Studenten und Künstlern, angesagt bei Nachtschwärmern und Szenegängern, die in Kneipen und Cafés die Sommernächte durchfeiern und auf Flohmärkten nach Retro-Chic stöbern.

UNIVERSITÄTSSTADT MIT GROSSER UND REICHER GESCHICHTE

Überhaupt zeichnet sich das jahrhundertealte Krakau durch jugendliche Frische aus. Mit rund 200 000 Studierenden ist es eine junge Stadt, was sich auch in der Einrichtung immer neuer staatlicher und privater Hochschulen zeigt. Sie existieren neben der ältesten Universität des Landes, die gleichzeitig auch eine der ältesten der Welt ist: Ihre Gründung fällt ins Jahr 1364. Der Wawel-Hügel, mit dem Schloss und der Kathedrale einer der touristischen Höhepunkte der Stadt, war bereits vor über 50 000 Jahren besiedelt. Ab 1400 v. Chr. ist die Salzgewinnung in der Krakauer Umgebung nachgewiesen.

MARCO POLO TOP-HIGHLIGHTS

ZAMEK KRÓLEWSKI (KÖNIGLICHES SCHLOSS) ★ 1

Das schönste Renaissanceschloss des Landes hat viele Schätze in petto

📷 *Tipp: Vom Weichselufer aus gelingen mit Fluss und Schiffen im Vordergrund die besten Bilder der Schlosspracht*

COLLEGIUM MAIUS ★ 2

Akademisches Juwel: eine der ältesten Universitäten der Welt

KOŚCIOŁ FRANCISZKANÓW (FRANZISKANERKIRCHE) ★ 3

Die einzige Jugendstilkirche der Stadt darfst du nicht verpassen

📷 *Tipp: Ins Innere nur an sonnigen Tagen – dann leuchten die Kunstwerke miteinander um die Wette*

KOŚCIÓŁ MARIACKI (MARIENKIRCHE) ★ 4

Der Beweis für den Reichtum im Mittelalter – nicht nur wegen des Hauptaltars von Veit Stoß

MUZEUM CZARTORYSKICH (CZARTORYSKI-MUSEUM) ★ 5

Das älteste Museum Krakaus ist endlich fertig renoviert und erstrahlt in neuem Glanz

SRYNEK GŁÓWNY (MARKTPLATZ) 6
Auf dem größten gotischen Marktplatz Europas pulsiert das junge Herz der Stadt
Tipp: Vom Turm der Marienkirche kannst du die beeindruckende Größe des Platzes am besten einfangen

KOŚCIÓŁ BOŻEGO CIAŁA (FRONLEICHNAMSKIRCHE) 7
Roter Ziegelstein und vergoldete Altäre: Die Pfarrkirche von Kazimierz beeindruckt nicht nur durch ihre Kanzel in Form eines Bootes

SUKIENNICE (TUCHHALLEN UND GEMÄLDEGALERIE) 8
Die prächtigen Renaissancefassaden krönen den Krakauer Marktplatz
Tipp: Die Torbögen des Gebäudes bieten perfekte Umrahmungen für die Gebäude des Rynek Główny

AUSCHWITZ-BIRKENAU 9
Berührend, schockierend und wichtiger denn je: ein Besuch im ehemaligen Vernichtungslager der Nazis

FESTIWAL KULTURY ŻYDOWSKIEJ (FESTIVAL DER JÜDISCHEN KULTUR) 10
Für ein paar Tage steht die jüdische Welt im Mittelpunkt – mit den besten nationalen Musikern und Künstlern

BEST OF
LOW BUDGET

FÜR DEN KLEINEN GELDBEUTEL

STADTPANORAMA AUS NEUEM BLICKWINKEL
Normalerweise kosten die Aussichtspunkte über Krakau Eintritt. Vom Krak-Hügel über Podgórze hast du einen wunderbaren Gratis-Panoramablick auf die Schöne an der Weichsel.

OHNE GELDBEUTEL INS MUSEUM
Ob Mehoffer-Haus, Nationalmuseum oder das archäologische Museum auf dem Wawel: Viele Dauerausstellungen besucht man sonntags oder montags, ohne den Geldbeutel zu zücken.

OHRENSCHMAUS IN DEN KRAKAUER KIRCHEN
Umsonst einem Klassikkonzert lauschen, in passender Atmosphäre: In vielen Krakauer Kirchen werden diese besonders eindrucksvollen Events zum Nulltarif veranstaltet.

KUNST UNTER DEM BLÄTTERDACH
In schönerer Umgebung findest du kaum eine andere Skulpturenausstellung: Spazier durch die Planty, den Grüngürtel, der die Altstadt umgibt, und bewunder eine der größten Denkmalsammlungen des 19. und 20. Jh.

PARTY OHNE LIMIT
Für alle, die gerne die Krakauer Nacht zum Tag machen möchten: Nach Mitternacht (etwa ab 1 Uhr) kommst du meist in die Clubs, ohne zu zahlen.

UMSONST INS MUSEUM DER MODERNEN KUNST
Dienstags erlebst du das Spannendste in Sachen moderner Kunst für lau, dann kostet das MOCAK nämlich keinen Eintritt. Aber: früh kommen, die Gratistickets sind heiß begehrt!

BEST OF

TYPISCH

DAS ERLEBST DU NUR HIER

STADT DER DRACHEN

Die Legende lebt: Der Drache aus der mittelalterlichen Sage ist stets im Stadtbild präsent und Mittelpunkt der alljährlichen Drachenparade im Juni, einem Fest mit Konzerten und Picknick an der Weichsel.

JAZZER LIVE ERLEBEN

Krakau ist eine Jazzstadt, und in Harris Piano Jazz Bar spielen die Großen im tollen Backsteinambiente eines alten Kellers – bei guten Drinks lädst du die Energiereserven auf!

BUMMEL ZWISCHEN BACKSTEINEN

Im Einkaufszentrum Galeria Kazimierz wurde die alte Backsteinarchitektur in die moderne Konstruktion integriert. Dieser besondere Charme sorgt zusammen mit Kinos, Restaurants, Cafés für Shopping der schönsten Art.

EINE VERSUNKENE WELT

Tief hinein in die Stadtgeschichte geht es im Museum Rynek Podziemny (Unterirdischer Marktplatz): Unter den Tuchhallen wartet die geheimnisvolle und detailgetreu nachgebaute Welt des mittelalterlichen Krakau.

WO DER ASTRONOM STUDIERTE

Als Nikolaus Kopernikus in den 1490ern im Collegium Maius studierte, war die älteste polnische Universität bereits 130 Jahre alt. Eine Führung durch die prächtigen Gemächer ist eine spektakuläre Zeitreise.

SYNAGOGEN UND KLEZMER

In Kazimierz spürst du intensiv die jüdische Geschichte und Kultur Krakaus: Am Abend wird im Klezmer Hois zu jüdischem Essen die typische, swingende, viele Stile in sich vereinende Klezmermusik serviert.

DIE BESTEN INSIDER-TIPPS

AUF DER SPUR DES WEISSEN GOLDES
Im Bergwerk Wieliczka ist selbst der Fußboden aus Salz – begib dich auf eine spannende Expedition unter Tage.

BADEN IM GEBIRGSFLUSS
Im Fanqo-Tal kann man zur Abwechslung auch mal in Süßwasser schnorcheln. Die Mündung des Flusses ist ein UNESCO-Biosphärenreservat.

VERGISS MAL DIE KALORIEN
Im Chłopskie Jadło steht Polnisches auf der Speisekarte – das musst du einfach mal probiert haben!

BESUCH BEI MONA LISAS SCHWESTER
Die Mona Lisa im Louvre ist immer schwer von Besuchern belagert. Hier kannst du ganz entspannt ihre weniger bekannte Schwester bewundern: Leonardo da Vincis „Dame mit dem Hermelin" hängt im frisch renovierten Czartoryski-Museum.

EINE RUNDE UM DIE STADT
Für Jogger ist die 20 ha große Grünfläche der Planty rund um die Altstadt ein perfektes Trainingsgebiet.

KOMM DAHIN, WO ALLE SIND
Der Plac Nowy in Kazimierz ist der place to be. Hier können warme Sommernächte schnell unvergesslich werden.

SÜSS, WARM UND LECKER
Wie werde eigentlich Bonbons gemacht? Und wie schmecken sie, wenn der Karamell noch warm ist? Dem kannst du bei den Vorführungen in der Süßigkeitenmanufaktur Ciuciu Cukier Artist auf den Grund gehen.

DAS SCHMECKT IN KRAKAU

Unsere Empfehlung heute

Vorspeisen

BARSZCZ
Suppe aus roten Rüben, mit Ei, Kartoffeln oder Kroketten (wird auch als Hauptgericht serviert)

ROSOŁ
Fleischbouillon mit Nudeln

ZUREK
saure Mehlsuppe mit gekochtem Ei, Wurst und Kartoffeln

Snacks

OBWARZANEK
ringförmiges Gebäck aus ineinandergedrehten Hefesträngen

ZAPIEKANKA
überbackene Baguettehälfte mit Pilzen, Gemüse oder Schinken

Hauptgerichte

PIEROGI
große Teigtaschen mit verschiedenen Füllungen wie gekochten Kartoffeln und Quark *(ruskie)*, mit Fleisch *(mięsem)*, mit Sauerkraut und Pilzen *(kapustą i grzybami)*, Erdbeeren *(truskawkami)* oder Pflaumen *(śliwkami)*

GOŁĄBKI
in Krautblätter gewickelte Füllung aus Reis und Fleisch, auch vegetarisch mit Reis und Champignons

BIGOS
Eintopf mit Fleisch, Wurst, Sauerkraut und Pilzen, auch mit Rotwein serviert

Beilagen

KASZA GRYCZANA
gekochte Buchweizengrütze

MIZERIA
süß-saurer Gurkensalat mit saurer Sahne und Dill

ZIEMNIAKI OPIEKANE
angebackene Kartoffeln

Desserts

SERNIK
Käsekuchen

NALEŚNIKI
süße Pfannkuchen

Getränke

ŻUBRÓWKA
Wodka

Shoppen in der Rua Augusta

13

Lissabon ist angesagt. Der Tourismus boomt. Es regnet Preise auf die portugiesische Hauptstadt: beste Citydestination Europas, bester Kreuzfahrtschiffhafen … Goldgräberstimmung macht sich breit. Poplegende Madonna und Schauspielerin Monica Belucci schlugen ihre Zelte in der Stadt auf. Lissabon ist ein Darling auf Instagram. Nicht von ungefähr bleiben Fotografen und Künstler oft in dieser Stadt hängen: Sie lieben die fotogenen Kontraste von Tradition und Moderne, den gewissen morbiden Charme und das besondere Licht.

CHECK

- ✓ 7-Hügel-Stadt am Tejo
- ✓ Shoppen: Rua Augusta
- ✓ Kachelkunst (Azulejos)
- ✓ Fadokneipen & coole Bars
- ✓ 1A-Lebensqualität

ENTDECKE LISSABON

Verschachteltes Häusermeer in Rot und Weiß: Blick vom Elevador de Santa Justa

Die Anlage der Stadt auf den sieben Hügeln funktioniert wie ein Amphitheater, das Kalkweiß des dekorativen Calçada-portuguesa-Mosaiksteinpflasters reflektiert die Sonnenstrahlen. Dazu diese Farben: das Blau des Himmels über strahlend weißen Kirchen, das sonnige Gelb der Straßenbahnen und Busse, das freundliche Hellrot der Dachziegel, das Lila der Jakarandabäume im Frühsommer und zwischen allem der silbern glitzernde Tejo. Wenn es eine goldene Regel in Lissabon gibt, dann die: Immer genug Speicherplatz auf dem Smartphone haben!

1A LEBENSQUALITÄT UND SONNE SATT!

Lissabons 3300 Sonnenstunden im Jahresschnitt sind Spitze in Westeuropa. Das Klima ist mediterran, aber meist weht ein kühlendes Lüftchen vom Atlantik, sodass die Stadt auch im Hochsommer nicht überhitzt. Auch wenn das Meer erst ein Dutzend Kilometer vom Stadtzentrum entfernt beginnt, Ferienfeeling macht sich am Tejo trotzdem schnell breit. Das Flussufer wird immer weiter erschlossen: Wer mag, kann von der Praça do Comércio bis nach Belém spazieren. Und: Noch ist die Stadt bezahlbar. Zwar haben die Preise in den letzten Jahren angezogen, aber es ist immer noch möglich, für 10 Euro wunderbar zu Mittag zu essen. Und ein günstiges Bett findet sich in einer der weltbesten Hostelstädte auch.

MULTIKULTI IN DER ALTSTADT

Die Mouraria, lange Zeit sozial benachteiligt, – ist heute das trendigste Viertel der Stadt. An Fotomotiven fehlt es hier nie: vielleicht eine Osterprozession, das chinesische Neujahrsfest

oder eine Farbbeutelschlacht lachender junger Inder zum Holi-Festival auf dem Multikultiplatz Martim Moniz. Vor einem Jahrzehnt war der Platz, wo sich heute an der Haltestelle der berühmten Straßenbahnlinie 28 lange Schlangen bilden, praktisch noch verwaist. Heute ist der Martim Moniz mit seinen riesigen chinesischen Tierfiguren und Foodständen die multikulturelle Drehscheibe der Mouraria. Im alten Maurenviertel hört man Dutzende von Sprachen; über 50 Nationen leben hier im Großen und Ganzen harmonisch nebeneinander.

Das Sprachengewirr gehört ebenso zum Soundtrack von Lissabon wie das Rattern und *Brrrrinnnggg* der historischen Straßenbahnen oder die Rufe der fliegenden Losverkäufer: *Hoje anda a rooooda!* („Heute dreht sich das Glücksraaaaaaad!"). Ganz nebenbei: Keine andere europäische Nation gibt pro Kopf so viel Geld für Lose aus wie die Portugiesen! In den warmen Monaten drängen von überall Musikfetzen ans Ohr, Open-Air-Konzerte von Fado bis Oper. Das lieben auch die Touristen ...

WOHNEN ODER SIGHTSEEING?

Tja, der Tourismus. Der Boom ist natürlich willkommen: Ein immer größerer Teil des Bruttosozialprodukts wird mit dem Tourismus erwirtschaftet. In den Gassen von Alfama und Mouraria werden reihenweise Wohnungen saniert, mit dem Ziel, sie anschließend über Airbnb anzubieten. Wohnungseigentümer ziehen aus den beliebten Altstadtstraßen in umliegende Viertel, um ihre eigene Wohnung für Touristen freizumachen. Einheimische finden oft keinen bezahlbaren Wohnraum mehr: Die Gentrifizierung ist auch hier angekommen. Ein Tourenanbieter nennt sich selbstironisch „We Hate Tourism" – und hat auch noch Erfolg damit! Was man vermeiden möchte, ist ein „zweites Barcelona", ein thematischer „Erlebnispark Lissabon" mit wenigen „Ureinwohnern", die von Tuk-Tuks aus bestaunt und geknipst werden. Jetzt, nachdem das Kind schon in den Brunnen gefallen ist, hat man Ferienwohnungen in bestimmten Altstadtvierteln wie Alfama und Mouraria untersagt.

Was steht sonst an in den nächsten Jahren? Die Stadt dehnt sich nach Osten aus. In Marvila, zwischen Innenstadt und Expogelände, werden riesige Lagerhäuser entlang des Tejo renoviert, und hinter wunderschönen Fassaden aus der vorletzten Jahrhundertwende ziehen coole Galerien, Bars und Co-Working-Räume ein. Auf der anderen Seite des Tejo entsteht ein neuer Flughafen, um den *Aéroporto Humberto Delgado* zu entlasten. Lissabon hat mächtig Selbstvertrauen gewonnen und spielt statt *fado triste* souveräne Zukunftsmusik!

MARCO POLO TOP-HIGHLIGHTS

MUSEU NACIONAL DO AZULEJO ★1
500 Jahre Fliesen und kein Ende: Portugals einmalige Kachelkunst, dargeboten in einem prachtvollen Konvent

CASTELO DE SÃO JORGE ★2
Wie eine steinerne Krone thront die Burg über dem malerischen Gassenlabyrinth der Alfama

MOSTEIRO DOS JERÓNIMOS ★3
Ob Katholiken, Muslime oder Garnixglauber, die Steinmetzkunst im üppig verzierten Kreuzgang im Kloster in Belém betört auch nach 500 Jahren noch

TORRE DE BELÉM ★4
Der mächtige und trotzdem irgendwie verspielt wirkende Wehrturm im Tejo ist ein Symbol der Stadt und für Lissabons Goldenes Zeitalter unter Manuel I.

MUSEU CALOUSTE GULBENKIAN ★5
Für Lissabon hat sich's gelohnt, dem armenischen Ölmillionär im Zweiten Weltkrieg Asyl zu geben: Er vermachte der Stadt eine einzigartige Kunstsammlung

PARQUE DAS NAÇÕES ★6
Das ehemalige Expogelände mit einem der größten Aquarien Europas wurde zum glitzernden Fortschrittssymbol Lissabons

Tipp: Tolle Luftbilder schießt du aus der Seilbahn oder vom noblen Restaurant auf dem Vasco-da-Gama-Turm

ELÉCTRICO 28 ⑦
Mit der berühmten uralten Tram Nr. 28 ist eine Sightseeingtour durch die Sieben-Hügel-Stadt ein tolles Erlebnis

MAAT ⑧
Aktuelle Kunst, Architektur und Design im Hinguckerbau am Tejo
📷 *Tipp: Das dramatische Ensemble von onduliertem Rooftop, Fluss und Brücke schreit geradezu nach Instagram*

CAFÉ LINHA D'ÁGUA ⑨
Portugiesische Kaffeekultur: Das Nordende der Praça Eduardo VII bietet den grünen Rahmen für das stylische, doch untouristische Terrassencafé

A VIDA PORTUGUESA ⑩
Geschmackvolle Souvenirs made in Portugal, nach dem Motto: „desde sempre" – „schon immer"

BEST OF LOW BUDGET

FÜR DEN KLEINEN GELDBEUTEL

RELAXEN IM MUSEUMSGARTEN

Ein Geheimtipp ist der verschlungene Garten am Museu Calouste Gulbenkian: Das grüne Labyrinth wird gern von Pärchen zum *namorar* (Flirten), für Picknicks und ruhige Lese- und Rauch-Sessions genutzt. Das Museum kostet Eintritt, der Garten nicht.

GRATIS STADTTOUR

Mit Witz führen die erfahrenen Wild Walkers auf verschiedenen Routen und mit unterschiedlichen Schwerpunkten (Pub Crawl, Fadoabend) durch ihre Stadt. Die Touren kosten nichts, ein Trinkgeld ist für das Engagement der jungen Wilden aber nur fair.

RECITALS

Achte auf die Ankündigungen der Kammerkonzerte (meist gratis) oft junger Interpreten im Spiegelsaal des Palácio Foz um 18/19 Uhr an der Praça dos Restauradores.

SURREALE TIERWELT

Nicht verpassen solltest du den Jardim Bordallo Pinheiro mit seinen bunten, surrealen Tierskulpturen von Altmeister Rafael Bordallo Pinheiro: Affen hängen in Bäumen, Schnecken kriechen Wände hoch. Und das Beste: Kostenpunkt null Euro!

FÜHRUNG IN DER JESUITENKIRCHE

Die 1566 auf einem Pestfriedhof erbaute Igreja São Roque überstand das große Erdbeben 1755 fast unbeschadet. Sonntags gibt's eine Gratis-Führung für Ticketinhaber.

MIT DEM RAD DURCH CASCAIS

Das mondäne Cascais 30 km westlich der City konnte den Charme seines alten Ortskerns erhalten. In der lebhaften Altstadt gibt es viele Bars, Restaurants und Boutiquen. Und an der wuchtigen Zitadelle kann man kostenlos Räder mieten.

BEST OF

TYPISCH

DAS ERLEBST DU NUR HIER

UM DIE KURVE, DASS ES NUR SO QUIETSCHT!
Die nostalgischen gelben Straßenbahnen werden auch von Lissabonnern genutzt. Atemberaubend die berühmte Nr. 28, die durch enge Gassen im Zentimeterabstand zu den Hauswänden bergauf und bergab ächzt.

AUF UND NIEDER
Rettung für Fußlahme sind die für Lissabon charakteristischen *elevadores,* Standseilbahnen und Aufzüge, die seit über 100 Jahren die Unter- mit der Oberstadt verbinden. Wer den Trip im eisernen Turm des Elevador de Santa Justa von oben nach unten angeht, muss nicht so lange anstehen!

KAFFEEKULTUR
Studenten und Büromenschen, ältere Damen und die Wellenreiter haben eins gemeinsam: Sie suchen bei jeder Gelegenheit Cafés auf. Das können echt portugiesische sein: hell und laut, trendige Kaffeeröstereien, wo Englisch Arbeitssprache ist, oder Terrassencafés wie das Pão de Canela.

DER PORTUGIESISCHE BLUES
Dem Fado mit seiner melancholisch-sehnsuchtsvollen Grundstimmung begegnest du in Lissabon an allen Ecken der Altstadt. Mit ein bisschen Recherche lauschst du dem *aiiiiiiii* zwischen Portugiesen.

HISTORISCHES PFLASTER
Die berühmte *calçada,* der kunstvoll verlegte Straßenbelag, nimmt teils tolle Formen an. Manche sind einfach zu sehen, wie das Wellenmuster auf dem Rossio, andere brauchen Adleraugen, wie die Muster zwischen Brasileira-Café und Benetton im Chiado.

DIE BESTEN INSIDER-TIPPS

Reisen mit Insider Tipps

„WOW"-AUSBLICK ZUM COCKTAIL
Die angesagteste Dachterrassenbar im Santos-Designviertel ist das Garden Terrace Rooftop. Für den Trendfaktor sind die Cocktailpreise fair, die Stimmung ist bestens.

ORIGINAL ODER FÄLSCHUNG?
Der monumentale Cristo Rei am südlichen Ufer des Tejo ist eine Kopie der Christusstatue in Rio.

NUR NICHT TRAURIG WERDEN!
Der melancholische Fado gehört zu Lissabon wie das Shanty zu Hamburg. Lass dich in der Associação Fado Casto von der Musik verzaubern.

EINTAUCHEN INS SOUNDLABYRINTH
Verlier dich in den verwinkelten Räumen des Kulturzentrums Fábrica Braço da Prata: Jazz, Jam-Sessions, Weltmusik, Kizomba-Workshops ...

IN DEN SONNENUNTERGANG SEGELN
Die wunderschön restaurierte „Halcyon I" startet zu Exklusivtörns mit Service von den Docas zu Füßen der Alfama. Es wird täglich gesegelt!

GUT GEFÜHRT, GUT GEFÜTTERT?
Bei den Food-Tours von Taste of Lisboa isst du dich mit Gastro-Insidern durch die spannendsten Viertel.

IMMER DER FLIEGE NACH
Locals klönen gern vor dem witzigen, als gigantische Fruchtfliege gestylten Kiosk in der Grünanlage nahe dem Campo dos Mártires da Pátria.

DAS SCHMECKT IN LISSABON

Unsere Empfehlung heute

Entradas (Vorspeisen)

COUVERT (GEDECK)
Pão, manteiga, azeitonas, patés (Brot, Butter, Oliven, Thunfisch-/Sardellenpaste)

SALADA DE POLVO
Tintenfischsalat mit Zwiebel-Koriander-Vinaigrette

AMÊIJOAS À BULHÃO PATO
Muscheln in Knoblauch-Zitronen-Sauce

Pratos Principais (Hauptgerichte)

PORCO A ALENTEJANA
Schweinegulasch mit Muscheln

ARROZ DE PATO
Entenreis

FAVAS A MODA DE LISBOA
Saubohnen mit Speck und Wurst

BACALHAU À BRAS
Stockfisch-Gratin

PEIXE DO DIA (TAGESFISCH)
Dourada, Robalo, Salmão (Dorade, Wolfsbarsch Lachs)

AÇORDA DE MARISCO
Brotbrei mit Meeresfrüchten

OMELETTE COM QUEIJO E SALADA MIXTA
Käse-Omelett mit gemischtem Salat

Sobremesas (Desserts)

MOUSSE AU CHOCOLAT
Schokoladen-Mousse

FRUTA DA ÉPOCA
Obst der Saison

Bebidas (Getränke)

VINHO DA CASA BRANCO/TINTO
Hauswein, weiß/rot

IMPERIAL
gezapftes Bier

ÁGUA MINERAL COM/SEM GAS
Mineralwasser mit/ohne Sprudel

CAFÉ/BICA
Espresso

CHÃ PRETO/VERDE
Tee, schwarz/grün

LONDON
Queen's Guard

14

Wer erstmals nach London kommt, hat eigene Bilder im Kopf: rote Doppeldeckerbusse, Big Ben, die dicke Kuppel von St Paul's Cathedral und die Zuckerbäcker-Towe- Bridge. Zweit- und Drittreisende wissen, dass es Weiteres gibt, um die London-Mixtur abzustimmen: politisches Machtgehabe im Parlament, die königliche „Firma" im Buckingham Palace, die verrückten Modetrends, musikalische Subkultur und hypermoderne Architektur. Eins steht fest: Hier kannst du bei jedem Besuch Neues entdecken!

CHECK

- ✓ **Tradition & British Empire**
- ✓ **Chillen am Themse-Ufer**
- ✓ **London lebt Multikulti**
- ✓ **It's teatime**
- ✓ **Unterirdisch schnell**

ENTDECKE LONDON

Millennium Bridge und St Paul's Cathedral

Es ist die Mischung aus Tradition und Moderne, aus dem Tower und den Hochhäusern, den Zeremonien der Wachablösung und den verstopften Straßen, aus Afternoon Tea im Ritz und bengalischen Currys der Brick Lane, die den Reiz ausmacht. Und London ist noch viel mehr: eine Stadt, die es schafft, ihre 2000-jährige Geschichte lebendig zu halten und dabei immer in Bewegung zu bleiben. Vor allem in den letzten 20 Jahren hat sie sich gewandelt, in ihren Stadtvierteln, mit frisch gestylten Museen und der ambitioniertesten Architektur Europas.

LONDON PUZZLE

Wirklich geplant wurde die Stadt nie. Nachdem die Flammen des Great Fire of London 1666 die meisten Häuser der City verschlungen hatten, wurden die Gelegenheiten für organisierte Stadtplanung verpasst. London ist aus Teilen zusammengewachsen: dem exklusiven Mayfair mit bürgerlichen Stadthäusern, St James's, dem Viertel der gediegenen Clubs, dem Amüsierviertel Soho, Bloomsbury, dem Intellektuellenviertel des 20. Jh., Spitalfields und Shoreditch, dem kreativen East End, Greenwich mit seinem maritimen Flair, dem grünen Hampstead – ein homogenes Ganzes ist nie entstanden. Traditionell verstanden sich die Cockneys, geboren in Hörweite der Kirchenglocken von St-Mary-le-Bow im East End, als die wahren Londoner. Doch den „typischen" Londoner gibt es nicht mehr. Spätestens mit dem 17. Jh., als sich hugenottische Seidenweber aus Frankreich im East End niederließen, wurde London kosmopolitisch. Im 19. Jh. kamen die Iren auf der Suche nach Arbeit, in den 1950er-Jahren folgten Einwanderer aus den karibischen Commonwealth-Staaten. Sie alle bauten eigene soziale Netze auf und

bewahrten Teile ihrer Traditionen. Heute braucht man sich für einen Querschnitt durch die Londoner Bevölkerung nur in der U-Bahn umzusehen: ein Citymanager in Nadelstreifen neben einem afrokaribischen Teenager mit Dreadlocks, eine alte chinesische Dame, ein junger Skater in Sportdesigner-Labels neben der Bengalin im Sari.

SCHNELL IM UNDERGROUND

Die Tube, das älteste und weitläufigste U-Bahn-Netz der Welt, transportiert pro Tag bis zu fünf Mio. Passagiere und ist seit wenigen Jahren auch für Nachtschwärmer am Wochenende im Einsatz, jedoch zu den Stoßzeiten überlastet und hat immer wieder technische Probleme. U-Bahn fährt man besser außerhalb der Stoßzeiten, wenn man eine Chance haben will, in die Bahn hineinzukommen.

ROYALES FLAIR

London hat mehr Grünflächen als jede andere Stadt vergleichbarer Größe. Durch Hyde Park, St James's Park, Green Park oder Regent's Park kann man ungehindert spazieren oder wie die Büroangestellten auf dem Rasen ein Sandwich verspeisen. Die königlichen Parks sind nur ein Beispiel dafür, wie das Königshaus im Londoner Leben im Hintergrund mitläuft; die Royals bringen viele Touristen in die Stadt, aber für den Londoner Alltag spielen sie keine große Rolle.

LEBEN AM FLUSS

Was wäre London ohne die Themse? Die Römer gründeten hier die erste Siedlung. Sir Francis Drake startete von hier seine Weltumseglung. Die Einwanderer des 18./19. Jhs. landeten per Schiff an. In den späten 1990er-Jahren verschwanden auf der Südseite der Themse alte Industriebrachen. Mit der Tate Modern, Shakespeare's Globe und „The Shard" entstand eine Flaniermeile – Kontrapunkt zum seit jeher dominanten Nordufer mit Regierung und Banken. Beim abendlichen Bummel am Themsesüdufer sieht die St Paul's Cathedral, im Dunkeln angestrahlt, einfach erhaben aus. Die rasante Entwicklung der Stadt wird von den Brücken aus gut sichtbar: Kräne zeugen vom Bau weiterer Skyscraper in der City, Vauxhall, Battersea und Canary Wharf. Die Spielstätten der Olympiade 2012 sorgten für die östliche Ausdehnung und wurden in den sportlich-entspannten Queen Elizabeth Park verwandelt. Es ist diese Dynamik, die London zu einer der spannendsten Städte der Welt macht.

MARCO POLO TOP-HIGHLIGHTS

TOWER OF LONDON ★1
Durch die mächtigen Mauern des Tower wabern 900 Jahre Geschichte und lehren dich zuweilen das Gruseln

BUCKINGHAM PALACE ★2
Der Balkon ist weltberühmt. Von hier winken die britischen Monarchen dem Volk bei Geburtstagen und Hochzeiten zu

Tipp: Bei der täglichen Wachablösung am Vormittag gibt's die besten Motive

HOUSES OF PARLIAMENT & BIG BEN ★3
Lang ist's her: Die Mutter aller Parlamente tagte 1275 erstmals, und seit 160 Jahren schlägt die Big-Ben-Glocke

Tipp: Von der Westseite der Westminster Bridge hast du unverbauten Blick; im Abendlicht besonders schön

WESTMINSTER ABBEY ④

Die Krönungs- und Grabkirche der Insel. Alles, was Rang und Namen hatte, wird geehrt, ein Who's who vergangener Jahrhunderte

BRITISH MUSEUM ⑤

Das Juwel unter den Londoner Museen. Hier brauchst du Jahre, um alle Schätze der Weltkulturen zu entdecken

TATE MODERN ⑥

Wo einst Kraftwerkspumpen lärmten, entstand direkt an der Themse der Millenniums-Musentempel für moderne Kunst

LONDON EYE ⑦

So sicher wie in Abrahams Schoß wirst du getragen von den gläsernen Kapseln des höchsten Riesenrads Europas

📷 *Tipp: Morgens vom gegenüberliegenden Ufer am Victoria Embankment kriegst du es am besten ins Bild*

ST PAUL'S CATHEDRAL ⑧

Nicht nur eine Kirche – ein Wiederauferstehungssymbol Londons nach der Brandkatastrophe von 1666 und dem Zweiten Weltkrieg!

📷 *Tipp: Von der Millennium Bridge kannst du ungestört fotografieren und wirst nicht vom Verkehr überrollt*

HARRODS ⑨

Berühmt-berüchtigt: Kaufhaus und Touristenattraktion zugleich. Hier kannst du schlemmen, shoppen und dabei viel Geld loswerden

KEW GARDENS ⑩

Sehnsuchtsort für Botaniker: viktorianische Gewächshäuser, Ziergärten und ein Baumwipfelpfad, hier zeigt sich der englische grüne Daumen

BEST OF
LOW BUDGET

FÜR DEN KLEINEN GELDBEUTEL

GENERÖSE MUSEUMSPOLITIK
Die staatlichen Museen Londons sind kostenlos zu besichtigen: Weder im British Museum noch im Victoria & Albert Museum oder in der Westminster Cathedral zahlst du Eintritt!

RADELN UND SPAREN
Radeln ist gesund und schont die Umwelt. Warum also nicht gleich mit einem der Räder vom Londoner Leihrad-Netzwerk ins Museum radeln, denn die erste halbe Stunde ist für lau.

ES GRÜNT SO GRÜN …
Gemütlich eine Stunde im Liegestuhl für £ 1,80 abhängen oder ein leckeres Picknick direkt auf dem Rasen verspeisen, das geht z. B. im St James's Park oder Hyde Park.

FREIKULTUR
In der Mediathek des British Film Institute kannst du gratis Klassiker, Filmperlen und TV-Kultserien aus dem Nationalarchiv ansehen.

GOTTESDIENST IN DER KRÖNUNGSKIRCHE
Ein wahrhaft königlicher Eintrittspreis wird in Westminster Abbey verlangt, wenn du die Krönungskirche von innen sehen willst. Komm besser werktags zum kostenlosen Abendgottesdienst und lass den prachtvollen Bau auf dich wirken.

FAST FÜR LAU
Die Websites *freetoursbyfoot.com/londontours* und *londonforfree.net* listen Stadtführungen, Ausstellungen, Tage der Offenen Tür und kulturelle Veranstaltungen auf, für umsonst oder kleines Geld. Wer mit Kindern unterwegs ist, spart mit einem Familienticket bei vielen Attraktionen Geld.

BEST OF

TYPISCH

DAS ERLEBST DU NUR HIER

DIE QUEEN FÜRS REGAL

Den berühmten königlichen Gruß der Queen gibt's auch zum Mitnehmen – passend zum heimischen Ambiente gleich in mehreren Farben.

ABTANZEN

Dancing through the night: Wer viel Kondition hat, arbeitet sich am Wochenende auf einem der zahllosen angesagten Dancefloors ab, stilecht z. B. im Ex-Busdepot Ministry of Sound.

DOPPELDECKERFAHRT

Alte und neue Doppeldeckerbusse fahren auf Londons Straßen, manche nur fürs Sightseeing, die meisten sind aber echte Linienbusse. Ob oben ohne oder geschlossen – die Aussicht auf London ist von der 2. Etage im Fahrzeug auf alle Fälle hervorragend.

FISH & CHIPS

Vor allem fettig ist dieser britische Klassiker im Doppelpack: Pommes mit Malzessig plus Kabeljau, Schellfisch oder Scholle in Panade. Das musst du unbedingt bei Poppies probieren – eine Londoner Institution!

AUF INS GEWÜHL

Londons Märkte sind wuselig: Gourmets ab auf den Borough Market und den Camden Market! Schnäppchen- und Trendjäger werden auf dem Broadway Market und dem Brick Lane Market glücklich.

BESUCH IM PUB

Ein sehr englisches Vergnügen: ein Bier oder Bitter in einem alteingesessenen Pub – inmitten von Jugendstilinterieur, am Fluss oder in einer ehemaligen Poststation. Real Ale gibt's im Black Friar oder The Dove.

DIE BESTEN INSIDER-TIPPS

Reisen mit Insider Tipps

VOGELPERSPEKTIVE

Wow, was für eine Aussicht auf die Stadt! Die beste hast du z. B. vom gigantischen Riesenrad London Eye an der Themse oder vom „Scherben"-Hochhaus The Shard aus.

TEA & SCONES

Gönn dir was! Und zwar einen traditionellen Afternoon Tea mitsamt Sandwiches, Kuchen und *scones* – am edelsten im Palm Court des Ritz (Krawattenpflicht!).

CHILLEN AN DER THEMSE

Schönes Wetter? Dann auf zum Ufer der Themse – hier steht übrigens auch das höchste Riesenrad Europas!

KURIOSITÄTENKABINETT

Skurril und herrlich britisch ist das Sammelsurium des Sir John Soane's Museum. Der Architekt der Bank of England lebte hier und trug zusammen, was ihm gefiel.

ÜBER DEN FLUSS LAUFEN

42 m über der Themse über den Glasboden der Tower Bridge flanieren, aber nur für Schwindelfreie!

GARTEN MIT TIEFBLICK

Vom tropisch-grünen Skygarden in der 20 Fenchurch Street linst du runter auf die City.

PADDELN IN DER CITY

Im Shadwell Basin, dem alten Hafenbecken, kannst du mit dem Kajak lospaddeln.

MIT CLOONEY KUSCHELN

Welche Frau würde das nicht gern? Im Madame Tussauds triffst du das lebensechte Double auf dem Sofa.

DAS SCHMECKT IN LONDON

Unsere Empfehlung heute

Vorspeisen

PRAWN COCKTAIL
Krabbencocktail

SOUP OF THE DAY
Tagessuppe, z. B. *Leek and Stilton Soup* (Lauch-Blauschimmelkäse-Suppe)

GARLIC BREAD
Knoblauchbrot

Hauptgerichte

FISH & CHIPS
Panierter Bratfisch & Pommes frites mit Malzessig

BANGERS & MASH
Würstchen und Kartoffelbrei

SHEPHERD'S PIE
Auflauf aus Hammel- oder Rindfleischhack, überzogen mit Kartoffelbrei

STEAK & ALE PIE
Pastete mit in Bier gekochtem Fleischragout

SUNDAY ROAST
Sonntagmittag: Lamm-, Rind- oder Schweinebraten mit Backkartoffeln und Bratensoße

Desserts

APPLE PIE WITH CUSTARD
Kleine Apfelkuchenpastete mit Vanillesoße

STICKY TOFFEE PUDDING
Feuchter Biskuitkuchen aus fein gehackten Datteln in Toffeesoße, oft auch mit Vanilleeis oder Vanillesoße

CHEESE BOARD
Britischer Käse z. B. Stilton, Cheddar, Red Leicester

Getränke

TEA
Selbstverständlich mit Milch serviert

ALE
Obergäriges britisches Bier, z. B. London Pride

CIDER ODER PERRY
Naturtrüber Apfel- oder Birnenwein

SHANDY
Bier mit Zitronenlimonade

Madrids schönste Fassade: Metropolis-Haus

15

Madrid, wieso eigentlich Madrid? Hier gibt es keinen Eiffelturm, kein Kolosseum, keinen Strand. Kann die Stadt da überhaupt mit anderen Metropolen mithalten? Keine Sorge: Diese Vorurteile verfliegen, wenn du die ersten Stunden in der Stadt erlebt hast. Madrid protzt mit breiten, großzügigen Alleen, viel Grün, Prachtbauten aus dem Goldenen Zeitalter und kleinen, versteckten Winkeln in der Altstadt. Die Stadt verströmt Hauptstadtflair, aber jedes Viertel ist wie ein Dorf für sich und in jeder Hinsicht authentisch spanisch.

CHECK

- ✓ Die besten Tapasbars
- ✓ Goya & Picasso
- ✓ Stadt der langen Nächte
- ✓ Churros con Chocolate
- ✓ Radeln am Madrid Rio

ENTDECKE MADRID

Vom Frühstück bis spätnachts sind die Tresen der Tapasbars umlagert

Hier wird das Leben in vollen Zügen genossen. Die Cafés sind voll, die Geschäfte sind voll, die Straßen sind voll. Die Häuser sehen gepflegt aus, die Menschen sowieso. Die Madrider lieben das Leben in den Cafés, Tavernen, Restaurants und Bars. Am Ende des Monats ist oft das Konto leer; Sparen ist ein Fremdwort, aber man hat Spaß. Morgen ist ein neuer Tag. Eine bemerkenswerte Lebenseinstellung – kein Wunder, dass viele Nord- und Mitteleuropäer die Madrider um diese Leichtigkeit der Lebensweise beneiden.

DIE STADT WIRD GRÜNER, DIE LUFT SAUBERER

Die Bauwut der letzten Jahrzehnte hat die Stadt lebenswerter, fußgängerfreundlicher und bunter gemacht. Die ehemals grauen Fassaden erstrahlten, die trüben Altstadtstraßen verwandelten sich in grüne Allee, und der ewigen Dunstglocke, die sich immer wieder über die Stadt ausbreitete, wurde endlich ein Ende gesetzt. Seitdem gibt es viel mehr Fußgängerzonen mit Bänken und Bäumen, die Altstadt ist nur noch für den öffentlichen Verkehr und Anwohner zugänglich, der Rest muss ins Parkhaus. So kannst du das Zentrum prima zu Fuß erobern. Und mit der Metro kommst du bequem und schnell praktisch überallhin.

FRÜHSTÜCKSRITUAL IM STAMMCAFÉ

Die Madrider lieben es, den Vormittag mit einem kleinen Frühstück in einer der unzähligen *cafeterías* einzuleiten. Für rund 2,50 Euro bekommt man einen *café solo* oder einen *café con leche* inklusive Croissant oder Toast mit pürierter Tomate und Olivenöl. Kein Mensch käme auf die Idee, zu Hause zu frühstücken, schneller geht es in der Bar nebenan, bei einem net-

ten Plausch mit den Nachbarn. Stammgäste müssen ihren Kaffee normalerweise gar nicht erst bestellen, sondern bekommen alles automatisch vor die Nase gestellt. Die spanischen Kellner kennen schließlich ihre Kundschaft – und das trifft sogar auf Touristen zu, spätestens wenn sie zum dritten Mal mit der gleichen Bestellung dasselbe Café aufsuchen. Die meisten Madrider frühstücken übrigens am liebsten zweimal im Lauf des Vormittags.

ADIEU, WIRTSCHAFTSKRISE!

Madrid ist heute eine kosmopolitische Weltstadt, hat aber sein authentisches spanisches Wesen beibehalten. Die Stadt blieb selbst mitten in der Finanz- und Wirtschaftskrise einer der wirtschaftlichen Motoren des Landes. Man muss genauer hinschauen, um die Menschen zu sehen, die sich vor Kirchen oder dem Roten Kreuz zur Armenspeisung anstellen. Die Not prägt nicht das Bild der Stadt, aber noch ist sie hier und da zu finden. Und die Arbeitslosigkeit sinkt, Spanien hat gute wirtschaftliche Prognosen.

VOM KUHKAFF ZUR MILLIONENMETROPOLE

Mit 3,2 Mio. Einwohnern ist Madrid die größte Stadt Spaniens, aber eine mit ländlichen Wurzeln – was vielleicht das Geheimnis hinter dem Zusammenhalt in der Not ist. Es gibt nur wenige alteingesessene Familien in der Stadt, die Bewohner sind Zugezogene oder Kinder von Zugezogenen oder höchstens Enkel von Zugezogenen. Deswegen macht sich auch an jedem Brückenwochenende eine Autokarawane von Madrid in alle Winkel Spaniens auf. *Voy al pueblo* sagen sie dann, ich fahr aufs Dorf: Gemeint ist das Dorf der Eltern, der Onkel oder Tanten oder Großeltern. Jeder Madrider hat irgendwo in Spanien seine zweite Heimat.

AUF DER STRASSE TOBT DAS LEBEN

Besucher aus dem Rest Spaniens finden die Stadt vor allem groß und laut. Die Größe ist eine Frage der Perspektive, der Lärm ist messbar. Die Madrider hat es nie groß gestört, sie saßen und sitzen immer noch am liebsten direkt an der Straße und trinken Kaffee, eine *caña,* oder einen Feierabendwein. Das Phänomen der abends und sonntags ausgestorbenen Fußgängerzonen kennt die spanische Hauptstadt nicht: Die Madrider leben draußen, zu jeder Zeit (außerdem haben die meisten Geschäfte lange geöffnet, auch feiertags). Und das genießen auch die Besucher!

MARCO POLO TOP-HIGHLIGHTS

MUSEO NACIONAL CENTRO DE ARTE REINA SOFÍA ★1
Hier gibt's spannende Kunst aus dem 20. Jh. Unbedingt anschauen: Spaniens berühmtestes Gemälde „Guernica" von Picasso

MUSEO NACIONAL DEL PRADO ★2
Die ganz großen Klassiker der Kunst! Im Prado erwarten dich die Meister, darunter Goya, Velázquez, Dürer und Bosch

MALASAÑA ★3
Madrids Hipsterviertel ist zugleich ein Paradies für Vintagefans, Bioesser und Foodies. Und Kneipentouren durch Malasaña sind legendär!

MADRID DE LOS AUSTRIAS ★4
Must-see-Viertel mit Königspalast, Kathedrale und jeder Menge Bars und Tavernen, damit auch ja niemand verhungert oder verdurstet
📷 *Tipp: Den schönsten Blick auf die Plaza de la Paja hast du von der Treppe der Bischofskapelle*

MADRID RÍO ★5
Schon gewusst? Madrid hat einen Fluss! Hier entdeckst du ganz neue Gesichter der Stadt. Am besten geht das mit dem Rad oder per Segway

PLAZA MAYOR 6
Madrids harmonischer Hauptplatz bringt Besucher und Einheimische zusammen. Hier wurden und werden Volksfeste gefeiert

RETIRO 7
Bötchen fahren mitten in Madrid, eine Joggingrunde um den Park oder moderne Kunst im Kristallpalast gucken: Im alten Königspark wird es nie langweilig
📷 *Tipp: Der Kristallpalast im Sonnenschein bei strahlend blauem Himmel, dann glitzern die Glasscheiben ganz besonders*

RASTRO 8
Es gibt nichts, was du auf Madrids größtem Flohmarkt am Sonntag nicht findest. Und hinterher geht es natürlich in die Bar(s)!
📷 *Tipp: Schön nostalgische Motive sind die alten Trödelstände in den kleinen Gassen abseits der Hauptmeile*

CHOCOLATERÍA SAN GINÉS 9
Wenn es spät wurde und du den Club erst bei Tagesanbruch verlässt, wird es Zeit für ein klassisches Madrider Katerfrühstück mit Churros con Chocolate

MATADERO MADRID 10
Vom alten Schlachthof sind nur noch die Fassaden geblieben – heute ist das Matadero eines der spannendsten Kulturzentren ganz Spaniens

BEST OF LOW BUDGET

FÜR DEN KLEINEN GELDBEUTEL

KUNST IM PARK
Was haben der Retiro und das Museum Reina Sofía gemeinsam? Moderne Kunst! Im Park gibts die sogar umsonst, nämlich im Palacio de Velázquez und im Palacio de Cristal. Die sind dem Museum angeschlossen und veranstalten regelmäßig Sonderausstellungen.

SCHLACHTHOF MIT KULTUR
In den Hallen des einstigen Schlachthofs Matadero Madrid gibt es viel Platz für die Ideen von Künstlern, Designern, Fotografen und anderen Kreativen. Die Ausstellungen und Aktionen sind entweder für den kleinen Geldbeutel oder ganz kostenlos.

WEBSITE FÜR SPARFÜCHSE
Auf *madridfree.com* findest du Ausstellungen, Konzerte, Kino- und Theatervorstellungen, die keinen Eintritt kosten.

KLASSIKER IN DER FILMOTHEK
Lust auf Kino, aber das Budget ist knapp bemessen? Im staatlichen Programmkino Cine Doré gibt es Klassiker für schlappe 3 Euro, Studis zahlen sogar nur 2 Euro.

MAL EBEN IN DEN PRADO
Vor der abendlichen *marcha* noch mal bei einem Bild vorbeischauen, das du schon immer mal sehen wolltest oder an dem du dich nicht sattsehen kannst – das geht im wunderbaren Prado-Museum: Immer zwei Stunden vor Schließung ist der Eintritt frei!

BILLIGER IN DIE DREI TOPMUSEEN
Prado, Reina Sofía und Thyssen-Bornemisza verkaufen den Abono Paseo del Arte, der für 30,40 Euro Zutritt zu allen drei Museen gewährt – du sparst so 20 Prozent des Normalpreises.

BEST OF

TYPISCH

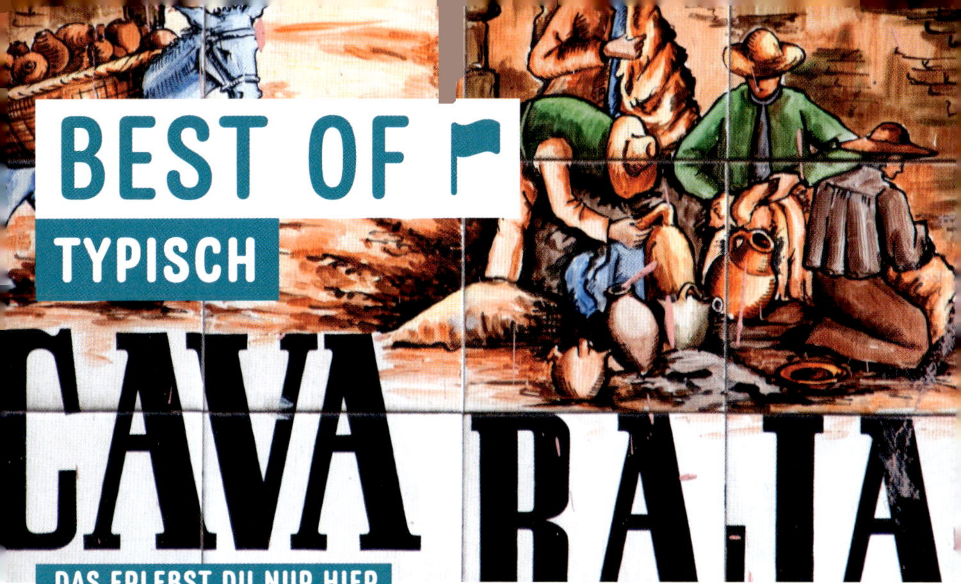

DAS ERLEBST DU NUR HIER

TAPAS-HOPPING

Du weißt gar nicht, was du zuerst probieren sollst? Dann mach eine Tapastour, eines der Lieblingsrituale der Madrider. Wichtig ist, nicht zu lange in einer Bar zu bleiben, es gibt schließlich eine schier unendliche Auswahl an Lokalen. Eine der Toplocations ist die Calle Cava Baja in La Latina.

LANGE NÄCHTE

Man glaubt es erst, wenn man da ist: Mitten in der Nacht staut sich der Verkehr, und die Gassen und Straßen des *centro* sind voller Menschen. Die Madrider zelebrieren mit beneidenswerter Selbstverständlichkeit, dass das Leben immer jetzt und hier ist – schau es dir an, z. B. an der Plaza de la Paja.

PURE LEIDENSCHAFT

Tränen, Schreie, schmerzverzerrte Gesichter: Flamenco beinhaltet die komplette Palette liebestoller Gefühlswelten. Madrid ist eine der Flamencometropolen Spaniens. Überzeug dich selbst davon in einem Kultlokal wie dem Casa Patas oder dem Las Tablas.

CHURROS CON CHOCOLATE

Halte Ausschau nach Bars und *cafeterías* mit dem Schild „Hay churros". *Churros* sind dünne Teigstangen oder zu Spiralen geformte Kringel, die in Fett ausgebacken und dann in eine Tasse mit dickflüssiger warmer Schokolade getunkt werden. Himmlisch!

DRAUSSEN SITZEN, DRAUSSEN LEBEN

Nichts schöner, als sich von morgens bis nachts immer wieder für ein Getränk auf einer der *terrazas* niederzulassen. Einer der schönsten Plätze Madrids voller Straßencafés ist die Plaza Olavide.

DIE BESTEN INSIDER-TIPPS

IMMER AM RIO ENTLANG

Die Madrider haben das Radfahren entdeckt – z. B. im Uferpark Madrid Río am Manzanares. Wer eine größere Tour plant, fährt auf dem Anillo Verde: Der „Grüne Ring" ist ein 64 km langer Radwanderweg rund um die Stadt.

DEN PERFEKTEN SONNENUNTERGANG ERLEBEN

Nirgendwo geht die Sonne so schön unter wie am ägyptischen Templo de Debod.

CLUB-KULT-TOUR

Wenn du einmal sehen willst, wo Luka Modriç und Toni Kroos ihren Arbeitstag verbringen, buch eine Tour durchs Santiago-Bernabéu-Stadion, die Heimat von Real Madrid, mit fetzigen 3-D-Animationen auf riesigen Leinwänden.

PALMEN BIS IN DIE KUPPEL

Seit vom Bahnhof Atocha der Hochgeschwindigkeitszug Ave nach Sevilla prescht, ist in die alte Bahnhofshalle ein tropischer Wintergarten mit Palmen eingezogen, von denen viele bis an die Dachkuppel reichen.

CAFÉKULTUR IM KULTURCAFÉ

Der Círculo de Bellas Artes hat das wohl schönste Café der Stadt. Unter Deckengemälden und Kristalllüstern macht es nichts, dass die Kellner sich gerne viel Zeit lassen. Anschließend kannst du dich dann dem Kulturprogramm des Hauses widmen.

CHILLEN AUF DEM DACH DER MARKTHALLE

Auf drei Etagen lässt es sich im Mercado San Antón wunderbar shoppen, essen und durch die besten Cocktails trinken.

DAS SCHMECKT IN MADRID

Unsere Empfehlung heute

Verduras

ENSALADILLA
Salat aus Kartoffeln, Gemüse und Mayonnaise

PATATAS BRAVAS
Bratkartoffeln mit scharfer Tomatensauce

PIMIENTOS DE PADRÓN
Kleine grüne Paprikaschoten, in Olivenöl gebraten, mit Meersalz

PISTO MANCHEGO
Geschmortes Mischgemüse

TORTILLA DE PATATAS
Kartoffelomelett

Pescados

BOQUERONES EN VINAGRE
Eingelegte Sardellen

CHIPIRONES FRITOS
Kleine, frittierte Tintenfische

CROQUETAS DE BACALAO
Stockfischkroketten

GAMBAS AL AJILLO
Garnelen in Knoblauchsauce

Carnes

ALBÓNDIGAS
Hackfleischbällchen

CALLOS MADRILEÑOS
Kutteleintopf

COCHINILLO
Spanferkel

COCIDO MADRILEÑO
Madrider Eintopf mit *chorizo, garbanzos* (Kichererbsen) und Gemüse

PIERNA DE CORDERO LECHAL
Milchlammkeule

POLLO ASADO
Brathähnchen

Postres

CUAJADA CON MIEL
Quark mit Honig

NATILLAS
Vanillepudding

TARTA DE QUESO CON ARÁNDANOS
Käsekuchen mit Heidelbeerkonfitüre

TORRIJAS
Arme Ritter

Auf dem Dach des Mailänder Doms

16

Mailand hat Klasse: Die Stadt ist dicht, spannend, schick. Hier erlebst du das „andere" Italien, ein pulsierendes Italien des 21. Jh. Die norditalienische Metropole ist die Stadt der Kreativen und der Banker. Ob im Maßanzug oder in Turnschuhen – Stil hat sie wie keine zweite. Drei Mailand-Musts lassen dich ankommen: der Blick auf ihre Skyline, ein Aperitif in einer der zahlreichen Bars und natürlich die Besteigung des Domdachs. Hier stehst du zwischen unzähligen steinernen Heiligen und Dämonen.

CHECK

- ✓ Immer neue Szeneviertel
- ✓ Die großen Luxuslabels
- ✓ Design? Vom Feinsten!
- ✓ Leonardos Abendmahl
- ✓ Navigli: Feiern am Kanal

ENTDECKE MAILAND

Vom Stapelstuhl bis zum Fiat 500 – Designer-Kultobjekte im Triennale Design Museum

Mailand von oben ist einfach unschlagbar. Nimm an einem klaren Tag den gläsernen Aufzug des Aussichtsturms Torre Branca im Parco Sempione: Du blickst auf das mächtige Castello Sforzesco, dahinter der marmorglänzende Dom mit der goldenen Madonnina auf der Turmspitze, in der Ferne erkennst du im Süden die Apenninhügel, im Norden den majestätischen Alpenkranz – in einer Stunde wärst du auf den Skipisten. Und die eleganten Silhouetten der Hochhäuser von Porta Nuova im Nordosten und City Life im Westen formen das Stadtbild neu, von horizontal zu vertikal: einfach großartig!

EINE OFFENE STADT

Die Stadt gibt sich offen. Wenn die famosen Eventwochen steigen, wie der Fuori Salone zur berühmten Designmesse im April, die „Weeks" zu Mode, Musik, Film, Food, dann öffnen sich prächtige Palazzi, Kreuzgänge und Höfe, alles wird bespielt, mit Installationen, Ausstellungen und Festen, selbst das Dach des Doms. Doch auch jenseits der Eventwochen kommen Abermillionen Besucher, die spätestens seit der erfolgreichen Expo 2015 eine neue Stadt entdecken, nicht mehr nur die graue, hektische Businesscity, sondern smartes, elegantes urbanes Leben.

Mach dich auf den Weg – die Innenstadt ist leicht zu Fuß zu erobern –, schau auf die Fassaden, in die Hauseingänge: Unterschiedliche Baustile folgen dicht auf dicht, prachtvolle Adelspalazzi aus dem 17. und 18. Jh. wechseln sich ab mit stattlichen Bürgerhäusern der vorletzten Jahrhundertwende, mit bizarr dekorierten Palazzi aus dem Liberty – so hieß die

italienische Version des Jugendstils – in den ersten Jahren des 20. Jh. Dann die faschistischen Wuchtbauten der 1930er-Jahre wie der Hauptbahnhof, die Börse und der Justizpalast. Schließlich der Bauboom der Nachkriegszeit, ein Wechselspiel aus anonymen Gebäuden und Hocheleganten. Und heute die gläserne Skyline: Mailand ist im neuen Jahrtausend angekommen. Dazwischen behaupten sich hier und da uralte Kirchen und verschwiegene Plätzchen.

DIE LAGE IN DER MITTE

Inmitten der fruchtbaren Ebene zwischen Bergen und Meer gründeten die Kelten im 4. Jh. v. Chr. eine Siedlung am Kreuzungspunkt von Wegen und Flüssen, auf denen Waren und Ideen transportiert wurden. In der römischen Antike hieß sie Mediolanum, war groß und mächtig. Mit ihrem Bischof und Stadtheiligen Ambrogio wurde sie christlich. Die mittelalterlichen Kaiser, die spanischen Bourbonen, die Habsburger, Napoleon, alle versuchten sich diesen reichen Stadtbrocken einzuverleiben. Fürstenfamilien wie die Visconti und die Sforza entwickelten sich und schließlich die Bürger selbst: Sie nahmen im 19. Jh. ihr Schicksal entschlossen in die Hand und machten aus der Stadt das Konsum- und Industriezentrum Italiens – und wieder half ihnen dabei die strategisch gute Lage zwischen dem Süden und Nordeuropa.

EIN BLICK AUF DEN STADTPLAN

Die Ringstraßen ums Zentrum folgen der Stadtgeschichte: Der *cerchio dei navigli* aus dem Mittelalter war noch bis in die 1930er-Jahre von *navigli*, Kanälen, umflossen. Unter der spanischen Fremdherrschaft ab Mitte des 16 . Jh. bis 1700 wuchs die Stadt und es entstand der Befestigungsgürtel *cinta dei bastioni:* Ein Stück dieser Stadtmauer sieht man noch an einem der Stadttore, der Porta Romana. Die Tramlinie 9 folgt ihm vom Hauptbahnhof und führt an den Stadttoren vorbei: Porta Nuova, Porta Venezia, Porta Vittoria, Porta Romana, Porta Ticinese, Porta Genova – wie Koordinaten helfen sie bei der Orientierung in der Stadt. Im Zentrum dieses alten Stadtmauerrings liegt der Dom, dessen heller Stein selbst im abendlichen Kunstlicht noch glänzt. Überhaupt: Dieses faszinierende Stadtbild, wenn es dunkel wird. Dann schimmert es geheimnisvoll blau vom Dach des Scala-Verwaltungsbaus; das Castello Sforzesco kommt in weißem Lichterglanz zur Geltung, golden glimmt die Kunststiftung Prada und festlich-warme Lampions weisen den Nachtschwärmern längs der Kanäle den Weg: Mailand ist ein hell leuchtendes Licht im derzeit eher gedämpften Italien.

MARCO POLO TOP-HIGHLIGHTS

GALLERIA VITTORIO EMANUELE II ★1

Die erste Shoppingmall des 19. Jh. mit Luxusstores, Bars und Restaurants. Die Kuppel (höchster Punkt 47 m) entspricht mit ihren Innenmaßen der Kuppel des römischen Petersdoms

DOM SANTA MARIA NASCENTE ★2

Das sakrale Herz der Stadt: Marmor in allen Schattierungen und über allem wacht die goldene Madonna

QUADRILATERO DELLA MODA ★3

Auf einem knappen Quadratkilometer die weltweit dichteste Ballung an Läden des Luxus und der Moden

CASTELLO SFORZESCO ★4

Die Burg in der Stadt: Selfiekulisse und Schatzkammer

📷 *Tipp: Schöne Spiegelung der Arkaden auf dem glatten Wasser im Fürstenhof Corte Ducale*

PORTA NUOVA ★5

Um die Piazza Gae Aulenti türmt sich das neue, spannende Hochhausviertel

📷 *Tipp: Eindrucksvolle Glas- und Stahlstrukturen an den Bauten an der Piazza Città di Lombardia*

PINACOTECA DI BRERA ★6
Zwischen all den tollen Bildern ist auch der romantischste Kuss der Kunstgeschichte
📷 *Tipp: Lustiger Kontrast: Wenn die Kunststudenten Pause machen, hocken sie unter der Statue des nackten Napoleon*

CENACOLO VINCIANO („ABENDMAHL") ★7
Dieses Wandgemälde schlug in die Geschichte der Kunst ein wie die Breitwand in die des Kinos – was seither alle sehen wollen

SANT'AMBROGIO ★8
In der Basilika des Stadtpatrons und ehrwürdigen Kirchenlehrers taucht man ein in die uralte Geschichte des Christentums

TRIENNALE DESIGN MUSEUM ★9
Das „Made in Italy" hat längst Museumsreife erlangt – und erfindet sich zugleich immer wieder neu
📷 *Tipp: Halte vom Dach runter auf den „rätselhaften" Brunnen Bagni Misteriosi und die neue Skyline*

NAVIGLI ★10
Die Ausgehmeile der Stadt: An lauen Abenden stellen die Lokale Stühle an den Kanal Naviglio Grande, im Winter sitzt man drinnen bei Cocktails und dampfendem Risotto

BEST OF LOW BUDGET

FÜR DEN KLEINEN GELDBEUTEL

DIE ENTHAUPTETE MEDUSA

Der Cimitero Monumentale ist teilweise ganz schön spooky. Grabanlagen mit ergreifenden Trauerskulpturen in allen erdenklichen Architekturstilen machen aus dem Monumentalfriedhof ein faszinierendes, kostenloses Freilichtmuseum.

ORGELKLÄNGE IN HISTORISCHER KULISSE

Orgelkonzerte in verschiedenen Kirchen Mailands erleben in den letzten Jahren einen regelrechten Boom. Die Konzertreihe *Cantatibus Organis* lädt (trotz Finanzmisere hoffentlich weiterhin) zu Gratiskonzerten.

SCHÖNE AUSSICHT AUF DEN DOM

Das Domdach zum Greifen nah: Auf der Dachterrasse des Kaufhauses La Rinascente darf man eine Gratis-Aussichtsrunde drehen.

KÜHLES WASSER FÜR LAU

Trinkwasser frisch, kontrolliert und umsonst: Rund 450 Trinkwasserspender, *draghi verdi* („grüne Drachen") genannt, gibt's in der Stadt – wo, das zeigt die Karte auf *fontanelle.org* (Menüreiter „Mappa fontanelle").

MITTAGSPAUSE

Die *pausa pranzo* oder den *light lunch* bieten fast alle Innenstadtrestaurants an, selbst gehobene Adressen: Mittags bekommst du hier günstige Tellergerichte, oft zum Komplettpreis mit Wasser, einem Glas Wein und Espresso inklusive.

SCHÖNER WOHNEN UND KUNST

Die Casa Boschi Di Stefano ist voller Gemälde und feiner Art-déco-Möbel. Dank ehrenamtlicher Aufpasser darf man sich die Museumswohnung der Industriellen- und Künstlerfamilie umsonst anschauen.

BEST OF

TYPISCH

DAS ERLEBST DU NUR HIER

TEATRO ALLA SCALA

Der Höhepunkt des gesellschaftlichen Lebens der Stadt ist die Eröffnung der Opernsaison im weltberühmten Theatertempel am 7. Dezember. Wie emblematisch der Name La Scala für die Stadt ist, zeigt auch, dass die Mailänder ihr nicht minder bedeutendes Fußballstadion San Siro die „Scala des Fußballs" nennen.

RISOTTO ALLA MILANESE

Cremig, sämig, safrangolden muss es sein: Ein echtes *risotto milanese* ist Comfort Food vom Feinsten und gilt als Inbegriff der Mailänder Küche.

WO LEONARDO DA VINCI SEINEN WEIN ANBAUTE

Das Allroundgenie lebte vor rund 500 Jahren lange Zeit in Mailand und ist auch heute noch immer allgegenwärtig: im Abendmahlfresko, in seinem Weingarten Vigna di Leonardo und in den Modellen seiner zukunftsweisenden Projekte im Museo Scienza e Tecnologia.

WOHNEN IM VERTIKALEN WALD

Die beiden vertikal begrünten Wohntürme an der Porta Nuova, Bosco Verticale genannt, wurden und werden mit Architektur- und Umweltpreisen überschüttet. An seinen Fassaden wachsen Tausende von Bäumen und Sträuchern senkrecht empor, das ist nicht nur schön, sondern auch smart.

DER HAUPTSTADT AUF DIE DÄCHER SCHAUEN

Dazu geht es am besten ganz klassisch auf den Aussichtsturm Torre Branca. Genau 108,6 m hoch ist der Turm am westlichen Eingang in den Parco Sempione. Sponsor war die bekannte Spirituosenfirma Branca.

DIE BESTEN INSIDER-TIPPS

MIT DER ALTEN TRAM DURCH DIE CITY
Für schlappe 1,50 Euro in der Straßenbahn von 1930 geht es einmal quer durch die Innenstadt.

ROSENWASSER AUS DEM BOTANISCHEN GÄRTCHEN
Im Orto Botanico, einer Ruheoase hinter der Pinakothek, gedeihen die Rosen, deren Essenz man im Museumsshop kaufen kann.

VINTAGE-SHOPPEN ZU SWING-GIGS
Klamotten, Vinyl, schräges Spielzeug zu DJ-Musik und Streetfood auf dem East Market.

HIER SCHWEIGEN SELBST DIE FRÖSCHE
Den stillen Kreuzgang Chiostro delle Rane verzaubert ein Brunnen mit bronzenen Fröschen und im Frühjahr blühenden Magnolien.

WIE DAS DUFTET!
Hol dir bei der berühmten Bäckerei Princi ein Stück ofenfrische Focaccia auf die Hand.

DESIGN IN DER SCHLIPSFABRIK
Klingeln, rein in den Innenhof und in die Wunderkammer des Designladens von Rossana Orlandi. Zu finden in der Via Matteo Bandello in einer ehemaligen Krawattenfabrik.

LÄSSIGES WOHNZIMMER IM CHINESENVIERTEL
Zu Caffè Latte, Kuchen, Drinks und freiem WLAN packt man in der Bar Otto seinen Laptop aus, die einen arbeiten, die anderen relaxen.

DAS SCHMECKT IN MAILAND

Unsere Empfehlung heute

Antipasti

CARPACCIO DI BRESAOLA, RUCOLA E SCAGLIE DI GRANA PADANO
Hauchdünn geschnittener, luftgetrockneter Rinderschinken aus dem Veltlin mit Rauke und Parmesanspänen

INSALATA DI NERVETTI
In Kräutern, Öl und Essig marinierte Kalbssehnen

Primi Piatti

MINESTRONE ALLA MILANESE
Gemüsesuppe mit Reis

ZUPPA PAVESE
Fleischbrühe mit gerösteten Brotscheiben und Ei

BUSECCA
Kalbskutteleintopf mit Bohnen

RISOTTO MILANESE
Reis, mit Zwiebeln und Butter angedünstet und mit Safran und Fleischbrühe geköchelt

PIZZOCCHERI
Kurze, breite Bandnudeln aus Buchweizenmehl mit Wirsing und Kartoffeln

TORTELLI DI ZUCCA MANTOVANI
Mit Kürbis gefüllte Teigtaschen aus Mantua

CASONCELLI ALLA BERGAMASCA
Mit Fleisch, Parmesan und Rosinen gefüllte Teigtaschen aus Bergamo

Secondi

OSSOBUCO CON GREMOLATA
In Scheiben geschnittene geschmorte Kalbshaxe mit Sauce aus Kräutern, Knoblauch und Zitronenschale

COTOLETTA ALLA MILANESE
Paniertes und gebratenes Kalbskotelett

CASSOEÛLA
Eintopf aus Schweinefleisch, fetten Würstchen und Wirsing

MONDEGHILI
Gebratene Fleischklößchen

PICCATA MILANESE
Kalbsgeschnetzeltes

Dolci

TIRAMISÙ
Dessert aus Löffelbiskuit, Schokolade und dem lombardischen Doppelrahmfrischkäse Mascarpone

SBRISOLONA
Brüchiges Streuselgebäck mit Haselnüssen

Chillen im Englischen Garten

17

Grüß Gott und Servus! Heute schon gehört? Na, dann bist du ja schon mal gut angekommen in der bayerischen Metropole und sprachlich südlich gepolt. Jetzt heißt es Augen aufmachen und Münchens junge, innovative, subkulturelle Seiten genauso entdecken wie klassische, traditionsreiche Orte. Lass dich nach Lust und Laune treiben, genieße die Sonne im Englischen Garten, feier in den Bars und Clubs mitten im Zentrum oder im Schlachthausviertel.

CHECK

- ✓ **Grünes Millionendorf**
- ✓ **Bayerische Gemütlichkeit**
- ✓ **Dirndl & Lederhosen**
- ✓ **Auf in den Biergarten!**
- ✓ **Ganz viel Stadtgeschichte**

ENTDECKE MÜNCHEN

Lebensfrohe Münchner: Sonne und Kunst tanken beim Lenbachhaus am Königsplatz

Es hat sich eine ganze Menge getan in den letzten zehn Jahren. Die großen Weltkonzerne und den berühmten FC Bayern gibt es zwar immer noch, aber hinzugesellt hat sich ein ganz neuer Münchner Gründergeist, der zahlreiche kleine Geschäfts-, Kultur- und Gastrobetriebe hervorgebracht hat. Immer mehr neue Manufakturen, Minibrauereien, Designerläden, Delikatessen und Getränke tragen heute das inoffizielle Gütesiegel „Made in Munich". München setzt auf lokale, nachhaltige Marken und Produkte – und die Münchner nehmen den Trend begeistert an.

VIERTEL MIT CHARAKTER

Lass dich inspirieren vom neuen Münchner Esprit, der die alten Vorurteile über die bayerische Hauptstadt („Laptop und Lederhosn") zusehends in den Schatten stellt. Vorausgesetzt, du steuerst nicht nur die touristischen Hotspots an, sondern lässt dich auf eine Entdeckungsreise ein. Denn jeder Stadtteil besitzt seinen ganz eigenen Charme, selbst benachbarte Viertel haben oft einen ganz unterschiedlichen Reiz. Angefangen mit der Altstadt, wo rund um den Marienplatz und den Alten Peter das Herz der Bayernmetropole schlägt. Von dort ist es ein Katzensprung in Münchens umtriebigstes Viertel rund um den Gärtnerplatz, das sich vom Kleinbürgerviertel zum modernen Quartier für solvente Künstler, Familien und die schwule Community entwickelt hat. In der Maxvorstadt und in Schwabing mischen sich dagegen Studenten, Kunstinteressierte und Bohemiens mit Shoppingtouristen. Den größten Wandel erfuhren in den vergangenen Jahren jedoch das Westend rund um die Schwanthalerhöhe oberhalb der Theresienwiese und Giesing: Im Westend siedelten sich immer mehr

Künstler und Kleingastronomen an, in Giesing lacht uns der Gegenentwurf zum sonst so schicken München ins Gesicht. Hier scheinen die althergebrachten Klischees über die bayerische Hauptstadt nicht zu gelten. Wobei, eines lässt sich nicht leugnen: München war und ist schon immer vieles gleichzeitig, nur hat das Tempo der Veränderungen zugelegt: München ist traditionell und modern, schwarz und rot, FC Bayern und 1860 München, familiär und single, Großstadt und Provinz, Hightech-Bastion und Trachtenwerkstatt, Villenvorort und Glasscherbenviertel.

MEDIENMETROPOLE MIT TRACHTEN-TRADITION

Zwar darf das Klischee vom bärtigen Stammtischbruder im Wirtshaus und der mit Geld um sich werfenden Schickeria ruhig weiterleben, aber zunehmend gesellt sich zu diesem Bild auch das einer jungen, zukunftsorientierten Stadt, deren Jugend alte Traditionen wiederentdeckt – und neu für sich interpretiert. Ein gutes Beispiel ist der Wandel der Tracht: Viele junge Münchner gehen – vor etwa 20 Jahren noch unvorstellbar – heute in Dirndl und Lederhosen zur Wiesn. Darunter auch viele Neubürger aus der Medienbranche, auf die München immer noch eine hohe Anziehungskraft ausübt. Diese versuchen ihr Glück u. a. in einem der über 200 Buch- und Zeitschriftenverlage, die München zu einer der größten Verlagsstädte der Welt machen. Für Münchens Ruf als Medien- und Wissenschaftsstandort sind auch die Ludwig-Maximilians-Universität und die Technische Universität verantwortlich. Beide Unis gehören mit insgesamt rund 92 000 Studenten zu den führenden Hochschulen Europas, was auch für die Münchner Filmhochschule gilt, die bereits mehrere Oscar-Nominierte und -Gewinner wie Caroline Link und Florian Henckel von Donnersmarck hervorbrachte. Und auch Kino-Kassenschlager wie „Fack ju Göhte" kommen aus München.

MILLIONENDORF MIT VIEL NATUR

Trotz aller Internationalität und Weltoffenheit trägt die Stadt ihren Beinamen „Millionendorf" nicht ganz zu Unrecht – doch es lässt sich durchaus gut leben mit diesem Klischee: Wenn du bei deinen Spaziergängen die Hauptstraßen verlässt, wirst du nicht wenige Straßenzüge entdecken, die einen geradezu dörflichen Charakter haben. Falls das Wetter mitspielt, wirst du zudem feststellen, wie viele Münchner es nach draußen zieht – an die Ufer der renaturierten Isar, in die vielen grünen Stadtgärten oder auch nur für eine kurze Rast zur nächsten Parkbank.

MARCO POLO TOP-HIGHLIGHTS

FRAUENKIRCHE ★ 1
Das gotische Wahrzeichen der Bayernmetropole, nach dem Krieg aufwendig und geschmackvoll renoviert

RESIDENZ ★ 2
Im königlichen Bau und dem Residenzmuseum sind Pracht und Reichtum der Wittelsbacher allgegenwärtig

ENGLISCHER GARTEN ★ 3
Kilometerlange grüne Lunge der Stadt, die mit dem Eisbach auch die weltweit einzige Surferwelle mitten in der City zu bieten hat

Tipp: Hinauf auf den Monopteros und dann den Park mit Kirchturmspitzen im Hintergrund fotografieren

KUNSTAREAL MÜNCHEN ★ 4
Architektonisch und kunsthistorisch herausragend: der Königsplatz, die Pinakotheken und das Museum Brandhorst

Tipp: Seitlich der Pinakothek der Moderne steht ein kleines Ufo, der ideale Hauptdarsteller für ein Foto

VIKTUALIENMARKT ★ 5
Kulinarisches Herz der Stadt. Hier erlebst du die viel beschworene Münchner Gemütlichkeit hautnah

DEUTSCHES MUSEUM ★ 6
Eins der größten technisch-naturwissenschaftlichen Museen der Welt. Kinder wie Eltern vergessen hier schnell die Zeit

NEUES RATHAUS 7
Das neugotische Prunkstück ist gar nicht so alt, wie es aussieht, es wurde erst 1905 fertiggestellt
Tipp: Wer das Rathaus auf „Augenhöhe" ablichten will, besucht das Café Glockenspiel im 5. Stock gegenüber

ALLIANZ-ARENA 8
Zur Fußball-WM 2006 erbaut, auch heute noch das schönste Schlauchboot der Stadt
Tipp: Besonders hübsch in knalligem Rot leuchtet das Stadion bei sämtlichen Heimspielen des FC Bayern

BMW-WELT/BMW-MUSEUM 9
Ein Muss für Autoliebhaber: das Erlebniszentrum und die Fahrzeugsammlung der Bayerischen Motorenwerke
Tipp: Von der Brücke am Mittleren Ring aus lassen sich „Kegel" und „Zylinder" perfekt kombiniert einfangen

OLYMPIATURM 10
Pflichttermin bei schönem Wetter. Oben angekommen, schaust du bis zu den Alpen und siehst, warum München den Beinamen „Millionendorf" trägt

BEST OF LOW BUDGET

FÜR DEN KLEINEN GELDBEUTEL

GÜNSTIGE MASS BIER

Der Nachtbiergarten im Backstage ist nicht nur was für nimmermüde Frischluftfans, sondern auch für durstige Sparfüchse. Die Maß Bier aus dem Hause König Ludwig gibt's draußen an der Tunnelbar für unschlagbare 5,80 Euro.

TANGO DRAUSSEN

Bei schönem Sommerwetter wird Freitagabend im Dianatempel in der Mitte des Hofgartens Tango getanzt. Da darf jeder mitmachen! Ähnlich locker, spontan angesetzt und gratis sind auch die Gutwetter-Tangoabende zwischen den Säulen der Antikensammlung am Königsplatz.

OHREN- UND AUGENSCHMAUS

Das Impark Sommerfestival beschert im Juli und August Gratiskonzerte auf der Bühne des Theatron mitten im Olympiapark. Zusätzliche Zuckerl: diverse Fahrgeschäfte und Buden sowie der Beachclub mit Seeblick und Bergpanorama.

THEATER IM GRÜNEN

Im Nordteil des Englischen Gartens befindet sich ein römisches Amphitheater auf Naturrasen – klingt pompös, ist jedoch eher unspektakulär. Umso sehenswerter sind die klassischen Stücke, die das Münchner Sommertheater hier aufführt – kostenlos und in geselliger Picknickatmosphäre.

TRAININGSKIEBITZE

Zwar ist es für Touristen nahezu unmöglich, Tickets für ein Bayernspiel in der Allianz-Arena zu bekommen. Doch die Roten lassen sich zum Glück ja auch immer wieder mal beim Training an der Säbener Straße auf die Füße schauen – ohne dass dein Geldbeutel leichter wird.

BEST OF
TYPISCH
DAS ERLEBST DU NUR HIER

SURFER MITTEN IN DER STADT
Dieses einmalige Spektakel solltest du dir nicht entgehen lassen: Selbst in Australien kennt man die Eisbachsurfer, die bei Tag und Nacht, Sommer und Winter die Welle abreiten. Ganz mutige Zuseher leihen sich ein Brett von den Profis und gehen sicher baden.

BAYERISCHES FRÜHSTÜCK
Darf's mal ein echt münchnerisches Frühstück sein? Dann setz dich zu Einheimischen an einen Tisch in der Gaststätte Großmarkthalle und lass dir Weißwürste mit Brezn, süßem Hausmachersenf und Weißbier schmecken. „An guad'n" (Bayerisch für „Guten Appetit")!

PIAZZALEBEN
Ihrem Ruf als Bewohner der „nördlichsten Stadt Italiens" machen die Münchner alle Ehre und bevölkern an lauen Sommerabenden die zentralen Plätze ihrer Wohnviertel zum Flanieren, Plauschen und Relaxen. Südländisch-lebhaft geht's vor allem auf und um den Gärtnerplatz zu.

BIERGARTENTRADITION
Wenn sich das Wetter freundlich zeigt, finden sich die Münchner schon zur Mittagspause im schattigen Biergarten ein. Ebenso bekannt wie beliebt: der Biergarten am Chinesischen Turm.

TEXTILFREI SONNENBADEN
Etwas verschämter als früher sind die Bewohner der Bayernmetropole schon, aber es gibt sie immer noch, die berühmten „Nackerten". So mancher Anbeter der Freikörperkultur genießt sein textilfreies Sonnenbad am Schwabinger Bach im Englischen Garten oder am Flaucher an der Isar.

DIE BESTEN INSIDER-TIPPS

PINKFARBENES UFO GELANDET
Toll sind die Führungen in der BMW-Welt, die Architektur, Technik und Geschichte des Traditionshauses erklären.

HOLLYWOOD IN MÜNCHEN
Aufregend wird die Welt an einem Tag in den Bavaria-Filmstudios: dann, wenn die Besucher mit Lissi auf eine wilde Kaiserfahrt im 4-D-Kino gehen oder im Visual-Effects-Studio selbst zum Filmstar mutieren.

RAUF AUF DIE SCHIFFSBRÜCKE!
Schiff ahoi – und „a Hoibe" dazu. Die Alte Utting krönt eine Brücke in Sendling und den Feierabend.

ROLL DIE KUGEL AN DER RESIDENZ
Nicht faul auf der Bank im Hofgarten sitzen, sondern Boule spielen!

FLIEGEN IM WINDKANAL
In der Jochen-Schweizer-Arena schwebst du wie ein Vogel über einer waagrechten Propellerdüse.

BEIM ESSEN EINE RUNDE DREHN ...
... und dabei von hoch oben den Sonnenuntergang sehn: geht im Drehrestaurant.

OLYMPIA & DIE ZELTDACHTOUR
Architektur zum Anfassen. Steig mutig mit Guide auf die Zeltdachkonstruktion und schwinge dich per Flying Fox übers Stadion.

PARTY IM SCHLACHTHAUSVIERTEL
Die Fernsehserie „Zur Freiheit" setzte dem Schlachthofviertel ein Denkmal. Im Wirtshaus Schlachthof wird noch immer viel gefeiert. Beliebt ist vor allem jeden 1. und 3. Montag im Monat die Ü-33-Party.

DAS SCHMECKT IN MÜNCHEN

Unsere Empfehlung heute

Vorspeisen

AUFGSCHMOLZENE BROTSUPPE
In Brühe eingeweichte, angeröstete Brotreste, mit Suppe aufgegossen

OBATZDA
Reifer Camembert, verrührt mit Butter, Zwiebeln, Gewürzen und etwas Bier

BAYERISCHER WURSTSALAT
Geschnittene Lyoner mit Zwiebeln, Schnittlauch und Salatdressing

Hauptgerichte

SCHWEINSBRATEN
Braten mit knuspriger Schwarte und Kartoffel- oder Semmelknödel

BÖFFLAMOTT
Eigentlich „Bœuf à la mode", vier Stunden lang geschmortes Ochsenfleisch

LEBERKÄS
Spezialität aus gepökeltem Rind- und Schweinefleisch, serviert mit Kartoffelsalat

Desserts

BAYERISCHE CREME
Fluffige Creme aus Eiern, Vanille und Schlagsahne, mit frischen Beeren garniert

DAMPFNUDELN
Im eigenen Dampf gebackene Teigknödel mit Vanillesauce

ZWETSCHGENDATSCHI
Blechkuchen mit geviertelten Zwetschgen und Mandel-Zimt-Streuseln

Getränke

SPEZI
Mischgetränk aus Cola und Orangenlimonade

RADLER
Mischgetränk aus Bier und Zitronenlimonade

SILVANER
Typischer Frankenwein mit fein ausgewogener Säure und zarter Blume

Treffpunkt Operndach

18

Lange Zeit war Oslo wie ein liebgewonnener alter Pulli: Er passte noch gut, auch wenn der Schnitt nicht mehr im Trend war. Mit dem Wunsch nach Neuerung entstanden in kürzester Zeit prestigeträchtige Gebäude, wie etwa das aufregende Opernhaus direkt am Wasser. Doch das Neue fügt sich harmonisch zum Alten. Und Oslos Plus liegt in der Nähe zur Natur: Zwischen Fjord und der Marka, dem bewaldeten Stadtrand, sind die Wege zu menschenleeren Plätzen und absoluter Stille kurz.

CHECK

- ✓ Stadt der Wikinger
- ✓ Der hohe Norden 2.0
- ✓ Fjordsicht garantiert
- ✓ Ultramoderne Bauten
- ✓ So urban wie ländlich

ENTDECKE OSLO

Der Oslofjord direkt vor der City ist gespickt mit kleinen Inseln wie Lindøya

Vor allem von der Seeseite aus präsentiert sich Oslo dem Besucher wie ein Gemälde: Berge, Wälder und Fjord bilden den natürlichen Rahmen, dazwischen pulsiert die ganze Dynamik der norwegischen Hauptstadt – Industrie und Freizeit, Kultur und Geschichte, Politik und Promenade.

IMAGEWANDEL DURCH NEUE PRESTIGEBAUTEN

Oslos Skyline befindet sich im ständigen Wandel, und noch ist der Prozess nicht abgeschlossen. Zu dem im Sonnenlicht funkelnden Opernhaus ist das Neue Munchmuseum ebenso hinzugekommen wie das neue Nasjonalmuseum, das sich in unmittelbarer Nachbarschaft zu den viereckigen Türmen des ziegelroten Rathauses befindet. Zwischen der Flaniermeile Aker Brygge und Tjuvholmen setzt das Dach des Astrup-Fearnley-Museums als neue Landmarke aus Holz und Glas seine Segel. Ein großer Teil des norwegischen Kulturhaushalts von gut 1,2 Mrd. Euro fließt in die Hauptstadt, die Stadt selbst gibt jedes Jahr rund 65 Mio. Euro für die Förderung von Theater und Musik, Literatur und Kunst aus – im Schnitt also mehr als 100 Euro je Einwohner! Jedes Jahr finden in Oslo rund 6000 Konzerte statt, und es ist für jeden Geschmack immer genug dabei.

NATÜRLICH URBAN

454 km² groß ist Oslo oder „Uschlu", wie die Einheimischen sagen, und nimmt damit halb so viel Platz ein wie Berlin – viel Fläche für die gut 650 000 Einwohner. Die Hälfte der Fläche bedeckt Wald, es gibt mehr als 300 Seen. Das ist den Osloern sehr wichtig, denn *friluftsliv,* also

Aktivitäten in der freien Natur, gehören zu ihrem Selbstverständnis. Fragt man sie, was ihnen selbst an ihrer Stadt gefällt, nennen sie den Waldgürtel um die Stadt. Die Bahnfahrt auf 500 m Höhe, zum Holmenkollen, zu den Haltestellen Voksenkollen (wo es auch einen Skiverleih gibt) oder nach Frognerseter hinauf, dann die Wanderung zu Fuß oder auf Skiern in die Wälder hinein, ist für Osloer ein ganz normaler Sonntagsausflug und aktiven Besuchern unbedingt zu empfehlen. Wundere dich also nicht, wenn du im Straßencafé mitten in der Stadt Leute in Ski- oder Wanderklamotten triffst, die ihren Tagesrucksack abgestellt haben und mit einem kühlen Bier die Rückkehr in die Urbanität feiern.

MARITIMES FLAIR

In den Sommermonaten lockt auch der Fjord mit seinen unzähligen Buchten die Osloer hinaus. Dicht an dicht treiben und tuckern Segel- und Motorboote bis nahe an die Innenstadtanleger. Dort wimmelt es von Bierzapfstellen und Sonnenanbetern, die mit dunkler Brille auf der Nase und Sonnenschutzfaktor 50 auf dem nackten Bauch Richtung Fjord blicken. Fernblick gehört in Oslo offenbar zum guten Leben. Auch deshalb kosten Häuser mit Hanglage das Dreifache. Für Touristen, die zum Sonnenbaden auf Inseln und Schären übersetzen möchten, gibt es Ausflugsschiffe genug. Eingeweihte wissen, dass die Fjordfahrt im Winter ein weiteres Plus bereithält: Wenn sich frostgetränktes Halblicht über die von Schnee gerahmte Hauptstadt legt, ist Oslo vom Wasser aus besehen ein mystischer Ort.

NORDISCHE LÄSSIGKEIT

Oslo ist Norwegens einzige Großstadt, dennoch ist von Hektik nichts zu spüren. Verkehr gibt es zwar auch hier reichlich, Läden und Straßenmusiker sorgen für Beschallung, ein paar Skater schlängeln sich an Passanten vorbei. Vor Restaurants und Cafés stehen ein paar Tische, die bei jedem Wetter dank Heizlampen und Wolldecken gut besetzt sind. Alles wirkt gemächlich und zurückhaltend. Diese Attitüde prägt auch das Hauptstadtleben. Die Architektur unterstreicht dies, überall sind die Häuserschluchten aufgebrochen: Die vielen Parks und Plätze der Stadt sind dazu da, zu bummeln oder sich auf eine Bank zu setzen, um dem Treiben entspannt zuzusehen. Und es ist sicher kein Zufall, dass der Mittelpunkt Oslos nicht der Hauptbahnhof ist oder das Schloss, sondern die Grünanlage Studenterlunden zwischen Parlament und Nationaltheater. Der einstige Campus, ein rechteckiger Park mit lauter Bänken, ist Oslos Treffpunkt schlechthin.

MARCO POLO TOP-HIGHLIGHTS

AKERSHUS FESTNING OG SLOTT ★ 1

Die mächtige Festung über dem Fjord hat viele Angriffe und Oslos wechsel volle Geschichte gut überstanden

📷 *Tipp: Oben vom Befestigungswall bekommst du den schönsten Blick auf die Innenstadt. Vorsicht: Das Gelände ist nicht abgesichert!*

AKER BRYGGE ★ 2

Früher Werftgebiet, heute Oslos wichtigste Kneipenmeile und beliebter Treff für Einheimische wie Touristen

ASTRUP FEARNLEY MUSEET ★ 3

Architektur von Welt umgibt hervorragende Gegenwartskunst

NYE NASJONALMUSEET ★ 4

Im nagelneuen Prachtbau, der viel mehr als nur Norwegens größte Gemäldesammlung beherbergt, kannst du ganze Nachmittage verbringen

VIGELANDSPARKEN ★ 5

Der Skulpturenpark des norwegischen Bildhauers ist die Attraktion Nummer eins in der Hauptstadt

📷 *Tipp: Die Osloer lieben es, die ein oder andere Figur für ein Shooting nachzustellen. Sehr beliebt ist der wütende Junge (Sinataggen) auf der Brücke*

DET NYE MUNCHMUSEET ★ 6

Der Meister des Expressionismus vermachte Oslo sein Werk, das nun ein spektakuläres neues Zuhause mit Fjordblick bekommen hat

📷 *Tipp: Fahr mit der Rolltreppe ganz nach oben und gönn deiner Linse den Blick auf das neue Viertel Bjørvika und die Hochhäuser vom Barcode*

OPERAHUSET 7
Wie ein Eisberg liegt Norwegens Prachtbau aus Glas und weißem Marmor am Hauptstadtfjord

HENIE-ONSTAD-KUNSTSENTER 8
In der Galerie mit Blick aufs Wasser fand die moderne Kunstsammlung des Eiskunstlaufstars ein angemessenes Ambiente

HOLMENKOLLEN 9
Nicht nur Skispringer freuen sich über die neue Schanze. Auch Besuchern beschert der „Suppenlöffel" reichlich Nervenkitzel
Tipp: Die beste Aussicht hast du vom Fuß des Sprungturms aus

VIKINGSKIPSHUSET 10
Wie sahen ihre Schiffe aus? Und welche Waffen trugen die Wikinger? Antworten gibt es hier

BEST OF LOW BUDGET

FÜR DEN KLEINEN GELDBEUTEL

OUTDOOR-KUNST XXL
Keine Vorstellung von „monumental“? Da hilft ein Besuch der Kunstwerke im kostenlos zugänglichen Vigelandsparken. Die 212 aus Bronze, Granit und Schmiedeeisen geschaffenen Skulpturen des Bildhauers Gustav Vigeland sind einfach riesig!

MIT DEM BIKE UNTERWEGS
Für nur 49 NOK pro Tag eroberst du dir mit dem Oslo Bysykkel die ganze Stadt – auf dem Fahrrad. Ideal für Individualisten, die in ihrem eigenen Tempo kreuz und quer die Sehenswürdigkeiten abklappern möchten. Einfach App herunterladen und losstrampeln.

VON WAND ZU WAND
Dass der Stadtteil Tøyen zur größten Outdoor-Galerie für Straßenkunst in Skandinavien zählst, wissen nur Kenner und Liebhaber von Graffitikunst. Überall in der Stadt haben sich nationale und internationale Künstler verewigt. Die besten Werke findest du auf einer Gratistour, die dich von Tøyen entlang der Akerselva bis nach Grünerløkka führt.

INNEHALTEN, LAUSCHEN
Im Uhrenturm des Osloer Rathauses bilden 49 Glocken Nordeuropas größtes Glockenspiel. Von Grieg bis zur zeitgenössischen norwegischen Musik ist von Juni bis August ab 7 Uhr bis Mitternacht zu jeder vollen Stunde ein Miniglockenkonzert zu hören.

BADESPASS AM FJORD
An heißen Sommertagen ein Must, ansonsten Mutprobe fürs Fotoalbum: Baden im Oslofjord kostet nichts, außer bei 17 Grad Wassertemperatur etwas Überwindung. Badeplätze gibt's überall an der Küste, ein neuer Platz ist in Sørenga, hinter der Oper.

BEST OF

TYPISCH

DAS ERLEBST DU NUR HIER

AUF DIE SCHANZE

Elegant ragt die Holmenkollen-Schanze über den Hang hinaus – Mittelpunkt des prachtvollen Skistadions. Der ultraschnelle Fahrstuhl bringt dich fast so schnell auf den Turm mit der tollen Aussicht hinauf wie die Schanze die Skifahrer hinunter. Adrenalinschub gefällig? Per Ziplining geht's vom höchsten Punkt an einem Drahtseil 361 m hinab.

NORWEGISCHE GOURMETTRADITIONEN

Im Olympen Mat & Vinhus finden außer dem großen Stammpublikum auch neugierige und hungrige Besucher Platz, werden mit exzellentem Norwegischen wie Rentierfleisch und Heringshappen verwöhnt.

LESEN UND GELESEN WERDEN

Neben den Isländern sind die Norweger das literaturhungrigste Volk der Welt, und Oslo ist stolz darauf, ein richtiges Literaturhaus zu haben. Hier gibt's Dichterlesungen, Kulturdebatten und ein feines Szene-Café, in dem viele mittlerweile vor dem Tablet sitzen.

MITTSOMMERNACHT IM PARK

Mitten in der Stadt kannst du im Frognerpark die weiße Nacht ausgiebig und mit lauter Osloern bei Gläserklirren und Gitarrenklängen feiern. Um den Monolithen, Mittelpunkt der Vigeland-Skulpturenlandschaft, drängen sich Schaulustige, die das farbige Resttageslicht und zu früher Stunde den Sonnenaufgang sehen wollen.

HERR NILSEN MACHT MUSIK

Oslo ist Jazzhochburg und die Jazzkneipe Herr Nilsen so etwas wie ihr Herz. Hier erlebst du fast jeden Abend traditionellen Jazz – live und auf hohem Niveau. In den Pausen gibt's Bier, Ausblicke und reichlich Fachsimpeleien.

DIE BESTEN INSIDER-TIPPS

WECHSEL DER KÖNIGSWÄCHTER

Auf dem Platz vorm Königlichen Schloss kannst du täglich um 13.30 Uhr die Wachablösung verfolgen. Während normale Angestellte sich lässig in die Mittagspause verabschieden, wechseln des Königs Leibwächter nach strengen militärischen Regeln den Dienst.

AM FJORD ABHÄNGEN

Sobald die Temperaturen ein Sonnenbad erlauben, zieht es die Menschen ins Sørenga sjøbad. Aber in die frischen Fluten zu springen, das trauen sich nur wenige.

DIE „WALKING WOMEN" BEGLEITEN

Die Kunstobjekte im Ekebergparken machen den Waldspaziergang zu einem inspirierenden Erlebnis in künstlerischer Gesellschaft.

FANGFRISCHES FÜR FRÜHE VÖGEL

Im Morgengrauen kommen die Fischerboote zum Hafen hinter dem Rathaus und bringen frischen Fisch und Krabben direkt aus dem Oslofjord mit.

BAUERN BEI DER ARBEIT

Im Folkemuseum auf Bygdøy beleben Statisten die ländliche Szenerie.

ZITATE AUF DER STRASSE

Zwischen Ibsenmuseum und Grand Hotel liegen die Zitate des norwegischen Dramatikers Henrik Ibsen sprichwörtlich auf der Straße und müssen nur aufgelesen werden.

LECKERES LOKALES PROBIEREN

Fisch, Käse, Biobrote – in den Mathallen stapeln sich die Köstlichkeiten. vor allem aus Norwegen.

Unsere Empfehlung heute

Vorspeisen

REKER
Garnelen, serviert mit Weißbrot, Mayonnaise, Zitrone und Weißwein

SPEKEMAT
kalte Platte mit gepökeltem Schweinefleisch, Lammfleisch *(fenalår)* und Würsten

BLÅSKJELL
Miesmuscheln, serviert im Weißweinsud, dazu Baguette

Hauptgerichte

ELGSTEAK
Elchbraten, mit Gemüse und gratinierten Kartoffeln serviert

FINNBIFF
fein geschnittenes Rentierfleisch mit Sauerrahmsauce und braunem Ziegenkäse

KOKT TORSK
pochierter Kabeljau, dazu Kartoffeln und Karotten

FISKESUPPE
cremige Fischsuppe mit Lachs, Muscheln und Gemüse

LAPSKAUS
Eintopf mit Rindfleisch, Roter Bete und Kartoffeln

Desserts

TILSLØRTE BONDEPIKER
„verschleierte Bauernmädchen" – ein Dessert aus gerösteten Brotkrumen, Apfelmus und Schlagsahne

MOLTEKREM
Moltebeeren mit Schlagsahne verrührt

RØMMEGRØT
Brei aus Sauerrahm und Milch

Getränke

ØL
nach dem Reinheitsgebot gebrautes norwegisches Bier. Die leichteren Sommervarianten heißen *sommerøl* oder *skjærgårdsøl*

VØRTERØL
alkoholfreies ungegärtes Getränk aus Wasser, Malz und Hopfen

LINJE AKEVITT
aus Kartoffeln gebrannter Aquavit, der zur Reife im Eichenfass zweimal per Schiff den Äquator überquert. Als Aperitif oder Digestif

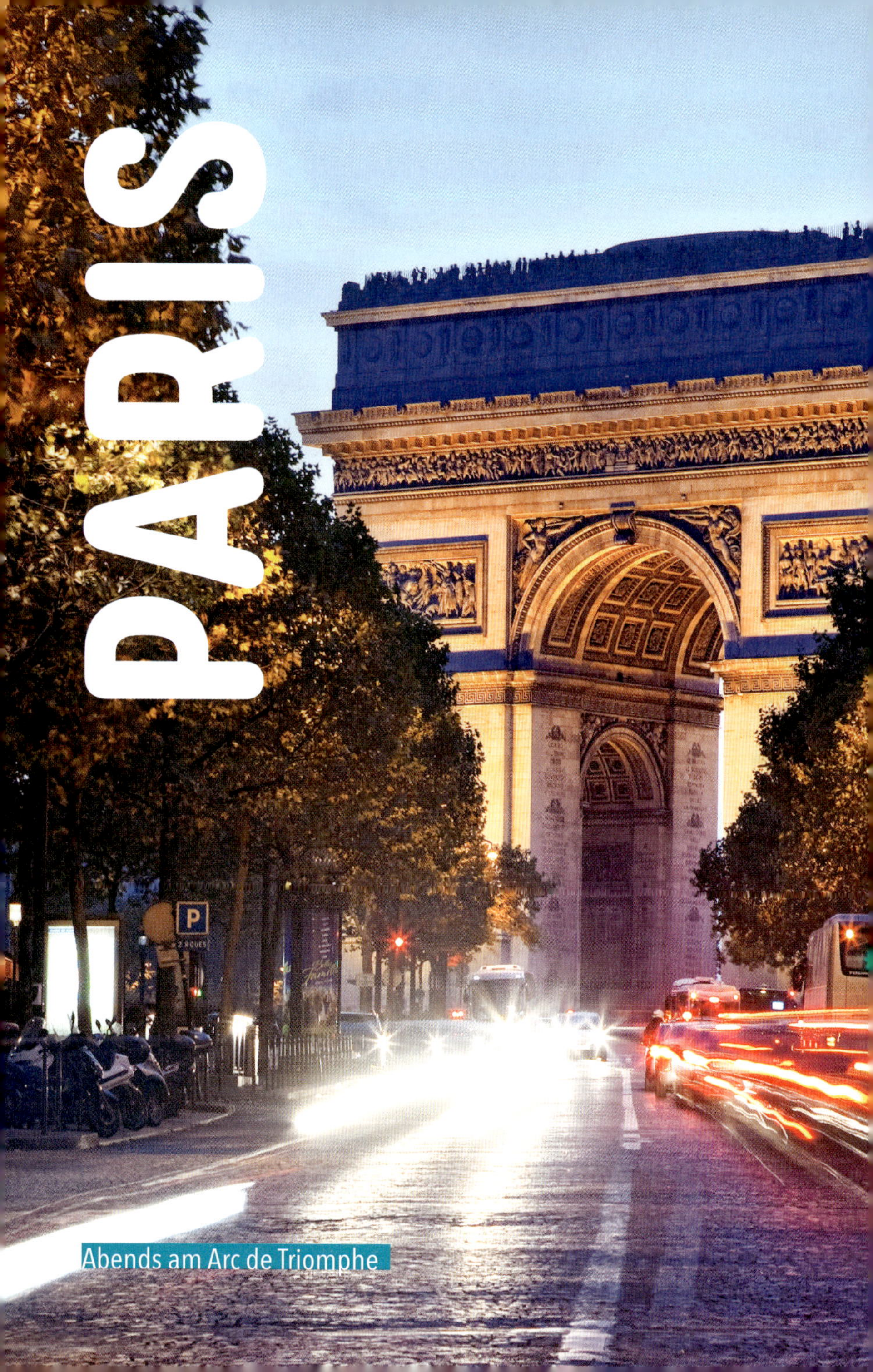

Abends am Arc de Triomphe

19

Ob du vor allem die großen Sehenswürdigkeiten abhaken willst, Ausschau nach den schönsten Plätzen und den teuersten Läden hältst, in verwinkelten Gassen Alt-Pariser Charme suchst, durch angesagte Szeneviertel flanieren möchtest oder lieber Ecken fernab der ausgetretenen Pfade entdeckst – was du aus deinem Paris-Aufenthalt machst, liegt ganz bei dir. Doch damit deine Stadterkundung nicht zur Stresstour wird, solltest du Pausen einplanen. Perfekt zum Luftholen: Parks, Grünanlagen und die vielen Cafés.

CHECK

- ✓ Prachtboulevards
- ✓ Metró-Jugendstil
- ✓ Spitzenköche en masse
- ✓ Haute-Couture & Parfum
- ✓ Vor den Toren: Versailles

ENTDECKE PARIS

Beinahe dörfliche Atmosphäre: Straßencafés und Bildermaler an der Place du Tertre

Paris war schon immer eine Metropole der Superlative, schneller, schöner, größer, glänzender als andere. Es genügt schon, den abendlich erleuchteten, 2,5 km langen Prachtboulevard Champs-Élysées entlangzuschlendern oder in dem quirligen Studenten- und Vergnügungsviertel Saint-Germain-des-Prés von einem Straßencafé aus das bunte Treiben zu beobachten, um vom Virus dieser Stadt angesteckt zu werden.

AUS DER VOGELPERSPEKTIVE

Einen ersten Überblick kannst du dir beispielsweise von der Aussichtsplattform in der sechsten Etage des Centre Georges Pompidou verschaffen. Die Stadt liegt wie ein offenes Geschichtsbuch unter dir. Zu deinen Füßen treibt das knallige Mobile des Strawinsky-Brunnens ein Wasserspiel an. Weiter oben rücken die Türme der berühmten Kathedrale Notre-Dame in dein Blickfeld. Sie steht auf der Île de la Cité, der eigentlichen Keimzelle der Stadt, auf der sich im 3. Jh. v. Chr. die Parisii ansiedelten. Ein bisschen weiter vorne sind die trutzigen Türme des ehemaligen Gefängnisses Conciergerie zu erkennen. Noch weiter vorn, leicht rechts, erstreckt sich der riesige Komplex des Louvre, des einstigen Königsschlosses, das heute das größte Museum der Welt beherbergt. Rechts hinten funkelt die goldene Kuppel des Invalidendoms, in dem Napoleon seine letzte Ruhestätte gefunden hat. Nicht weit davon entfernt ragt das Symbol der Stadt, der Eiffelturm, in die Höhe. Ganz rechts endlich, weit im Westen, erheben sich die Wolkenkratzer von La Défense, der größten Bürostadt Europas. Schau noch weiter nach rechts, nach Norden – dort krönt die weiß blendende Kirche Sacré-Cœur den höchsten Punkt des einstigen Künstlerhügels Montmartre.

EINST KÜNSTLERMETROPOLE

Seit vielen Jahrhunderten ist Paris lebendiger politischer, wirtschaftlicher und kultureller Mittelpunkt Frankreichs. Zumeist Sitz des Königs und der Regierung, war die Stadt mit ihren zahlreichen Hochschulen seit dem Mittelalter ein geistiges Zentrum Europas, Schaffensstätte unzähliger Künstler, Schriftsteller und Architekten. Es ist kein Zufall, dass wichtige Strömungen der Malerei wie Impressionismus oder Kubismus gerade hier ihren Anfang nahmen. Maler wie Auguste Renoir, Vincent van Gogh und Pablo Picasso, Schriftsteller wie Heinrich Heine, Voltaire, Victor Hugo, Honoré de Balzac, Charles Baudelaire, Marcel Proust, Ernest Hemingway und Jean-Paul Sartre lebten und arbeiteten hier. Die Künstler trafen sich in heute berühmten Cafés und Brasserien links der Seine, *rive gauche.* Dort, rund um die Universität Sorbonne, liegt seit jeher das geistige Zentrum der Stadt.

Paris gilt aber auch als Schauplatz vieler Revolutionen. Die große von 1789 wurde mit ihrer Losung „Freiheit, Gleichheit, Brüderlichkeit" sogar zum Symbol des Kampfes gegen die Unterdrückung, obwohl die erkämpften Rechte vor allem dem Bürgertum, nicht aber den unteren Volksschichten zugutekamen. Die Französische Revolution wurde dennoch zum Fanal für die Freiheitsbewegungen vieler Länder. Streiks und Demonstrationen gibt es in Paris noch heute häufig, und auch wenn sie keine weltgeschichtlichen Auswirkungen mehr haben, so fürchtet sich doch jede französische Regierung vor der Mobilisierung der Straße.

VON SCHICKIMICKI BIS DÖRFLICH

Was macht nun eigentlich das besondere Flair aus? Für die einen sind es die großen Boulevards, auf denen sich wunderbar flanieren lässt. Andere bummeln durch die Rue du Faubourg Saint-Honoré mit ihren Luxusboutiquen oder kaufen in weltberühmten Kaufhäusern wie den Galeries Lafayette oder Printemps ein, die sich mit ungewöhnlichen Dekorationen inszenieren. Wieder andere erkunden die schier unglaubliche Vielzahl der Museen von Weltruf, schlendern an der Seine entlang, sitzen in einem Straßencafé oder in einem der vielen Parks, picknicken am Canal Saint-Martin oder lassen sich einfach treiben. Auch das alte, das kleinstädtische, oft dörfliche, ungeschminkte Paris gibt es noch immer. Hübsche Gassen, windschiefe, niedrige Häuser mit kleinen Cafés oder gemütlichen Restaurants, Geschäfte mit ihren bunten Auslagen, vor denen geplauscht wird, die Hektik, wenn frische Ware angeliefert wird, oder die faszinierenden Märkte mit ihren bunten Lebensmittelauslagen.

MARCO POLO TOP-HIGHLIGHTS

EIFFELTURM (TOUR EIFFEL) 1
Erst wenn du das Wahrzeichen der Stadt gesehen hat, bist du wirklich in Paris angekommen
Tipp: Die stählerne Dame lichtest du am besten vom Trocadéro auf der anderen Seine-Seite ab

ARC DE TRIOMPHE 2
Vom zweiten Wahrzeichen der Stadt aus kannst du die Champs-Élysées und gleich elf weitere Avenuen überblicken
Tipp: Bevor es wieder runtergeht, fotografiere von der Wendeltreppe den Blick nach unten

MUSÉE DU LOUVRE 3
Im weitläufigsten Museum der Welt kannst du Wochen mit Schauen und Staunen verbringen
Tipp: Sehr fotogen ist nicht nur die Glaspyramide draußen, sondern auch die umgedrehte Pyramide im Carrousel du Louvre

MUSÉE D'ORSAY 4
Beeindruckende Werke der Impressionisten in einem glanzvollen Belle-Époque-Bahnhof
Tipp: Lichte Paris ab durch die beiden riesigen Uhren, die den Blick nach draußen freigeben

PLACE DES VOSGES 5
Der bezaubernde alte Königsplatz liegt mitten im lebendigen Marais-Viertel

ÎLE DE LA CITÉ 6
Die Seine-Insel mit ihren schicken Läden und Cafés verführt – wie die benachbarte Île Saint-Louis – zum Bummeln

JARDIN DU LUXEMBOURG 7

Der viel besungene Park im Herzen der Stadt lädt zum Entspannen während eines Spaziergangs ein

NOTRE-DAME 8

Die weltberühmte Kathedrale wurde bei einem Brand 2019 schwer beschädigt. Bis 2024 soll sie nach dem Willen von Präsident Emmanuel Macron wieder in altem Glanz erstrahlen

MONTMARTRE 9

Die Metropole wird gekrönt von der blendend weißen Basilika Sacré-Cœur, die auf dem Hügel der Künstler steht

Tipp: Einen super Blick auf Hügel und Basilika hast du vom Centre Pompidou im Stadtzentrum

VERSAILLES 10

Ein Besuch beim Sonnenkönig ist ein Muss. Das riesige Schloss – nur eine halbe Stunde von Paris – ist von einem herrlichen Park umgeben, in dem du picknicken, Rad fahren und rudern kannst

SKATERS PARADISE

Hey, warum nicht Paris auf Inlinern entdecken? Zu viel Verkehr? Kein Problem: Jeden Freitagabend haben Inlineskater in Paris Vorfahrt, und das auf einer Strecke von 30 km. Los geht's um 22 Uhr am Bahnhof Montparnasse.

STREETART

Kunst gibt es kostenlos in Belleville, wo viele Immigranten, aber auch Künstler und junge Familien leben, da der Wohnraum noch bezahlbar ist: Die Rue Denoyez ist *der* Spot für Graffiti- und Streetart-Künstler, die Farbe in das Grau des Viertels bringen.

BÄRENHUNGER, ABER KNAPP BEI KASSE?

Kein Grund zur Verzweiflung! Thomas und Romain verraten auf ihrer Internetseite Pariser Restaurants, in denen du so um die 10 Euro für ein Menü bezahlst. Aufgenommen werden nur Restaurants, in denen man für sein Geld hausgemachte Gerichte mit frischen, regionalen Zutaten bekommt. *lespetitestables.com*

JUNG SEIN LOHNT SICH

Das kulturelle Angebot ist für junge Leute oft kostenlos. Warum Geld in Theaterkarten stecken, wenn du Vorstellungen, wie z. B. in der Comédie Française, an bestimmten Tagen gratis besuchen kannst?

GUTE KUNST MUSS NICHT TEUER SEIN

Auch Paris will seine Kunst für jederman zugänglich machen: In einigen Museen zahlt man keinen Eintritt. Sehr empfehlenswert ist die Dauerausstellung des Museums für Moderne Kunst – Musée d'Art Moderne de La Ville de Paris.

BEST OF

TYPISCH

DAS ERLEBST DU NUR HIER

MUSEUM HOCH DREI
Neben dem Louvre, einem Museum der Superlative, weist das Centre Pompidou die größte Sammlung moderner Kunst in Europa auf. Das Museum, das Paris am meisten widerspiegelt, ist aber das Musée d'Orsay mit seinen französischen Impressionisten.

GOURMET-MEKKA
Nirgendwo auf der Welt glänzen so viele Sterne und Hauben über Köchen und Küchen wie in Paris. Und doch sind Brasserien wie das Bofinger das gastronomische Herz der Stadt.

PASSAGEN-NOSTALGIE
Paris definiert sich aus dem Glanz der Vergangenheit. Edle überdachte Einkaufsgalerien wie die Galerie Vivienne sind schon Ende des 18. Jh. entstanden und bis heute prägender Bestandteil der City.

LUXUS PUR
Paris ist für viele der Inbegriff von Luxus und steht deshalb für Mode, Champagner und Parfum. Ein Konzentrat davon findest du im „Triangle d'Or", im goldenen Dreieck um die Rue du Faubourg Saint-Honoré.

METRÓ-LAMPEN IN BLÜTENFORM
Die schmiedeeisernen Eingänge des Jugendstilkünstlers Hector Guimard sind aus dem Stadtbild nicht wegzudenken. Besonders schön ist der arabesk verschnörkelte *bouche du métro* (Mund der Métro) der Station Porte Dauphine.

AB IN DEN UNTERGRUND
Die „Unterwelt" in Paris ist umfangreich. Nicht nur für Métro und Kanalisation wurden dort Wege gebahnt, sondern auch für die Katakomben, ein über 300 km langes Gängesystem für die Toten.

DIE BESTEN INSIDER-TIPPS

EINE PAUSE AUF DER PLACE DES VOSGES

Die Place des Vosges ist einer der schönsten begrünten Plätze von Paris. Das wusste schon Victor Hugo, dessen Wohnhaus hier zu besichtigen ist.

EINMAL IM TOR VON PARIS SAINT GERMAIN STEHEN

Im Virtual-Reality-Bereich des Parc des Princes kannst du ein Spiel des PSG aus Sicht des Torwarts erleben.

AUF DIE PLÄTZE, FERTIG, SHOPPEN!

Auf dem weltgrößten Flohmarkt in Saint-Ouen findest du alles und noch viel mehr.

EIN BAU WIE EINE GLASWOLKE

Schon die Architektur ist ein avantgardistisches Kunstwerk: Fondation Louis Vuitton.

DAS BESTE CROISSANT DER WELT

Das gibt's in der Bäckerei Du Pain et des Idées neben dem Canal Saint-Martin.

CHANSONS SCHMETTERN

Im Restaurant Le Vieux Belleville im Quartier Belleville bekommst du ein Textblatt in die Hand gedrückt, und los geht's: Padam, padam, padam …!

CAIPIRINHA IM PARADIES TRINKEN

Bei gutem Wetter gibt es keinen besseren Spot als die Terrasse des hippen Jesusparadis, um in den Abend zu starten.

WAS FÜR EIN ZIRKUS!

Das über 150 Jahre alte Zirkusgebäude des Cirque d'Hiver gilt als einer der schönsten der Welt. Im Winterhalbjahr zeigt Familie Bouglione hier besten Traditionszirkus.

DAS SCHMECKT IN PARIS

Unsere Empfehlung heute

Entréés

SOUPE À L'OIGNON GRATINÉE
Zwiebelsuppe, mit Käse überbacken

BOUILLABAISSE
Fischtopf aus Mittelmeerfischen

ESCARGOTS À LA BOURGUIGNONNE
In ihren Häusern gekochte Weinbergschnecken mit Knoblauchbutter

Viandes

BŒUF BOURGUIGNON
Rinderschmorbraten in Burgundersauce

COQ AU VIN
Huhn in Wein, meist Rotwein, aber auch Riesling

NOISETTES D'AGNEAU
Kleine Lammkoteletts, in Butter gebraten

CÔTES DE PORC AUX HERBES
Schweinekoteletts in Kräutersauce

Poissons

PLATEAU DE FRUITS DE MER
Meeresfrüchteplatte, z. B. mit *crevettes* (Garnelen), *crabe* (Taschenkrebs), *moules* (Muscheln), *huîtres* (Austern) – oft roh serviert

MOULES MARINIÈRES
In Weißwein und Knoblauch gedünstete Muscheln

BROCHETTES DE COQUILLES SAINT JACQUES
Spieße mit Jakobsmuscheln

AIL DE RAIE AU BEURRE
Rochenflügel, in Butter gebraten

Desserts

TARTE TATIN
Gestürzter, karamellisierter Apfelkuchen

CRÈME BRÛLÉE
Warmes Dessert aus Eigelb, Zucker, Rahm, Milch und Vanille

PROFITEROLES
Kleine Windbeutel mit Vanilleeis und Schokosauce

Boissons

GRENADINE
Stilles Wasser mit Grenadinesirup

DIABOLO MENTHE
Limonade mit Pfefferminzsirup

KIR
Weißwein mit Crème de Cassis oder einem anderen Fruchtlikör

PORTO

An der Ribeira-Promenade

20

Porto ist pure Poesie, eine Stadt aus Granit und blauen Fliesenwänden, voller Romantik und atem–beraubenden Aussichten an den steilen Felshängen des Douro-Ufers. Dem Fluss Douro und dem Atlantik verdankt die Stadt praktisch alles, was sie hat: von ihrem Namen (Hafen!) über ihr besonderes Flair bis hin zu ihrem wirtschaftlichen Aufstieg. Denn über den Douro transportierte man einst den Wein, der dann in den Kellereien von Vila Nova de Gaia in kostbaren Portwein verwandelt wurde.

CHECK

- ✓ Stadtleben am Wasser
- ✓ Goldglänzende Kirchen
- ✓ 2 x Eisenbahn auf Brücke
- ✓ Open-Air-Festivals
- ✓ Bacalhau & Sardinhas

ENTDECKE PORTO

Super Idee: Das Dach der Praça de Lisboa wurde in eine aussichtsreiche Grünfläche umgewandelt

Ja, die gibt es auch, die ungemütlichen Tage – der Norden Portugals ist eben doch um einiges feuchter und frischer als der sonnigere Süden. Doch selbst in den Wintermonaten erwischt man häufig blauen Himmel und Sonnenschein. Dann ist Porto ein Traum – und in den wesentlich trockeneren Sommermonaten sowieso. Die Douro-Metropole gibt sich bunt und charmant und bietet ein umwerfendes Kulturprogramm mit Konzerten, Festivals und Volksfesten, an denen sich die Einheimischen ebenso erfreuen wie die Besucher.

STADT AM FLUSS UND AM MEER

Selbst wer nur wenig Zeit hat, bekommt schnell einen schönen Eindruck von der Stadt: zum Beispiel bei einer Bootsfahrt über den Douro, bei der man schon die Bilderbuchkulisse mit den bunten Ribeira-Häusern auf der einen und die vielen Portweinkellereien auf der anderen Seite bewundern kann. Sogar einen Blick auf den Atlantik kannst du dabei erhaschen, schließlich liegt Porto (im Gegensatz zu Lissabon!) nicht nur am Fluss, sondern auch am Meer – inklusive schöner Sandstrände!

ARBEITSAMES PORTO

Wenn du ein paar Tage bleibst, hast du vielleicht auch mal Zeit, etwas hinter die Fotomotivfassaden zu schauen. Was bewegt die Portuenser (außer dem Tabellenplatz des FC Porto), was macht die Stadt außerhalb der UNESCO-geschützten Altstadt aus? Es gibt eine Redensart, die die wichtigsten Städte Portugals charakterisiert: *Braga reza, Coimbra estuda, Porto trabalha e*

Lisboa diverte-se (Braga betet, Coimbra studiert, Porto arbeitet und Lissabon vergnügt sich). Es bedient natürlich vor allem Klischees, enthält aber ein Fünkchen Wahrheit: Porto ist bis heute die Stadt der Malocher, im Großraum gibt es viele mittelständische Betriebe, der Hafen von Leixões ist der wichtigste des Landes. Manche sagen, Lissabon – und damit also vor allem die Politik – gibt das Geld aus, das in Porto verdient wird. Das war schon zu Zeiten der Monarchie so: Der regierende Adel in der Hauptstadt lebte in Saus und Braus, während in Porto das Bürgertum das Sagen hatte, vor allem in Form von geschäftigen Portweinhändlern. Das pompöseste Gebäude Portos ist deshalb kein Königsschloss (so was gibts hier nicht), sondern der Börsenpalast, bis heute Sitz der Handelskammer.

DER TOURISMUSBOOM

Wenngleich die Blattgoldverzierungen und Azulejofassaden vieler Kirchen um die Wette strahlen – auch in Porto ist natürlich nicht alles Gold, was glänzt. Vor allem der wachsende Tourismus bringt auch Nebenwirkungen mit sich, die so manchen Portuenser auf die Palme bringen. Damit sind nicht nur die Menschentrauben gemeint, die sich durch die Gassen des Kathedralenviertels und der Ribeira schieben oder für das ultimative Instagram-Foto stundenlang an der Livraria Lello anstehen. Von diesen Hotspots halten sich die Portuenser nun eben fern. Doch was viele nervt: Um Ferienapartments zu schaffen, müssen Zentrumsbewohner ihre Wohnungen verlassen. Junge Familien finden einfach keinen Wohnraum mehr, manche Viertel drohen durch die touristische Gentrifizierung ihr Gesicht zu verlieren.

EINFACH GENIESSEN

Doch diese Probleme sind vergessen, wenn auf dem Tisch ein süffiger Portwein steht, eine in würziger Sauce schwimmende *francesinha* verspeist werden will – spätestens dann ist Porto wahrlich ein Genuss. Das Schöne ist: Die Portuenser sind Meister im Genießen. Klassikliebhaber werden immer wieder aufs Neue entzückt von den Klangerlebnissen in der Casa da Música und Rockfans von den erstklassigen Line-ups der sommerlichen Open-Air-Festivals. Viele Einheimische flanieren am Wochenende am Douro- oder Atlantikufer oder besuchen die gratis zugänglichen städtischen Museen oder eine der vielen grünen Oasen. Gesell dich zu ihnen, setz dich mit den Studenten und Angestellten zum Sonnenuntergang auf den romantischen Passeio das Virtudes und schau verliebt auf den goldenen Douro!

MARCO POLO TOP-HIGHLIGHTS

PONTE DOM LUÍS I ★1

Die doppelstöckige Eisenbrücke von 1886 ist das wohl berühmteste Postkartenmotiv Portos

TORRE DOS CLÉRIGOS ★2

Ein erster Überblick? Steig auf den Turm der gleichnamigen Kirche und schau dir die ganze Stadt von oben an!

📷 *Tipp: Panoramafunktion an und einmal rundrum fotografieren – so hast du ganz Porto im Kasten*

RIBEIRA ★3

Romantik pur an der Uferfront mit all den bunten Häusern und den kleinen Lokalen. Dahinter verbirgt sich ein mittelalterliches Gassenviertel

SÉ DO PORTO ★4

Portos Kathedrale erzählt 900 Jahre Kirchengeschichte: von der Romanik über Gotik und Barock bis in die heutige Zeit

MERCADO DO BOLHÃO ★5

Die Traditionsmarkthalle erstrahlt nach langer Renovierung in neuem Glanz

📷 *Tipp: Die imposantesten Fische und das knackigste Obst fotografierst du morgens um 8, wenn das Markttreiben beginnt*

PARQUE DE SERRALVES 7

Eine spannende Kulturwelt mit großartiger Architektur und reichlich zeitgenössischer Kunst

📷 *Tipp: Nimm dir Zeit für den herrlichen Park – hier findest du zwischen den Bäumen immer wieder fotogene Kunstmotive!*

PALÁCIO DA BOLSA 8

Ein Hauch von Alhambra weht durch den üppigen Börsenpalast – die Mitglieder der Handelskammer waren im 19. Jh. schön spendabel

ESTAÇÃO DE SÃO BENTO 9

So eine Bahnhofshalle sieht man nicht alle Tage: 20 000 Fliesen erzählen blau-weiße und bunte Geschichten, während die Züge in den Fels verschwinden

JARDINS DO PALÁCIO DE CRISTAL 10

Eine romantische Gartenoase mit Kultureinrichtungen und Traumblicken über den Fluss

📷 *Tipp: Flanier bis zum äußersten Ende des Parks: Von den Türmchen aus schießt du herrliche Panoramabilder*

PORTWEINKELLEREIEN 6

In den langen, steinernen Lagern schlummert in uralten Fässern das flüssige Gold der Region: der Portwein. Anschauen und probieren!

BEST OF
LOW BUDGET
FÜR DEN KLEINEN GELDBEUTEL

FLIESENBILDER BEWUNDERN
Porto ist die Stadt der Azulejos. Sie verzieren zahlreiche Kirchen und sogar einen spektakulären Bahnhof. Begib dich doch mal in der Estação de São Bento auf Geschichtensuche!

GÜNSTIGER INS MUSEUM
Alle 17 Stationen des städtischen Museu da Cidade kannst du mit einem Kombiticket für nur 8 Euro besichtigen. Besonders lohnen sich die Extensão do Douro und die Casa do Infante.

EINE BANK ZUM NULLTARIF
Der Banco de Materiais ist nicht etwa ein Geldinstitut, sondern ein städtisches Archiv zur Rettung von dekorativen Hausverzierungen: Die Azulejos, den Stuck, die Eisenverstrebungen und Türknäufe darfst du dir kostenlos anschauen.

BOTANISIEREN OHNE BARGELD
Unglaublich, dass der gut gepflegte Jardim Botânico keinen Eintritt kostet. Und sogar die sehenswerte Galeria da Biodiversidade des Anwesens ist jeden zweiten Sonntag im Monat 10–13 Uhr gratis zu besichtigen.

FOTOS IM ALTEN GEFÄNGNIS
Das Centro Português de Fotografia ist unbedingt einen Besuch wert – allein das historische Gefängnisgebäude, in dessen labyrinthischen Sälen und Zellen die Fotos und die alten Fotoapparate ausgestellt sind, ist faszinierend. Und das ganz umsonst.

JEDE MENGE ERMÄSSIGUNGEN
Freie Fahrt mit der Metro und den Stadtbussen, Gratis-Museumsbesuche, lauter Rabatte – wenn du vorhast, viel zu besichtigen, lohnt sich für dich die Porto Card. Es gibt sie in vier Varianten, für einen bis vier Tage.

BEST OF

TYPISCH

DAS ERLEBST DU NUR HIER

ACHTUNG, GOLDSCHOCK-GEFAHR!

Beim Anblick der schätzungsweise 300 kg Blattgold, das als sogenannte *talha dourada* für die Ausstattung der Igreja de São Francisco verwendet wurde, musst du erst mal tief durchatmen.

DEM PORTWEIN AUF DER SPUR

Was wäre Porto ohne seinen Portwein? Wohl um einiges unbedeutender, und das, obwohl die Trauben weit flussaufwärts im Douro-Tal reifen und die Kellereien in Vila Nova de Gaia liegen. Im städtischen Portweinmuseum Extensão do Douro geht's um Portos Rolle im Portwein-Business – und in der aussichtsreichen Bar wird aus der Theorie dann köstliche Praxis.

SIGHTSEEING VOM WASSER AUS

In einer knappen Stunde bekommst du bei der Bootsfahrt Cruzeiro das 6 Pontes einen fantastischen Eindruck von Portos fotogener Uferfront, den sechs Brücken und ihren Geschichten und von den Portweinkellern. Sogar einen Blick aufs Meer kannst du erhaschen!

KUTTELN ESSEN

Das mit den *tripas* ist vielleicht nicht jedermanns Sache. Aber die Portuenser lieben sie und in der würzigen Kombination mit weißen Bohnen schmecken sie richtig gut – ein Muss für entdeckungsfreudige Genießer, z. B. in der Tasca da Badalhoca.

POMPÖSER PALAST

An keinem anderen Gebäude der Stadt wird es so offensichtlich wie am Palácio da Bolsa: In Porto hatten das Bürgertum und die Händler das Sagen. Der Börsenpalast war und ist das imposanteste Gebäude, das Porto zu bieten hat.

IM BÜCHERPARADIES

Wenn Harry Potter in der Livraría Lello die Treppe runterkäme, würde sich keiner wundern. Die 5 Euro, die du als Eintritt in die berühmteste (und wirklich schönste) Buchhandlung Portos bezahlt hast, kannst du mit einem Buch verrechnen. Und davon gibt's hier genug, auch auf Englisch oder Deutsch.

SONNENUNTERGANGSDRINK

Am Passeio das Virtudes trifft man sich zum Feierabendbier, während die Sonne hinterm Douro versinkt.

AFRO- UND LATINORHYTHMEN

im Muxima geht's ziemlich exotisch zu: Dienstags gibt's die afrikanische Nacht mit Kizomba & Co., freitags und samstags erklingen Afro- und Latinorhythmen. Professionelle Tänzer zeigen, wie es geht.

AUF DIE ARRÁBIDA-BRÜCKE

Gut angeseilt besteigst du den imposanten Betonbogen – mit bester Aussicht hoch über dem Fluss.

RADELN AM UFER VON DOURO UND ATLANTIK

Leih dir ein Rad und fahr zur malerischen Strandkapelle Senhor da Pedra – im Sommer mit Badepause!

ZUM KAFFEE IN DIE BELLE ÉPOQUE

Im edlen Spiegelsaal des Café Majestic kannst du deinen Kaffee wie vor 100 Jahren schlürfen.

STADTWELLEN REITEN

Am Strand von Matosinhos gibt's perfekte Wellen – und Schulen, in denen du das Surfen lernen kannst.

DAS SCHMECKT IN PORTO

Unsere Empfehlung heute

Vorspeisen

CALDO VERDE
Suppe aus portugiesischem Grünkohl mit Kartoffeln und *chouriço* (Paprikawurst)

SOPA DE LEGUMES
Sämige Gemüsesuppe

GAMBAS COM PIRI-PIRI
Garnelen mit Chili

SALADA DE POLVO
Oktopussalat mit Zwiebeln und Koriander

Hauptgerichte

BACALHAU À BRÁS
Stockfisch mit Rührei, Zwiebeln, dünn geschnittenen Bratkartoffeln, Petersilie und Oliven

POLVO À LAGAREIRO
Gekochter Krake mit Knoblauch und viel Olivenöl

SARDINHAS ASSADAS
Frische Sardinen vom Holzkohlegrill

FRANCESINHA
Mit Käse überbackener Schinken-Schnitzel-Wurst-Toast in pikanter roter Sauce

COZIDO Á PORTUGUESA
Fleischeintopf (Rind, Schwein, Huhn, Würste) mit Kartoffeln, Möhren, Grün- und Weißkohl

FRANGO PIRI-PIRI
Mit Chiliöl mariniertes, gegrilltes Hähnchen

TRIPAS À MODA DO PORTO
Geschmorte Kutteln mit weißen Bohnen

Desserts

SALADA DE FRUTAS
Obstsalat aus Äpfeln, Zitrusfrüchten, Melonen und Kiwi

PUDIM
Pudding mit Karamellsauce

ARROZ DOCE
Milchreis

Karlsbrücke mit Blick auf Hradschi

21

Prag, das goldene, tausendjährige, hunderttürmige – eine Stadt der Geschichte und der Geschichten. Das junge Leben und die alte Stadt – Tradition und Moderne sind in Prag keine Gegensätze. In den Gassen und Winkeln zwischen den Palästen von Altstadt und Kleinseite haben sich Mystik und Magie der Stadt erhalten. Das Gewirr der versteckten Gässchen ist wie geschaffen dafür, den Reiseführer zuzuschlagen und sich in ziellosen Spaziergängen in der Atmosphäre Prags zu verlieren.

CHECK

- ✓ UNESCO-geschützt
- ✓ Riesige Burganlage …
- ✓ … und prachtvolle Palais
- ✓ Märkte & Gastrofestivals
- ✓ Partymeile Náplavka

ENTDECKE PRAG

Links und rechts der Moldau: alles historisch!

Eine chinesische Reisegruppe folgt artig ihrem Stadtführer, koreanische Brautpaare posen für den Fotografen. Prag gehört zu den schönsten Städten der Welt, und das spricht sich schnell herum. Dabei fasziniert die Touristen aus Asien an Prag genau das Gleiche wie die Euro-Weekender aus den nahen Nachbarländern: die märchenhafte Stadtkulisse voller Kirchen und Paläste, die majestätische Karlsbrücke mit ihrer spektakulären Statuengalerie, die versteckten Gärten und stillen Gässchen. Doch Prag ist alles andere als ein betuliches Museum: Lass dich im Zentrum vom quirligen Leben mitreißen oder entdecke die junge Szene in den aufblühenden Vorstädten. Boutiquen, Bars und Bistros, aber auch brave Bürger im Bierdunst – Prag ist eine Stadt mit vielen Gesichtern. Und dabei immer noch erfreulich günstig.

EUROPÄISCHES ERBE

Heute ist Prag die Hauptstadt eines kleinen Landes mit gerade einmal 10 Mio. Einwohnern, eine Metropole aus der zweiten Reihe – doch das war nicht immer so. Zweimal wurde von hier aus halb Europa regiert. Unter Kaiser Karl IV. wuchs Prag im 14. Jh. zur damals größten Stadt des Kontinents heran, zu einem Machtzentrum, einem Mekka der Künste und zur Hauptstadt des Heiligen Römischen Reichs. Karlsbrücke, Universität oder die komplette (gar nicht so neue) Neustadt. Den zweiten Boom erlebte Prag an der Wende vom 16. zum 17. Jh. unter dem sonderlichen, kunstversessenen Habsburger Rudolf II., der seinen Kaiserthron auf dem Prager Hradschin aufstellen ließ. Der Adel des Reiches tat es ihm nach – die Ansammlung prachtvoller Palais im Renaissance- und Barockstil rund um die Burg und auf der Kleinseite

zeugen bis heute von dem Wettbewerb, dem Kaiser möglichst nahe zu sein. In den folgenden Jahrhunderten sank die Bedeutung Prags – für das Stadtbild war gerade das ein Segen. Was anderenorts durch Modernisierungen zerstört wurde, blieb in Prag erhalten. Heute besitzt die Stadt eine der weitläufigsten Denkmalzonen Europas, fast das ganze Zentrum gehört zum UNESCO-Weltkulturerbe. Der Hradschin gilt als die größte geschlossene Burganlage weltweit. Von hier aus liegt einem Prag zu Füßen, das Panorama ist atemberaubend, und ungezählte Kirchturmspitzen machen klar, woher der Beiname des „hunderttürmigen Prag" kommt. Was in der Stadt fehlt, sind nur die Gläubigen. Die Tschechen sind stolz auf den Titel des atheistischsten Volks in Europa; gut drei Viertel haben mit Gott und der Kirche nichts am Hut. Womöglich eine Reaktion darauf, dass der Streit zwischen den Konfessionen über Jahrhunderte die Geschicke der Stadt bestimmt hat.

DIE KULTURELLEN WURZELN

Über Jahrhunderte lebten in der Stadt Tschechen, Deutsche und Juden neben- und miteinander. Das Zusammenleben war kompliziert und voller Spannungen, aber oft auch überaus fruchtbar. Es war gerade dieser Dreiklang der Kulturen, der Prag zu Beginn des 20. Jh. zu einer der geistigen Schnittstellen Europas werden ließ. Die Namen zahlreicher Schriftsteller stehen beispielhaft für diese Epoche: Franz Kafka, Egon Erwin Kisch und Rainer Maria Rilke sind in Prag geboren und schöpften aus der Atmosphäre der Stadt, unter den Tschechen stehen ihnen etwa „Schwejk"-Erfinder Jaroslav Hašek und der spätere Literaturnobelpreisträger Jaroslav Seifert zur Seite.

EINE STADT ERFINDET SICH NEU

Die Rückkehr Prags nach Europa ist geglückt. Mit einer Wirtschaftsleistung von knapp 180 Prozent des EU-Durchschnitts gehört die Stadt zu den zehn reichsten Regionen der Union. Die alten Industrievororte Karlín und Smíchov haben sich zu Bürostädten und Szenetreffs gemausert, die Region punktet mit ihrer großen industriellen Tradition, mit guter Ausbildung und pfiffigen Start-ups. Und die Prager erobern ihre Stadt zurück – kreativ und mit Pfiff. In leer stehenden Industriearealen entstehen Ateliers, Kunstzentren und Coworking-Spaces, kleine Cafés und Bars sind die Kristallisationspunkte für neues urbanes Leben in den Vierteln.

MARCO POLO TOP-HIGHLIGHTS

ALTSTÄDTER RING ★ 1
Seit 1410 zeigen die Kalenderscheiben der Astronomischen Uhr am alten Rathaus, ob die Sterne günstig stehen. Drum herum ein kunstvoller Palaisreigen auf dem ältesten Platz der Stadt

HRADSCHIN ★ 2
Die größte Burg der Welt – der Ort von Fenstersturzen und kafkaesken Eingebungen ist heute Amtssitz des Staatspräsidenten

KARLSBRÜCKE ★ 3
Seit fast 700 Jahren verbindet sie beide Moldauseiten – einst als wichtigste Verkehrsachse, heute als Freiluftgalerie mit grandiosem Panorama

Tipp: Am schönsten in Dunst und Nebel – oder bei Sonne vom Altstädter Brückenturm aus

ALTER JÜDISCHER FRIEDHOF ★ 4
Der malerische Gottesacker bewahrt den Geist der untergegangenen Judenstadt

Tipp: Den besten Friedhofsblick gibt's von den Toiletten des Kunstgewerbemuseums

PETŘÍN-GÄRTEN ★ 5
Bei einem Picknick unter dem „Prager Eiffelturm" liegt einem ganz Prag zu Füßen

Tipp: Für Aufgeweckte: der ideale Ort für ein Stadtpanorama mit Sonnenaufgang

GOLDENES GÄSSCHEN 6
Hausten wirklich Alchemisten in den malerischen Liliput-Häuschen an der inneren Burgmauer?

ALTNEUSYNAGOGE 7
Europas älteste Synagoge – der Sage nach ruht hier der Golem

PALLADIUM 8
Eine ehemalige K.u.k.-Kaserne beherbergt Prags größte Innenstadt-Mall

SLAVIA 9
Die Grande Dame der Prager Kaffeehäuser – seit 1884 gleichermaßen für den Kaffee wie für den grandiosen Moldaublick geschätzt
Tipp: Tolles Burgpanorama für ein Selfie – am schönsten im Abendlicht

U ZLATÉHO TYGRA 10
Es gibt sie immer noch – die gute alte Prager Kneipe: holzvertäfelt, bierdunstig und schon am Nachmittag gesteckt voll, wie etwa der „Goldene Tiger"

BEST OF
LOW BUDGET
FÜR DEN KLEINEN GELDBEUTEL

GÜNSTIGES PIVO MIT MOLDAUBLICK
An heißen Tagen sind die Holzbänke unter den Kastanienbäumen des Letná-Biergartens rappelvoll. Das frisch gezapfte Bier gibt's für einen Euro am Büdchen. Der sensationelle Blick auf die Altstadt ist gratis.

WACHWECHSEL AUF TSCHECHISCH
Fanfaren, Gleichschritt, Uniformen: Die tägliche Große Wachablösung am Burgtor des Hradschin um Punkt zwölf Uhr ist ein königliches Spektakel und großes Kino ganz umsonst.

PRAGS BERÜHMTESTES STRÄSSCHEN
Wer beim Besuch des Goldenen Gässchens dem Gedränge aus dem Weg gehen will, kommt nach Feierabend – dann ist sogar der Eintritt frei.

GRATIS-GUIDES
Am Altstädter Ring gibt's stündlich zwischen 10 und 15 Uhr Gratis-Stadtführungen auf Englisch. Die Guides leben von Trinkgeldern.

ROXY ROCKT
Das Ex-Kino und Prager Clublegende Roxy mit seinem alternativ-undergroundigen Programm ist schon oft zum beliebtesten Club gewählt worden. „Free Mondays" tut etwas gegen das miserable Image des ersten Wochentags. Sehr löblich.

FÄHR TRADE
Die günstigste Moldaufahrt gibt es ab 24 Kč: Auf den witzigen kleinen Linien-Personenfähren gelten die normalen ÖPNV-Tickets – z. B. von Výtoň nach Smíchov oder von Holešovice über die Hetzinsel (Štvanice) nach Karlín.

BEST OF

TYPISCH

DAS ERLEBST DU NUR HIER

FRANZ KAFKA UND PRAG

Zu seiner Heimatstadt hatte Franz Kafka ein mehr als schwieriges Verhältnis – und die Tschechen taten sich ihrerseits lange schwer mit dem deutschsprachigen Autor. Der Künstler David Cerny ehrte ihn 2014 durch eine 11 m hohe Skulptur aus 42 rotierenden Scheiben.

AUF EIN BIER MIT DEM NACHBARN

Es gibt nicht mehr viele Kneipen rund um den Altstädter Ring, in denen sich Prager wohlfühlen. Im U parlamentu ist das anders – und deshalb ist hier immer was los.

MARKT AN DER HAVELKIRCHE

Seit dem Mittelalter existiert der Havelmarkt im Schatten der gleichnamigen Kirche. Auch wenn mittlerweile mehr Kunst und Schmuck als Obst und Gemüse im Angebot sind: Gehandelt wird hier wie einst.

BIZARRER FELSEN ÜBER DER MOLDAU

Nur am Wochenende trifft man auf dem Moldaufelsen Vyšehrad viele Spaziergänger. Von dem Burgwall und der Peter-und-Paul-Kirche hat man einen wunderschönen Blick auf die Stadt.

JAZZ IM KELLERGEWÖLBE

Die Tschechen seien Meister im Improvisieren, heißt es – auch in der Musik. Super Bedingungen für das jazzige Prag. Die Besten der einheimischen Szene hörst du im Kellerclub Agharta.

KUBISTISCHER KANDELABER

Schon mal einen Laternenpfahl besichtigt? In Prag, der Welthauptstadt des Kubismus, steht der einzige kubistische Kandelaber der Welt, seltsame Blüte der kantigen Baumode.

BIKE IN THE CITY

Sightseeing in Prag – das ist echtes City-Climbing: Das Kopfsteinpflaster ist oft holpriger als mancher Alpensteig. Dennoch: Es gibt hier auch geführte Touren. Die kürzeste dauert zweieinhalb Stunden, die längste einen Tag.

WO FEIERN WIR?

Náplavka ist Prags lebendigste Moldaupromenade. Früher landeten hier die Flöße an, heute ist der Kai zwischen Jirásek-Brücke und Výtoň die junge Partymeile der Stadt mit Cafés, Bars und Eventlocations – zu Land und auf den zahlreichen Schiffen.

BIER ZAPFEN WIE ZU OPAS ZEITEN

Šnyt, *hladinka* und *mlíčko* – die alten Zapftechniken zeigen: Gleiches Bier muss nicht immer auch gleich schmecken.

NEUE WELT(EN) ENTDECKEN

Im malerischen Viertel Nový Svět in vergangene Zeiten abtauchen – ganz ohne Tourirummel.

IN DIE TIEFE DÜSEN

Die Metro-Rolltreppe zur Station Naměstí Míru ist eine der längsten Rolltreppen Europas (533 Stufen / 87 m) – und auch eine der schnellsten.

AUF SCHIENEN RATTERN

Sixties-Retro-Trip: auf Hartschalensitzen mit der Tram 23 zu den Highlights der Stadt zuckeln.

VOLLMUNDIG GENIESSEN

Mit dick belegten *chlebičky*-Brötchen im Zlatý Kříž mal richtig den Kalorienzähler durchbrennen lassen.

DAS SCHMECKT IN PRAG

Unsere Empfehlung heute

Vorspeisen

PRAŽSKÁ ŠUNKA
Gepökelter Prager Beinschinken, oft mit křen (Meerrettich) warm oder kalt serviert

DRŠŤKOVÁ
Mit Majoran, Paprika und Knoblauch gewürzte Suppe aus Rinderkutteln

Kleines zum Bier

TLAČENKA
Presssack vom Schwein mit Essig und Zwiebeln

UTOPENEC
„Ersoffener"; sauer eingelegte Speckwurst mit Paprika und Zwiebeln; klassische Kneipenspezialität

PIVNÍ SÝR
Reifer Weichkäse, wird vom Gast selbst mit Zwiebeln, Gewürzen, Sardellen und etwas Bier zum Aufstrich zerdrückt

Hauptgerichte

SVÍČKOVÁ
Eingelegte Rinderlende mit Wurzelgemüse-Soße, Serviettenknödeln und Preiselbeeren

VEPŘOVÁ PEČENĚ
Schweinebraten mit Kraut und Knödeln – das Nationalgericht

MORAVSKÝ VRABEC
Rouladen aus Schweineschulterfleisch; mit Kümmel und Knoblauch angemacht

GULÁŠ
Schmorgulasch mit Serviettenknödeln

Desserts

PALAČINKY
Dünne Eierkuchen mit süßer Garnitur

TRDELNÍK
Auf Buchenstangen über der Glut gebackene Hefewickel

ŠVESTKOVY KNEDLÍK
Zwetschgenknödel; mit Semmelbröseln, Zucker und Zimt

Getränke

PIVO
Helles (svetlý), dunkles (černý) oder gemischtes (řezaný) Bier

BECHEROVKA
Milder Kräuterlikör mit Weihnachtsaroma

ROM

Forum Romanum

22

Ob Trevibrunnen, Forum Romanum oder Kolosseum, die Ewige Stadt lässt ihre Grazie und Grandezza vor klassischer Kulisse, auf den Märkten und Plätzen, zuweilen sogar im Stadion spielen. In den Sommernächten werden die antiken Tempel, barocken Paläste und Kirchen der fast 3000 Jahre alten Metropole magisch erleuchtet. Die Römer schlendern dann für einen *aperitivo* zum Campo de' Fiori, nach Trastevere oder in die Gassen des angesagten Nachtviertels Monti.

CHECK

- ✓ Antike trifft Hipster
- ✓ Michelangelos Sixtina
- ✓ Trattorien & Edellokale
- ✓ Designer-Shopping
- ✓ Feiern am Testaccio

ENTDECKE ROM

Barocke Bühne und Treffpunkt: die Piazza Navona mit dem Neptunsbrunnen

Ganz großes Kino! Du steigst aus dem dunklen, leicht schäbigen Schacht der Metro die Treppen hoch, drängst dich durchs Drehkreuz hinaus ins gleißende Tageslicht, und da liegt es plötzlich vor dir: das Kolosseum. Zum Anfassen! Auch wenn Geschichte nicht gerade dein Lieblingsfach war, die steinerne Präsenz des fast 2000 Jahre alten Amphitheaters, wo Tausende Gladiatoren und wilde Tiere auf ein Handzeichen des römischen Kaisers blutig niedergemetzelt wurden, lässt einen auch heute noch schaudern.

DIE SCHÖNHEIT ROMS OSZILLIERT AUF DER PIAZZA

Das holperige römische Kopfsteinpflaster ist nichts für Highheels. Aber es lohnt sich, Rom zu Fuß zu erobern. Entdecke „La grande bellezza", wie der oscarprämierte italienische Kultfilm heißt: die große dekadente Schönheit Roms. Und wo findet man die? Auf der Piazza. Sie ersetzte den Römern schon immer das Wohnzimmer, denn viele junge Leute leben in Plattenbauten an der Peripherie oder eng an eng bei der *mamma*, weil sie sich die Mieten im historischen Zentrum nicht mehr leisten können. Die Piazza aber liefert das pralle römische Leben.

PÄPSTLICHE ATMOSPHÄRE AUF DEM PETERSPLATZ

Finde die Piazza, die zu dir passt. Die größte, pompöseste und meistfotografierte Piazza ist natürlich der Petersplatz – und Papst Franziskus der Magnet im Vatikan. Wenn der argentinische Oberhirte zu Ostern und an Weihnachten vom Balkon seinen feierlichen Segen *urbi et*

orbi, zu Deutsch „für die Stadt und den Erdkreis", spricht oder nach Generalaudienzen im Papamobil scherzend über den Petersplatz fährt, fühlen sich auch nicht so religiöse Menschen von der heiteren Atmosphäre berührt.

MINIATUR-SEESCHLACHTEN AUF DER PIAZZA NAVONA

Auch die von eleganten Straßencafés gesäumte Piazza Navona ist ein Werk der Päpste. Ein geglücktes Stück Architektur, lang gestreckt und doch geschlossen, lebenslustig, farbig und Emotionen weckend. Papst Innozenz X. legte seiner geliebten Schwägerin Olimpia die ganze Piazza Navona zu Füßen – gebaut auf den Ruinen einer antiken römischen Wettkampfarena. Reiche Adelige und Kirchenfürsten setzten die antiken Wettspiele im 17. Jh. fort und feuerten aus den Fenstern ihrer Paläste die Kampfspiele an. Wo du heute Kaffee trinkst, rasten Reiter über die Bahn, Stierkämpfe tobten nach klassischem Vorbild, und für Seeschlachten mit Miniaturschiffen wurde die Piazza gewässert. Abend für Abend entfaltet sich hier eine Bühne für Straßenkünstler, Porträtmaler, Kartenleser oder golden bemalte Artisten, die reglos wie ein Standbild in der schönen Szenerie verharren.

SUNDOWNER UND APEROL SPRITZ IN TRASTEVERE

Roms größtes Dorf Trastevere, also jenseits des Tibers, lohnt nicht nur für einen Trattoriabesuch oder einen Ausflug ins Nachtleben. Auch wenn Trastevere durch die Gentrifizierung viel von seiner Patina verlor, findet man noch immer romantische Ecken mit plätschernden Brunnen, gescheckten Katzen, die auf Mauern und Mülltonnen Siesta halten, und alten Römern, die in Sommernächten in Bademantel und Pantoffeln vor ihrem Haus sitzen und plaudern.

MODERNE ARCHITEKTUR TUT SICH SCHWER IN DER EWIGEN STADT

Bei so viel Traditionen hat die Moderne es schwer. In einer Stadt, in der sich ein historischer Palast an den anderen reiht, müssen sich avantgardistische Bauten erst einmal beweisen. Immerhin, das MAXXI, Zaha Hadids revolutionäres Museum des 21. Jh., das wie eine Sommerwolke über dem alten Kasernengelände im Flaminioviertel schwebt, hat es geschafft. Ähnlich wie das futuristische Auditorium Parco della Musica von Renzo Piano, das – einst belächelt – heute Musikfans aus aller Welt anzieht. Auch mit dem gläsernen Überbau des Friedensaltars von Kaiser Augustus, den der Amerikaner Richard Meier entwarf, haben sich die Römer arrangiert. Aber ein Arrangement bedeutet nicht unbedingt die große Liebe.

MARCO POLO TOP-HIGHLIGHTS

SAN PIETRO ★1

Hier passen 60 000 Gläubige rein. In St. Peter, dem meistbesuchten Gotteshaus der Welt, schlägt das Herz der Christenheit

📷 *Tipp: Auf dem Aventin die Domkuppel durchs Schlüsselloch des Malteserordens heranzoomen*

FORO ROMANO ★2

Tempel, Triumphbögen und Togaträger – das Forum Romanum war die politische Tribüne der Antike

COLOSSEO ★3

Die größte Arena der antiken Welt, in der Gladiatoren mit den Bestien kämpften

PANTHEON 4
Die geniale Kuppel der Antike mit gebeamten Sonnenstrahlen durchs Oberlicht

FONTANA DI TREVI 5
In den Brunnen des *dolce vita* darf man nicht mal den großen Zeh tauchen, aber Münzen werfen alle

CAPPELLA SISTINA 6
Über Kopf und in nur vier Jahren malte Michelangelo die Schöpfungsgeschichte mit 340 Figuren an die Decke der Sixtinischen Kapelle

📷 *Tipp: An der Stirnwand das Selbstbildnis von Michelangelo in der abgezogenen Haut des hl. Bartholomäus*

PIAZZA NAVONA 7
Früher Kampfarena, heute barocker Showroom: mehr Abendunterhaltung geht nicht

RAD FAHREN AUF DER VIA APPIA ANTICA 8
Auf holprigem Römerpflaster geht's ins Grüne – vorbei an Katakomben und Ruinen

SCALINATA DI TRINITÀ DEI MONTI 9
Auf der Spanischen Treppe triffst du zu jeder Uhrzeit Leute aus aller Welt

📷 *Tipp: Früh aufstehen – von unten an der Fontana delle Barcaccia knipsen*

MAXXI 10
Ein Schocker der Moderne im klassischen Rom: Zaha Hadids gewagtes Museum des 21. Jh.

📷 *Tipp: Treppenlabyrinth vom Obergeschoss aus ins Visier nehmen*

SIXTINISCHE KAPELLE GRATIS

Wenn man die größte Kunstsammlung der Welt, Raffaels Stanzen und die Sixtinische Kapelle mit Michelangelos Fresken umsonst erleben will: Am letzten Sonntag des Monats ist der Eintritt in die Musei Vaticani frei. Jedoch wissen das auch andere.

BLICK AUFS FORUM

Zu Caesars Zeiten konnten Römer wie Reisende umsonst übers Foro Romano schlendern. Heute muss man Eintritt zahlen. Wenn du nur einen Blick riskieren willst: Links vom Campidoglio gibt es eine Treppe mit Aussicht.

MIT DER S-BAHN ANS MEER

Roms Strandbesucher und Discogänger wissen, wie es läuft. Der Ausflug mit der S-Bahn vom Bahnhof Ostiense ins knapp 30 km entfernte Strandbad Lido di Ostia kostet nur 1,50 Euro. Archäologiefans steigen eine Station früher in der Ruinenstadt Ostia Antica aus.

DESIGN, KITSCH UND RAMSCH

Es gibt nichts, was es auf dem Flohmakt Porta Portese nicht gibt. Selbst deine geklaute Brieftasche taucht irgendwann einmal auf, leer natürlich. Darüber hinaus findest du Hüte, Schuhe, Ferngläser, Uhren, originelle Designerklamotten, aber auch billigen Kitsch.

SPAREN MIT DEM ROMA PASS

Der Roma Pass 48 hours für 28 Euro gilt 48 Stunden lang für Metro, Bus und Tram sowie für ein Museum, darunter auch Foro Romano und Colosseo. Zudem gibt's Rabatte für weitere Museen und z. B. E-Bikes. Erhältlich an allen Info-Kiosken, in ATAC-Büros, der Stazione Termini und am Flughafen.

BEST OF

TYPISCH

DAS ERLEBST DU NUR HIER

ENTSPANNEN ZWISCHEN SKULPTUREN

Auf dem südlichen Hügel des Gianicolo hast du nicht nur einen schönen Blick auf die Kuppeln, Kirchen und Paläste von Rom, sondern kannst dich im Park der Villa Lante von der Hektik der Stadt erholen.

DER MUND DER WAHRHEIT

Alle frisch Verliebten pilgern zum antiken Lügendetektor, zur Bocca della Verità. Bisher hat die mannshohe Marmorfratze noch nie wirklich zugebissen, wenn ihr eine schöne Lügnerin oder ein abgekochter Macho die Hand ins Maul legte – doch man weiß ja nie.

AUS DEM BRUNNEN TRINKEN

Schon das alte Rom besaß ein gutes Wassernetz mit elf Aquädukten. Noch immer sprudelt das Trinkwasser frei aus den vielen *fontanelle,* den Brünnlein des *centro storico.* Mach es wie die Römer: mit einer Hand die Quelle zuhalten und mit dem Mund das Wasser aus dem oberen Loch auffangen.

WO DIE POLITIKER IHR EIS HOLEN

Rom hat ein Dutzend gute Eisdielen, aber die Gelateria Giolitti ist Kult. Der Preis ist heftig, die Bedienung oft maulig. Dennoch stellen sich nicht nur Politiker nach heißen Debatten im benachbarten Parlament gern an den Tresen mit über 40 kühlen Sorten.

MARKT DER BLUMEN UND DER EITELKEIT

Die alten römischen Marktfrauen trifft man am Vormittag zwar immer weniger auf dem Campo de' Fiori, Roms beliebtestem Gemüsemarkt. Doch rund um die Uhr ist und bleibt der Platz ein Szenespot. Sehen und gesehen werden ist die Devise.

DIE BESTEN INSIDER-TIPPS

ANTIKE GÖTTER IM E-WERK
Die reizvolle Unterbringung der antiken Skulpturen in dem ehemaligen Elektrizitätswerk Centrale Montemartini solltest du dir nicht entgehen lassen.

TANZEN AM AMPHORENHÜGEL
Feier mit den Römern bis zum Morgengrauen in den Clubs am Testaccio – besonders schrill im Radio Londra.

ENDSTATION GOURMETBISTRO
Im Mercato Centrale unter dem Dach des Bahnhofs Termini findest du römische Feinkost zum Dahinschmelzen.

IN ANTIKEM LUXUS SCHWELGEN
Märchenhafte Fresken, Mosaike und Skulpturen aus den Gemächern Kaiserin Livias im Palazzo Massimo alle Terme.

RASANT AUFSTEIGEN
Ein gläserner Lift bringt dich in höchste Sphären, auf die Dachterrasse der „Hochzeitstorte" – des Monumento Nazionale a Vittorio Emanuele II, wo dir ganz Rom zu Füßen liegt.

KUNSTVOLL ABHÄNGEN
Im Chiostro del Bramante gibt's nicht nur Kunst, Cappuccino und leckere Häppchen. Man kann auch in aller Gemütlichkeit den Touristenrummel an sich vorbeiziehen lassen.

PICKNICK IM PARK
Gina, ein Edelimbiss an der Piazza di Spagna, stellt dir ein lukullisches Picknick zusammen – du musst dir dann nur noch ein schönes Plätzchen im 5 Minuten entfernten Park Villa Borghese suchen.

Unsere Empfehlung heute

Antipasti

CARCIOFI ALLA GIUDIA
In Olivenöl gebackene krosse Artischocken

PANZANELLA
Weißbrotscheiben mit Tomaten, Olivenöl und gehacktem Basilikum als Sommersalat

CAPRESE DI BUFALA E POMODORO
Büffelmozzarella mit Tomaten und Basilikum

Pasta

ORECHIETTE AL BROCCOLO
Ohrenförmige Nudeln mit Brokkoli und Scampi

BUCATINI ALL'AMATRICIANA
Nudeln mit Tomatensauce, Speck und Pecorino-Kase

PASTA E FAGIOLI
Kurze Rohrennudeln mit Bohnen als Suppe

TONNARELLI, CACIO E PEPE
Viereckige Spaghetti mit cremiger Schafskäsesauce und Pfeffer

Secondi

CONIGLIO ALLA CACCIATORA
Kaninchen mit Rosmarin im Ofen gebacken

SALTIMBOCCA ALLA ROMANA
Kalbs- oder neuerdings Putenschnitzel mit Salbei und Parmaschinken

TAGLIATA DI MANZO, RUCOLA, GRANA E POMODORI
Entrecôte in Scheibchen mit Rucola, Tomaten und Grana

POLLO ALLA ROMANA CON PEPERONI E PATATE
Gebackenes Huhn mit Paprika und Röstkartoffeln

ABBACCHIO ALLA SCOTTADITO
Gebackenes Lamm mit Rosmarinkartoffeln

Dolci

CANNOLO
Süß gefüllte sizilianische Teigrolle, bekannt aus „Der Pate III."

PANNA COTTA CON FRAGOLE
Vanillerahmpudding mit Erdbeersauce

Auf der Greifen-Brücke

23

St. Petersburg hat etwas von einer Fata Morgana, nicht nur im unwirklichen Pastelllicht der berühmten Weißen Nächte im Sommer. An der Mündung der Newa in die Ostsee trifft die sprichwörtliche russische Weite auf Europas Stadtkultur: St. Petersburg, alte Zarenhauptstadt und zugleich jüngste Metropole Europas, fasziniert mit einem überreichen Erbe an Kultur, Kunst und Architektur – und dem Szeneleben einer modernen Fünf-Millionen-Stadt. Erkunde den Westen im Norden des Ostens!

CHECK

- ✓ Kulturhauptstadt
- ✓ Pracht & Weiße Nächte
- ✓ Bourgeoises Flair
- ✓ Wasser, Eis, Kanäle
- ✓ Kunst in Hinterhöfen

ENTDECKE ST. PETERSBURG

Zarskoje Selo mit dem Katharinenpalast

Steht man auf der Troizki-Brücke, hoch über der weiten Wasserfläche der Newa, so scheint die Stadt zu schwimmen. Horizontale Linien prägen das Bild: die langen Ufermauern, die einheitlich hohen Prachtbauten entlang der Kais. Und Brücken, die so flach sind, dass man sie nächtens aufklappen muss, um Schiffe passieren zu lassen. Wasser, viel Wasser – und Eis im Winter – bilden das Zentrum der viertgrößten Stadt Europas. Doch von diesen Ufern aus wurde die riesige Landmasse Russland zwei Jahrhunderte lang beherrscht. Hier floss ihr Reichtum zusammen und schlug sich in Form atemberaubender Kunstschätze und Baudenkmäler nieder. Deshalb ist St. Petersburg mit seiner Vielzahl an Museen und Palästen heute „Russlands Kulturhauptstadt".

EINE FIXE IDEE AUF FEUCHT-SUMPFIGEM GRUND

St. Petersburg ist jünger als New York und hat doch in nur 317 Jahren enorme Höhenflüge und katastrophale Krisen durchlebt. Und nach allen Gesetzen der Wahrscheinlichkeit dürfte es diese Stadt gar nicht geben: Nirgendwo auf der Welt gibt es eine so weit nördlich gelegene Millionenstadt. Auch der Boden, auf dem exakt am 27. Mai 1703 von Peter dem Großen die Festung „Sankt Piter-Burch" gegründet wurde, war dafür denkbar ungeeignet: ein sumpfiges Flussdelta ohne Weg und Steg. Bei steifem Westwind herrschte gleich Land unter. Alle anderen europäischen Metropolen haben gewachsene Strukturen. Der Bau von St. Petersburg war jedoch die fixe Idee eines ebenso skrupellosen wie fortschrittlichen Diktators. Zar Peter nahm das Opfer von Abertausenden seiner Untertanen in Kauf – um diesen öden Außenposten seines Reichs schon 1712 an Stelle des „ewigen Moskau" zur Hauptstadt zu erklären!

KULTUR-MEKKA DES 19. JAHRHUNDERTS

Doch Peters fantastische Idee war kein Luftschloss: Entgegen allen Unkenrufen gedieh St. Petersburg zu einer würdigen Reichszentrale. Die besten Baumeister Europas durften hier nun Kathedralen, Paläste, Plätze und Prospekte (breite, schnurgerade Hauptstraßen) nach dem letzten Stand der Architektur und Ingenieurskunst gestalten. Barock, Klassizismus und schließlich Jugendstil prägten das Stadtbild. Für hochkarätige Autoren (Puschkin, Dostojewski, Gogol) und Komponisten (Tschaikowski, Mussorgski, Rimski-Korsakow) war dies der Boden, um nicht weniger dauerhafte geistige Werke zu schaffen.

UNSTERBLICHE AURA DER ALTEN ZEIT

Nachdem die Stadt zweimal am Rande des Untergangs stand –, 1917 während der Oktoberrevolution und später im Zweiten Weltkrieg – wurde sie wieder neu besiedelt, mit braven sowjetischen Werktätigen. Und erstaunlich, obwohl die alten Petersburger faktisch ausgerottet waren, hat der Geist der Stadt diese Leute ebenfalls in ihren Bann gezogen, spätestens in der zweiten Generation: „Leningrader" galt bald schon als Synonym für gebildete und kultivierte Menschen, die die vielen Theater und Museen ihrer Stadt nicht nur von außen kennen. Das Streben nach Macht, Geld und Ruhm ist bis heute mehr Sache der hektischen Moskauer – behauptet man zumindest in St. Petersburg ...

VON DER PROVINZMETROPOLE ZUM TOURISMUS-FLAGGSCHIFF

Selbst die Degradierung zur Provinzmetropole erwies sich nachträglich als Segen. Das solide gefertigte Alt-Petersburg überdauerte ungerührt, nur bedeckt von einem dicken Grauschleier, die Sowjetära. Weder stalinistischer Zuckerbäckerpomp à la Moskau noch Nachkriegsbetonsünden wie in Westeuropa verunstalten das alte Stadtbild. Und für die zwischen Magdeburg und Magadan überall gleich aussehenden Plattenbau-Einöden gab es genug Platz am Stadtrand. Die Unesco erhob deshalb die ganze, bis heute dicht besiedelte historische Innenstadt zusammen mit den wieder aufgebauten Schlössern und Parks im Umland zum Weltkulturerbe. Famose Neubauprojekte wie die zweite Mariinski-Bühne und die Eremitage-Filiale im Generalstabsgebäude ziehen jetzt noch mehr Besucher an. St. Petersburg, ganz zu Recht Russlands stolzes Fremdenverkehrs-Flaggschiff, hat mächtig Fahrt aufgenommen.

MARCO POLO TOP-HIGHLIGHTS

ISAAKSKATHEDRALE ★1

Eine Kirche wie ein Berg. Die Kolonnade belohnt mit dem besten Ausblick über die Altstadt

📷 *Tipp: Abends ist der Aufstieg teurer – aber dafür sind die endlosen Dachlandschaften viel plastischer!*

CHRISTI-AUFERSTEHUNGSKIRCHE ★2

Diese knallbunte Zwiebelturmkirche voller Mosaike ist das „russischste" Bauwerk in der sonst so westlich wirkenden Stadt

📷 *Tipp: Die Kuppeln durch die Windungen des schön schnörkeligen Parkgitters gleich daneben anvisieren*

EREMITAGE ★3

Mehr als ein Kunstmuseum: Der Winterpalast stiehlt in seiner Pracht Bildern und Skulpturen oft die Schau

EHERNER REITER 4
Auf dem größten je von Menschenhand bewegten Steinblock macht Zar Peter der Große für Russland einen mächtigen Sprung nach vorne

NEWSKI PROSPEKT 5
Petersburgs Prachtboulevard, durchgehend historisch und zugleich doch eine vibrierende City-Achse

📷 *Tipp: Grüne Ampel abwarten, lossprinten – und die Straßenflucht vom Mittelstreifen aus zentrieren!*

STRELKA 6
Steht man auf dieser Landspitze, öffnet sich das historische Zentrum in einem Ring um eine weite Wasserfläche

📷 *Tipp: Spiele mit den beiden riesigen Steinkugeln unten am Wasser – also rein optisch, versteht sich*

BERNSTEINZIMMER 7
Ein verloren gegangenes Weltwunder ist auferstanden – im Katharinenpalast von Zarskoje Selo, dem schönsten Zarenschloss von Petersburg

MARIINSKI-THEATER 8
Ballett-Mekka und Opern-Olymp: Dank eines Neubaus bespielt das Kultur-Flaggschiff nun zwei Bühnen zugleich

GENERALSTAB 9
Die ganz großen – und heute besonders teuren – Meister der Kunstgeschichte: Hier hängen ihre Werke zu Dutzenden

PETERHOF 10
Das „russische Versailles" verzaubert mit Fontänen, einem überreichen, barocken Palast und einem Park am Meer

📷 *Tipp: Alle knipsen die Große Kaskade von unten. Doch nur von der Balustrade darüber bekommt das Bild Tiefe*

FREILUFTDISCO IM SOMMER

Auf der Strelka tut sich an Sommerwochenenden Erstaunliches: Tanz-Fans bauen abends Musikanlagen und DJ-Pulte auf – und dann tanzen alle, die Zeit und Lust haben, zu Popklassikern oder Tangomusik ordentlich ab.

JUGENDSTIL-SCHATULLE MIT BAHNANSCHLUSS

Ein Jugendstilgebäude von innen besichtigen – das geht nicht nur in Museumsbauten: Der Witebsker Bahnhof ist von 1904 und bietet neben stilvoller Innenarchitektur auch Dampflokaura.

PETERS BURG

Die Haseninsel mit der Peter-Paul-Festung ist ein großes Freiluftmuseum – und der Stadtstrand vor ihren Mauern ideal zum Relaxen. Der Eintritt in die Keimzelle der Stadt ist frei.

ZEITREISE IN DEN STALINISMUS

Die Metrostationen zwischen Awtowo und Ploschtschad Wosstanija sind ein Architekturmuseum der 1950er-Jahre, das nur eine Metromünze kostet.

LUSTWANDELN MIT BILDUNGSANSPRUCH

Der elegante Sommergarten ist – mit seinen 90 klassischen Skulpturen – ganz zu Recht eine Filiale des Russischen Museums. Trotz Kassenhäuschen und Drehkreuzen an den Eingängen ist Russlands ältester Park kostenlos zugänglich.

UNBEZAHLBARE KUNSTSCHÄTZE FÜR UMSONST

Du bist zufällig am ersten Donnerstag des Monats oder am 7. Dezember in Petersburg? Dann darfst du kostenlos in die Eremitage und deren Filialen.

BEST OF

TYPISCH

DAS ERLEBST DU NUR HIER

HOMMAGE AN AMSTERDAM UND VENEDIG
Petersburg wirkt vom Wasser aus am schönsten. Kleinere Rundfahrtboote tuckern mit dir auch über die schmalen Wasserläufe, da, wo Petersburg am romantischsten ist.

BACK IN THE USSR
Zuckersüße Nostalgie: Im Stehcafé Pyschetschnaja gibt's Sowjet-Donuts, Kaffee vom Fass – und sonst nichts, das aber in dieser typischen Imbissbude schon seit Jahrzehnten!

TREPPAUF, TREPPAB DURCHS KÜNSTLERBIOTOP
Die Hinterhäuser des Art-Center Puschkinskaja 10 stehen offen für eine Entdeckungsreise durch Galerien und Ateliers der nonkonformen Kunstszene.

FREIE FAHRT FÜR FRACHTER
Nach Mitternacht werden nicht die Bürgersteige, sondern die Brücken – für vorbeifahrende Schiffe – hochgeklappt. Pilger in einer der Weißen Nächte zur Schlossbrücke, dort erwartet dich das typischste aller Petersburg-Motive.

FARBRAUSCH IN DEN WEISSEN NÄCHTEN
Nutze das Pastell-Abendlicht für einen Spaziergang an der Newa entlang des Universitäts-Kais. Dann leuchten die Fenster und Fassaden der Paläste am Ufer gegenüber im Abendrot.

***DIE* PARTYMEILE**
In den letzten Jahren hat sich die Uliza Rubinstejna zur zentralen – und entsprechend lebhaften – Ausgehmeile gemausert: Auf 750 m gibt es über 50 Lokale! Noch Fragen?

DIE BESTEN INSIDER-TIPPS

Reisen mit Insider Tipps

UNGLAUBLICH: 462 METER!

So hoch hinaus ragt das spitze Lakhta Center – und das in einer Stadt, die sich für ihre elegante historische Skyline ohne jeden Wolkenkratzer rühmt.

SIEBEN BRÜCKEN MUSST DU SEHEN

An der Pikalow-Brücke ist der Spitzname „Venedig des Nordens" keine Floskel mehr, sondern ein Fakt.

TRINKEN WIE DIE RUSSEN

Und es ist nicht nur Wodka, was in den schrägen Bars im Golizyn Loft über die Theke geht.

DEN „METEOR" REITEN

Robuste russische Tragflügelboote dieses Typs bringen dich wie im Flug nach Peterhof.

GANZ WEIT RUNTERKOMMEN

An der Metrostation Admiraltejskaja wartet die längste Rolltreppe der Welt auf dich. 137 m Fahrt und 69 m nach unten!

WEISSE NÄCHTE DURCHMACHEN

Es wird ja eh nicht dunkel. Also lieber eine Straßenparty an der aufgeklappten Schlossbrücke feiern!

DER STADT AUFS DACH STEIGEN

Zum Picknick oder Sundowner rauf auf das immergrüne Flachdach des spannenden Loft Projekt Etashi.

OFENFRISCHE OFFENBARUNG

Die kleine Klosterbäckerei des großen Alexander-Newski-Klosters ist wegen ihres sündhaft leckeren Brots und Gebäcks auf ihre Weise auch eine Pilgerstätte.

DAS SCHMECKT IN ST.PETERSBURG

Unsere Empfehlung heute

Vorspeisen

SELJODKA POD SCHUBY
Hering „unterm Pelzmantel“ aus Roter Bete, Ei und Mayonnaise

SALAT OLIVIER
nahrhafte Zutaten: Kartoffeln, Gurken, Erbsen, Ei und Wurst

IKRA S BLINAMI
schwarzer (sehr teuer!) oder roter Kaviar, auf kleinen Pfannküchlein

Suppen

BORSCHTSCH
tiefrot dank Roter Bete. Hinein kommen u. a. Weißkohl, Rindfleisch, Tomaten, Kartoffeln, Zwiebeln – und *smetana* (Schmand)

SOLJANKA
säuerliche Suppe mit Salzgurken, in der klassischen Version mit verschiedenen Fleischsorten, Schinken und oft Wurst. Oliven und eine Zitronenscheibe gehören inzwischen dazu. Es gibt auch Fisch- und Pilz-*soljankas*.

OKROSCHKA
kalte Sommersuppe auf Basis von *kwas* (s. Getränke)

Hauptgerichte

BEF STROGANOW
geschnetzeltes Rinderfilet in Sahne-Pilz-Sauce

KOTLET PO-KIEWSKI
mit Butter gefülltes, paniertes Hähnchenfilet, nur echt mit dem rausstehenden Knochen

PELMENI
Ravioli-ähnliche Teigtaschen, mit *smetana* oder in der Fleischbrühe

Desserts

WARENIKI
Pelmeni auf die süße Art, gefüllt mit Quark oder Fruchtpüree

ROM-BABA
kleiner Gugelhupf, mit Rum getränkt

Getränke

WODKA
immer aus Getreide gebrannt, immer vierzigprozentig

KWAS
eine Art alkoholfreies Malzbier

MORS
gesüßter verdünnter Beerensaft

STOCKHOLM
Riddarholmen

24

Goldgelbe Bürgerhäuser, die im klaren nordischen Licht warm leuchten, prachtvolle Renaissancegebäude, die von jahrhundertealtem Wohlstand zeugen, schreiende Möwen, die über weißen Schärendampfern kreisen: Stockholm wird dich faszinieren – besonders durch das viele glasklare Wasser, das in der Sonne herrlich glitzert und im Winter zu Eis erstarrt. Mitten in der Stadt kannst du unbesorgt baden oder dicke Lachse angeln. Wo geht das schon?

CHECK

- Umwelthauptstadt
- Hektik? Unbekannt!
- Junge Start-up-Szene
- Königlich regiert
- Gravad Lax & Köttbullar

ENTDECKE STOCKHOLM

Ein Stockholmtrip lohnt sich auch für Gipfelstürmer – etwa am Skinnarviksparken

Das zweite Drittel der Stadtfläche ist grün. Abgesehen von vielen kleinen, lauschigen Ecken mit Bäumen, Büschen und Rasen zieht sich ein riesiger, geschützter Nationalpark von 27 km² mitten durch die Innenstadt, der Ekoparken. In welcher anderen Millionenmetropole gibt es das schon? Und die Grünanlagen sind immer gut besucht, im Sommer wie im Winter, denn die Stockholmer sind – wie die Schweden generell – sehr naturverbunden. Kaum kommen die ersten Strahlen der Frühjahrssonne durch, gibt es für die sonnenhungrigen Hauptstädter kein Halten mehr. Dann müssen sie endlich wieder raus ins Freie, nachdem sie monatelang im Dunkeln gesessen haben.

VON WEGEN WINTERDEPRESSION

Im Mai und Juni, wenn alles grünt und blüht, wird die Stadt richtig lebendig. Dann starten die Schärendampfer tutend in die neue Saison, Festivals und Marathonläufe locken Besucher an, mit Kind und Kegel zieht es die Stockholmer zum Picknicken ins Freie. Dann tanken sie schon mal ordentlich Licht und Energie für die kalten, dunklen Wintertage, wenn die Straßen der Hauptstadt sich leeren, die Schiffe vertäut am Ufer liegen und es drinnen umso gemütlicher wird. Jede Menge Lampen in den Fenstern leuchten warm ins Winterdunkel, Feuerschalen vor den Eingangstüren verbreiten heimelige Stimmung. Die dunkle Jahreszeit überleben? Die Stockholmer wissen, wie's geht. Zum Beispiel mit Sport. Auch der hilft über den Winterblues. Die Stockholmer passen ihre Sportart einfach der Jahreszeit an. Die prima Badeseen und Kajakgewässer des Sommers werden im Winter zu herrlichen Schlittschuhbahnen; Golfplätze, auf denen sie im Sommer eingelocht haben, eignen

sich in der dunklen Jahreszeit ideal zum Skilanglauf. Und im Übrigen bleibt die Gewissheit: Der nächste Sommer kommt bestimmt!

STOCKHOLM GOES GREEN

Wer Stockholm zum ersten Mal besucht, stellt fest: Für eine Großstadt ist sie relativ klein. Auf 14 Inseln und über 50 Brücken schlängelt sie sich um viele Buchten und Wasserflächen herum, kriecht von einem Tunnel in den nächsten, um am anderen Ende die Hügel und Anhöhen zu erklimmen – eine große Fläche zwar, doch mit kompaktem Zentrum, das du dank eines klaren Schachbrettmusters gut erkunden kannst. Auch auffällig: Für eine Großstadt ist Stockholm sehr entspannt, ruhig und sauber. Das kannst du förmlich riechen, denn Stockholms Busse fahren mit Ethanol, Biogas oder Strom und sorgen damit für gute Luft. Deshalb wurde Stockholm 2010 auch als erste grüne Umwelthauptstadt Europas ausgezeichnet. Sie ist Vorreiter im urbanen Kampf gegen Luftverschmutzung, Verkehrschaos und den Ausstoß von Treibhausgasen. Der Stadtrat aus Konservativen, Christdemokraten, Liberalen, Zentrumspartei und Umweltpartei (Stand 2018) setzt verstärkt auf Mautgebühren, Fernwärme, Energieeffektivität, auf Umweltautos (es gibt immer mehr Ladestationen) und das gute alte Fahrrad. Ziel der Stadt ist es, 2040 vollständig unabhängig von fossilen Brennstoffen zu sein – und das, obwohl der Großraum Stockholm mit seinen 2,3 Mio. Einwohnern (950 000 davon in der Innenstadt) rasant wächst, um ca. 30 000 pro Jahr.

BAUBOOM IN DER PRIVILEGIERTEN METROPOLE

Und für die wird emsig gebaut. Straßen, Tunnel, U-Bahn-Linien, Fahrradwege. Nachhaltigkeit wird dabei ganz groß geschrieben, Busse und Fahrräder sollen mehr Platz im Straßenverkehr bekommen. Neue Stadtteile mit neuen Wohnungen schießen wie Pilze aus dem Boden, doch trotzdem reicht es vorn und hinten nicht. Denn Stockholm ist für viele im ganzen Land attraktiv: Wer Großstadtluft schnuppern, eine gute Ausbildung machen oder einen ordentlich bezahlten Job haben will, zieht hierher. Wohnungen gibt's zwar so gut wie keine, es sei denn, man hat viel Geld oder gute Beziehungen. Oder viel Glück. Aber dafür bekommt man schließlich einiges geboten, von dem andere schwedische Städter nur träumen können: ein vielfältiges Kultur- und Sportangebot, jede Menge Cafés, Clubs und Restaurants, eine breite Auswahl an schicken und originellen Läden – und obendrauf die fantastischen Schären vor der Tür.

MARCO POLO TOP-HIGHLIGHTS

SKANSEN 1
Alte Bauernhäuser, tolle Herrenhöfe und Elche im Freilichtmuseum mit Cityblick

SCHÄREN 2
Inselreich im wahrsten Sinn des Wortes: 30 000 kleine Eilande drängen sich vor den Toren Stockholms

GAMLA STAN 3
Stockholms Herz: enge Gassen, alte Kirchen, terrakottafarbene Giebelhäuser

KUNGLIGA SLOTTET 4
Viel Platz für Königs & Co: eins der weltgrößten Schlösser mit mehr als 600 Zimmern
Tipp: Von der Skeppsholmsbron mit der goldenen Krone im Vordergrund fotografieren

VASA 5
Das königliche Kriegsschiff liegt heute trocken – im eigenen Museum fest verankert

FOTOGRAFISKA 6
Inspiration für eine bewusstere Welt: Das hippe Museum für moderne Fotografie hat eine ganz klare Vision

STADSHUSET 7
Stockholms Wahrzeichen trägt drei goldene Kronen
Tipp: Ein tolles Stockholm-von-oben-Motiv gibt's vom Turm aus!

DROTTNINGHOLM 8
Schwedisches Versailles: Seit 1981 lebt die Königsfamilie in dem traumhaften Schloss vor den Toren Stockholms
Tipp: Das Schloss von der Wasserseite aus morgens, von der Parkseite aus nachmittags fotografieren

ÖSTERMALMS SALUHALL 9
Exklusive Köstlichkeiten aus Schwedens Wäldern, Wiesen und Gewässern unter einem Marktdach

ICEBAR 10
Köstliche Cocktails aus Eisgläsern im kältedichten Poncho bei frostig-frischen minus 5 Grad

BEST OF LOW BUDGET

FÜR DEN KLEINEN GELDBEUTEL

ZU EHREN DES KÖNIGS
Im Stechschritt und in schneidiger Uniform, hoch zu Ross und mit Musikkapelle: Die Wachablösung im Königlichen Schloss mit großer Parade ist ein Publikumsmagnet. Die Soldaten im Dienste Seiner Majestät halten Ehrenwache und beschützen den König.

HOCH HINAUS ZUM NIEDRIGEN PREIS
Für nur 60 SEK erklimmst du die 365 Stufen im Turm des Stadshuset, dem Wahrzeichen Stockholms, und wirst mit einer grandiosen Aussicht auf die Stadt belohnt.

REINER HÖRGENUSS
Du siehst zwar nichts, aber dafür hörst du umso mehr: Für 100 Kronen gibt es in der Königlichen Oper ein Ticket für einen *lyssnarplats*, einen Platz mit verdeckter Sicht. Augen zu und durch!

KOSTPROBEN VOM NACHWUCHS
In Stockholms Internationella Restaurangskola auf Kungsholmen tischen dir die Starköche von morgen dreigängige Lunch- und Dinnermenüs auf. Kulinarische Köstlichkeiten für wenig Geld.

WATERFRONT-SAFARI
Vom Wasser aus lassen sich Stockholms 14 Inseln prima erforschen! Und zwar mit einem Ticket der Stockholmer Verkehrsbetriebe SL. Damit kannst du vier verschiedene Pendelboote benutzen und von Insel zu Insel springen.

MUSIK ZUM NULLTARIF
Junge Virtuosen der Königlichen Musikhochschule zeigen in Konzerten, was sie musikalisch so alles draufhaben. Von Klassik bis Folk. Ganz umsonst oder zumindest ziemlich günstig.

BEST OF

TYPISCH

DAS ERLEBST DU NUR HIER

SCHIFF AUF DEM TROCKENEN

Gigantisch erhebt sich das imposante Kriegsschiff Vasa in der riesigen Halle aus der Dunkelheit. Sie sank bereits auf ihrer Jungfernfahrt 1628 im Stockholmer Hafenbecken. Nicht verpassen: den Film über ihre Bergung 333 Jahre später.

BEACH IN THE CITY

Baden? Gerne! In Stockholm gibt es schöne Badeplätze, so das Smedsuddsbadet, Långholmens Strandbad und bei Älta das Flatenbadet sowie weiter draußen in Stockholms Schären auf der Jetsetinsel Sandön.

KLEINE, RUNDE KLASSIKER

Kein Stockholmbesuch ohne die typischen Köttbullar! Besonders leckere hat das Restaurant Tradition. Zusammen mit Sahnesauce, Kartoffelpüree und Preiselbeeren ein unvergesslicher Genuss.

ROYALS ZUM ANFASSEN

Wer die königliche Familie einmal hautnah erleben möchte, braucht sich nur am 6. Juni, dem schwedischen Nationalfeiertag, in Stockholm an den Straßenrand zu stellen. Dann nämlich fahren die Royals mit der Kutsche quer durch die Stadt.

NOBLE STÄTTE

Du erkennst Stockholms Rathaus schon von Weitem am Turm mit den drei goldenen Kronen: Das Stadshuset ist das Wahrzeichen der schwedischen Hauptstadt. In den prachtvollen Sälen wird geheiratet, verwaltet und gefeiert. Dazwischen gibt's Führungen.

ROLLENDES CAFÉ

Vom Norrmalmstorg bis nach Skansen fährt die alte Straßenbahn Djurgårdslinjen 618, die zum Café umgebaut wurde. Ideal für Fußmüde und die Pause zwischendurch.

DIE BESTEN INSIDER-TIPPS

DRINKS IM WARMEN PELZ
Unbedingt reservieren *(icebarstockholm.se)*: In der Icebar ist alles aus dickem nordschwedischem Eis. Und gegen die Kälte gibt es Handschuhe und dicke Umhänge.

UNTERIRDISCH BADEN
Im historischen Kellergewölbe des Storkyrkobadet kannst du im kleinen Pool herrlich entspannen.

IN SCHWINDELNDEN HÖHEN
Diese spannende Dachwanderung in Gamla Stan mit Traumblick ist nichts für Leute mit Höhenangst!

ABENDLICHES PADDELN
In den hellen Sommernächten Stockholm vom Wasser aus entdecken – mit dem Kajak! Verleih bei Långholmen Kajak.

DANCING QUEEN SCHMETTERN!
Du wolltest schon immer deinen Lieblingssong des Kultquartetts selbst aufnehmen? Dann auf ins ABBA-Museum!

ÜBER DEN DÄCHERN DER STADT
Mach's wie die Stockholmer! Genieß deinen Drink im Sonnenuntergang auf einer Dachterrasse, z.B. auf der von Tak.

ABGEHOBEN
Der Traum vom Fliegen wird bei Bodyflight wahr. Im Windtunnel pustet dich ein Luftstrahl in die Höhe, und du fliegst wie mit 200 km/h im freien Fall.

DIE STADT HINTER SICH LASSEN
Das geht auch mit den weißen Ausflugsdampfern von Waxholmsbolaget, die dich hinaus in die felsige Schärenwelt bringen.

DAS SCHMECKT IN STOCKHOLM

Unsere Empfehlung heute

Vorspeisen

GRAVAD LAX
gebeizter Lachs, serviert mit herzhafter Honig-Senf-Sauce

RÄKOR
Krabben – frisch oder geräuchert

SILL
Hering – eingelegt in süß-saurer Senfsauce oder gebraten

Hauptgerichte

GUL ÄRTSOPPA MED FLÄSK
dicke gelbe Erbsensuppe mit Speck. Traditionelles Donnerstagsessen

KÖTTBULLAR
kleine gebratene Fleischbällchen aus Rind- und Schweinehack. Dazu gibt es Salzkartoffeln oder Kartoffelpüree, braune Sauce und Preiselbeeren

PYTT I PANNA
klassisches Restegericht aus gewürfelten Kartoffeln, Wurst- und Fleischstückchen mit einem Spiegelei oben drauf, dazu Rote Bete

WALLENBERGARE
Frikadellen aus Kalbshack, Zwiebeln und Sahne. Beilage: grüne Erbsen, Kartoffelpüree und Preiselbeeren

KRÄFTOR
gekochte Flusskrebse mit viel Dill, serviert mit Toast und Butter. Saison im August

JANSSONS FRESTELSE
Kartoffelauflauf mit Anchovis, Zwiebeln und Sahne – ein schwedischer Klassiker

BIFF À LA RYDBERG
klein geschnittenes Rindfleisch, kurz angebraten und mit Bratkartoffeln, Zwiebeln sowie rohem Eigelb serviert

Desserts

PANNKAKOR MED SYLT
Pfannkuchen mit Marmelade. Der obligatorische Nachtisch nach der Erbsensuppe

Fika

KANELBULLAR
beliebte Hefeschnecke mit Zimt

PRINCESSTÅRTA
mit Marmelade und Vanillecreme gefüllte Sahnetorte mit giftgrüner Marzipanhaube

Gemüseboot in San Barnaba

25

Ein Glas Wein mit Blick auf den Canal Grande, aus dem Kanal gluckst das Wasser, schwarze Gondeln ziehen an protzigen Palästen vorbei: Ja, das ist Venedig. Aber nicht nur. Schon beim Übersetzen mit dem Boot fragt man sich, wie die unwirkliche Schönheit dieser Stadt auf dem Wasser entstehen konnte. Und immer wenn du denkst, du hast endlich das wahre Venedig gesehen, flutscht dir das Bild schon wieder weg. Deshalb: Cool bleiben! Du musst diese Stadt nicht gleich am ersten Tag verstehen.

CHECK

- ✓ **Gondeln & Vaporetti**
- ✓ **Dogenpalast & Co.**
- ✓ **Über 400 Brücken**
- ✓ **Glaskunst: Murano**
- ✓ **Gummistiefelalarm!**

ENTDECKE VENEDIG

Im Dogenpalast entfalteten sich Macht und Pracht der Stadtrepublik

Je länger du in Venedig unterwegs bist, desto mehr Bilder sammelst du. Da ist das Postkarten-Venedig, starr und unbelebt, mit steinernen Brücken und Palästen. Das Disneyland-Venedig, kitschig und voller billigem Souvenirschrott. Dann das Traumbild, das aus dem Wasser des Canal Grande aufsteigt, wenn man in der Gondel vorbeischwebt, hingerissen von den Wahnsinnsfassaden der wasserumspülten Palazzi: prächtig und morbide zugleich. Kostbare Fresken und bröckelnder Putz. Zeugnisse vergangener Macht. Das innere Auge sieht den Dogen in seinem Palast mit seiner Dienerschar, die raschelnden Garderoben aufgedonnerter Rokokodamen und Giacomo Casanova persönlich auf einer Terrasse herumschäkern.

LANGWEILIGER ALLTAG? HIER BESTIMMT NICHT!

Und dann gibt es auch noch den Alltag, in Gestalt eines fluchenden Arbeiters, der Handmixer und Mikrowellen von einem Frachtkahn auf seine Lastkarre wuchtet, um eines der wenigen Haushaltswarengeschäfte zu beliefern, oder die Mutter mit dem Kinderwagen, die sich brückauf, brückab durch den Strom der Besucher zum einzigen noch verbliebenen Bäcker im Viertel durchkämpft, Hunde, die über den Strand des Lido tollen. Raff dich einmal morgens um 6.30 Uhr auf und schau dir an, was um die Zeit schon auf dem Canal Grande los ist! Langweilig wird es hier also nie. Sich treiben lassen, sich im Gassengewirr verlaufen, das macht richtig Spaß. Überall gibt es etwas zu entdecken. Und nicht nur Kunstschätze! Sicher, davon hat Venedig reichlich, aber Venedig ist kein Freilichtmuseum, sondern eine lebendige Stadt, in der gearbeitet und gefeiert wird, geliebt und gestritten.

AUF SUMPF GEBAUT

Diese Stadt auf dem Wasser ist ein Wunder der Menschheit. Wer kam bloß auf die verrückte Idee, mitten in den Sumpf eine Stadt zu bauen? Venedig ist aus der Not geboren, ihre Gründung war eine Verzweiflungstat: Wohin sollten sich die Menschen denn sonst flüchten vor den Hunnen und Langobarden, die ab 500 wie Heuschrecken über das fruchtbare Festland herfielen, raubten und brandschatzten? In die Sümpfe flüchteten sie, in malariaverseuchtes Niemandsland, das mit den Jahrhunderten zu einem 7,5 km^2 großen, künstlich angelegten Stadtgebiet wurde. Millionen von Holzpfählen waren nötig, mehr als 400 Brücken.

STUDENTENFLAIR

Heute ist Venedig auch Wissenschafts- und Forschungszentrum. Und natürlich Universitätssitz – gerade das Lehrfach Architektur zieht Studierende aus aller Welt an, die Kreativität und Esprit mitbringen. So hat sich vor allem in den Stadtvierteln Dorsoduro und Cannaregio eine quirlige Lokal- und Kleinkunstszene entwickeln können, die die wenigsten Besucher kennen. Dank der Uni gibt es Studentenkneipen mit zivilen Preisen und Lounges und Clubs zum Chillen und Tanzen – neben altehrwürdigen Kaffeehäusern, sündhaft teuren Nobelrestaurants und urigen Trattorien.

HOCHWASSER UND TOURISTENSCHWEMME

Doch auch Wissenschaft und Fortschritt gehen manchmal eigenartige Wege. Ziemlich peinlich ist die Geschichte von MOSE (Modulo Sperimentale Elettromeccanico), der geplanten Schutzschleuse gegen das Hochwasser. Angeblich ein Jahrhundertbauwerk, vor allem aber eine Gelddruckmaschine für korrupte Manager und Politiker. Statt sich um die Lagune zu kümmern, hatten die Herren ihre Bankkonten im Auge. *Una vergogna,* eine Schande, nennen das die Venezianer, die mit der kolossalen Hochwasserschutzanlage nie so richtig warm wurden. Ein so radikaler Eingriff in die Natur ist vielen einfach nicht geheuer und Gummistiefel sind dann doch die einfachere Lösung.

Zudem Fluch und Segen des Tourismus: An die 30 Mio. Touristen kommen jedes Jahr nach Venedig, und es werden immer noch mehr. Dem fragilen Ökosystem der Lagune tut das nicht gut – aber wie mit dieser Herausforderung umgehen? Einen Numerus clausus einführen? Eintritt nehmen? Eins steht jedenfalls fest: Venedig ist nicht tot, Venedig ist sehr lebendig. Stürz dich rein ins venezianische Chaos!

MARCO POLO TOP-HIGHLIGHTS

PONTE DI RIALTO ★1
Die Brücke aller Brücken – voll mit Andenkenbuden und trotzdem schön in ihrem Schwung über den Kanal

CAMPANILE DI SAN MARCO ★2
Aussicht, Aussicht, Aussicht! Einen besseren Einstieg gibt es nicht, als den Blick von hier oben über die Stadt schweifen zu lassen
📷 *Tipp: Erwisch eine Schwalbe im Flug über den Markusplatz – das geht nur von hier*

BASILICA DI SAN MARCO ★3
Gold und Glitzer: Der Markusdom ist einfach unglaublich mit seinen Mosaiken und Edelsteinen und allem Drum und Dran

PIAZZA SAN MARCO ★4
Über die schönste Piazza der Welt bummeln und einfach nur staunen

PALAZZO DUCALE ★5
Epizentrum der Macht: Von hier regierten die Dogen die mächtige Seerepublik

GIUDECCA ★ 6
Bummeln von Andrea Palladios Meisterwerk, der Redentore-Kirche, zur Luxusmühle Molino Stucky: herrlich!
📷 *Tipp: Vom Ufer aus lässt sich wunderbar die Morgensonne in der Lagune einfangen*

CIMITERO DI SAN MICHELE ★ 7
Unheimlich schön: ein zypressengesäumter Spaziergang auf Venedigs Friedhofsinsel

MURANO ★ 8
Sei dabei, wenn über dem Feuer die tollsten Glasobjekte entstehen, und gib dich in einem der vielen Ateliers der Kauflust hin
📷 *Tipp: Knipsen, wenn der Glasbläser die Backen aufplustert*

FRARI ★ 9
Wenn Kirche, dann diese: Hier haben sich alle Großen verewigt, von Tizian über Canova und Bellini bis Donatello

DO MORI ★ 10
Pikante Häppchen und ein Glas Wein: Das ist genussvolles venezianisches Alltagsleben – z. B. in Venedigs ältester Stehbar

BEST OF LOW BUDGET

FÜR DEN KLEINEN GELDBEUTEL

DURCH DIE LAGUNE BRAUSEN

Exkursionen in die Lagune per Mietboot sind eine tolle Sache, haben aber ihren Preis. Mit der Vaporettolinie 14 schipperst du zum ÖPNV-Tarif von San Zaccaria am Markusplatz bis zur Endstation Punta Sabbioni – bei klarem Wetter mit schönster Sicht auf die Inseln Lido und Sant'Erasmo.

EIN DRINK VOR TRAUMKULISSEN

Statt ein Abendessen zum Horrorpreis bestell einen Spritz oder einen anderen Aperitif, um das tolle Flair auf den Terrassen der Restaurants direkt am Wasser zu genießen – z. B. im Linea d'Ombra. Komm vor 18.30 Uhr und sag, dass du nur was trinken willst.

DIE MELANCHOLISCH-MORBIDE SEITE DER STADT

Promifriedhof der Vergangenheit: Auf San Michele liegen Dichter und Denker, Künstler und Industrielle begraben. Melancholie pur – und ganz umsonst. Aber dann schnell zurück ins pralle Leben!

PARTY UNTER FREIEM HIMMEL

Bei einem Gläschen mit Einheimischen schwatzen: In der warmen Jahreszeit mutieren manche Plätze zu regelrechten Open-Air-Partysalons – ohne Verzehrzwang oder Eintritt. Bevorzugte Intreffs sind z. B. die Campi Santa Margherita und San Bartolomeo.

SPACHTELN WIE EIN HANDWERKER

Es gibt sie noch, die kleinen, urgemütlichen und günstigen Trattorien. Meistens haben sie nur wenige Gerichte, aber die sind richtig hausgemacht. Profitipp: Geh einfach zur Mittagszeit den Maurern und Handwerkern hinterher, denn wo die einkehren, sind die Portionen groß und die Preise klein.

BEST OF

TYPISCH

DAS ERLEBST DU NUR HIER

EINFACH SPITZE, DIESE INSEL!

Schon mal was von Spitzenklöpplern gehört? Das war früher ein angesehener Beruf. Und venezianische Spitze der Hit auf dem Weltmarkt. Im Inselmuseum auf Burano wird das alles genau erklärt.

ÜBER DIE KANÄLE GONDELN

Kitschig, aber sooooo schön! Statt über all die Touris die Nase zu rümpfen, die sich auf Gondeln gegenseitig fotografieren: Probier es selber aus! Wenn du einmal lautlos durch stille Kanäle geglitten bist, weißt du um den Zauber.

MEERESFRÜCHTE AN DER QUELLE

Unter freiem Himmel Spezialitäten schlemmen: Nirgends sind Fisch und frutti di mare so frisch wie an der Uferzone am Canal Grande zwischen Fischmarkt und dem Mercato di Rialto.

FESTE NONSTOP

Die Venezianer lieben Feste, und wenn du nicht gerade zum Karneval kommst, dann feier bei vielen kleinen Volksfesten mit. Besonders ursprünglich sind etwa das Spargelfest in Cavallino, das Fischerfest von Malamocco und das Weinfest auf Sant'Erasmo.

LANGE PROMENADE AM WASSER

Ein Spaziergang über den 1,2 km langen Kai Zattere mit Blick über den Giudeccakanal weitet das Herz. Hier erlebst du Venedig-Feeling pur!

TIZIAN, TINTORETTO & CO.

Von den großen Renaissancemeistern bis zu Genre- und Landschaftsbildern aus Barock und Rokoko: Nirgendwo bekommst du die Quintessenz der venezianischen Malerei in solcher Dichte zu sehen wie in der Galleria dell'Accademia.

DIE BESTEN INSIDER-TIPPS

GUMMISTIEFEL EINPACKEN
Für Besucher ein kostenloses Event, für Bewohner regelmäßiges Ärgernis: Acqua Alta. Regelmäßig flutet das Wasser der Adria den Markusplatz und weite Teile des Zentrums. Da helfen nur Gummistiefel – oder hochgekrempelte Hosen.

LATTE IM GEWÄCHSHAUS
Super für einen Bummel durchs Grüne sind die Giardini Pubblici – und danach legst du zwischen Palmen und Bananenstauden in der Caffetteria die Beine hoch – dazu gibt's einen Latte Macchiato und Biobrownies.

ESSEN MIT DEN GONDOLIERI
In der Trattoria dalla Marisa essen die Gondolieri und so mancher Conte. Wenn du das herzhafte Tagesmenü bestellst, bist du satt für den ganzen Tag.

BESUCH BEIM SUPERSTAR
Das Schönste, was aus Glas werden kann, ist im Showroom von Pino Signoretto auf der Glasbläserinsel Murano zu bestaunen.

ROBINSON CRUSOE SPIELEN
Du willst eine Insel ganz für dich? Auf der verwilderten Insel Poveglia triffst du kaum eine Menschenseele.

VENEDIG MAL ANDERS
Auf dem Rad in die Natur: Durch Salzwiesen und Gemüsefelder geht's bei einer Rundtour über die Insel Sant'Erasmo.

(BA)ROCKEN MIT DEN BESTEN
Im romantischen Ambiente der ehemaligen Kirche San Vidal entführen die Interpreti Veneziani mit Bach und Vivaldi in die Zeit des Barock.

DAS SCHMECKT IN VENEDIG

Unsere Empfehlung heute

Antipasti

CARPACCIO
Hauchdünn geschnittenes, rohes Rinderfilet, mit Zitrone beträufelt und Parmesanspänen bestreut

SARDE IN SAOR
Gekochte, mit einer Marinade aus Olivenöl, Essig, Wein sowie Rosinen und Pinienkernen kalt servierte Sardinen

FOLPETTI ALLA VENEZIANA
Gekochte Babytintenfische

FIORI DI ZUCCA
Gefüllte und ausgebackene Kürbisblüten

Primi Piatti

BIGOLI IN SALSA
Spaghetti mit Sardellensauce

RISI E BISI
Reis mit Erbsen

RISOTTO NERO
Mit der Tinte von Tintenfischen *(seppie)* zubereiteter und dementsprechend schwarzer Reisbrei

BROETO
Sämige Fischsuppe

PASTA E FAGIOLI
Eintopf aus dicken Makkaroni mit dicken Bohnen und viel Olivenöl

Secondi Piatti

BACCALÀ MANTECATO
Paste aus gedünstetem, zerstampftem Stockfisch mit Knoblauch, Zwiebeln und Olivenöl

FRITTO MISTO DI MARE
Frittierte Fische und Meeresfrüchte

CAPESANTE GRATINATE
Gratinierte Jakobsmuscheln

CANOCE AL VAPORE
Gedämpfte Heuschreckenkrebse

FEGATO ALLA VENEXIANA
In einem Sud aus Weißwein und Zwiebeln gedünstete Kalbsleber

Dolci

FRITOLE
In Fett ausgebackene Bällchen mit Rosinen und Pinienkernen

GALANI
Mit Puderzucker bestäubte, hauchdünne Gebäckstreifen

WIEN

Am Donaukanal

Ja, Wien durchweht noch immer ein Hauch der Habsburger-Dynastie, wie die Prunkbauten von Universität, Burgtheater und Oper demonstrieren. Dennoch hat sich die Stadt in den vergangenen Jahrzehnten aus ihrer K. u.k.-Glasglocke getraut und zu einer pulsierenden, jungen, internationalen Metropole entwickelt. Wie lebendig die Stadt ist, das wird unübersehbar, wenn es endlich warm wird und die Wiener zu den Szenelokals und Strandbars entlang des Donaukanals ziehen oder jeden freien Fleck auf Wiesen und Parks bevölkern.

CHECK

- ✓ Stadt der Kaffeehäuser
- ✓ Mehr Studenten als Berlin
- ✓ Wiener Lebensqualität
- ✓ Monarchie & Burgtheater
- ✓ Treffpunkt Naschmarkt

ENTDECKE WIEN

Da wird einem ganz schwindlig: Die Hofburg ist ein Megakomplex mit 2500 Räumen

Wien ist die Stadt mit den meisten Klischees pro Quadratzentimeter. Ein typischer Tag schaut demnach so aus: Man steht morgens auf, trinkt eine Melange (Kaffee mit Milchschaum) aus einem Sisi-Häferl und isst dazu ein Kipferl (so was wie ein Croissant) mit Butter und Marillenmarmelade. Im Hintergrund läuft klassische Musik. Der Fiaker wartet danach schon vor der Tür (Damen werden mit Handkuss begrüßt) und kutschiert einen in die Arbeit, wo man dann notgedrungen ein wenig Zeit verbringt.

MITTAGS GEHT ES DANN IN EIN BEISL …

Dort isst man – wie könnte es anders sein – ein Schnitzel mit Erdäpfel-Vogerl-Salat (also Salat aus Kartoffeln und Feldsalat). Dazu gibt man etwas rabenschwarzen, derben Humor zum Besten – denn das, meine Damen und Herren, ist der berühmte Wiener Schmäh. Der nächste Weg führt in ein Kaffeehaus, um dort eine Sachertorte oder einen Apfelstrudel mit einem kleinen Braunen zu genießen. Am Abend beschäftigt man sich mit den schönen Künsten – immerhin wohnt man ja in der Welt-Musik- und Kulturhauptstadt.

WELTSTADT WIEN

So weit, so Klischee – und einen Kern Wahrheit hat das natürlich auch, denn das alles gibt es wirklich. Ja, Wien ist ein Hauch von ehemaliger Weltmacht, wie die Prunkbauten von der Hofburg übers Burgtheater, die Oper und die vielen Luxushotels demonstrieren. In diesem innersten, historischen Kern der Stadt wurde die Monarchie nie ganz abgeschafft, die Habsburger-Dynastie wird mit allen Mitteln am Leben erhalten: durch Statuen der wichtigsten

Vertreter an jeder Ecke der historischen Altstadt und Sisi- und Kaiser-Franz-Joseph-Souvenirs in tausendfacher Ausführung. Hier ist Wien die Weltmetropole der Hochkultur mit seinen Sängerknaben, den Wiener Philharmonikern, den Theatern, den großen Museen und der klassischen Musik.

EINE LEBENSWERTE STADT

Dass Wien seit Jahren kontinuierlich das Ranking der lebenswertesten Städte anführt, hat sich natürlich auch international herumgesprochen. Und die geografische Lage, als Drehscheibe zwischen Ost und West, macht die Stadt für die Wirtschaft attraktiv. So haben sich hier mehr als 200 internationale Firmenzentralen angesiedelt. Insbesondere Unternehmen aus den Bereichen Life Sciences sowie Informations- und Kommunikationstechnik sind seit der Jahrtausendwende dazugekommen. Es wird also fleißig geforscht und erfunden – an sich keine neue Entwicklung, denn in Wien wurde schon die Schneekugel, die wasserfeste Wimperntusche, die Zahnpasta aus der Tube und der Rollschuh erfunden. Nun also kommt „die ganze Welt wieder nach Wien", denn viele der neuen Betriebe bringen hochqualifiziertes internationales Personal mit sich.

SPIONE UND AGENTEN

Neben neuen Dauergästen begrüßt Wien Kurzzeitbesucher zu Wochenendtrips und Miniurlauben, auch als Verhandlungs- und Konferenzort ist die Hauptstadt geschätzt – und gilt darüber hinaus seit dem Kalten Krieg als Hochburg der Spionage. Mehr als 7000 Agenten und Spione gehen nach Schätzungen derzeit in Wien ihrer Arbeit nach – so viele wie angeblich in keiner anderen Stadt der Welt. Das hat damit zu tun, dass Spionage in Österreich nur dann strafbar ist, wenn sie sich direkt gegen Österreich richtet. Wenn in Wien also ausländische Staaten andere ausländische Staaten ausspionieren, ist das völlig legal.

ENTDECKE DEIN EIGENES WIEN!

Also ist Wien gar nicht nur romantisch? Nein, nicht nur. Das wäre auch zu einfach, letztlich zu langweilig. Wien ist alt und jung. Modern und Monarchie. Lebensbejahend und jenseits. Ist Tradition und Melange der Kulturen – die Stadt hat viele Gesichter, mal selbstbewusst und cool, mal schüchtern und in sich gekehrt. Wenn du Herz und Augen öffnest, dann wird Wien sich auch dir nicht verschließen.

MARCO POLO TOP-HIGHLIGHTS

KUNSTHISTORISCHES MUSEUM ★1

Prächtig, prächtig: Im KHM fühlst du dich wie in einem Schloss und kannst eine der wertvollsten Kunstsammlungen weltweit bewundern

STEPHANSDOM ★2

Der „Steffl" ist das Wahrzeichen Wiens. Wenn du durch die historische Innenstadt streifst, siehst du ihn im Zentrum emporragen

HOFBURG ★3

Früher Habsburger-Residenz, heute Arbeitsplatz des Präsidenten und Sitz zahlreicher Museen sowie der Nationalbibliothek

📷 *Tipp: Nimm den Prunksaal der Nationalbibliothek vor die Linse – einen schöneren Bibliothekssaal wirst du weltweit kaum finden*

BURGTHEATER ★4

Klassische und provokante Inszenierungen auf einer der bedeutendsten Bühnen Europas. Die „Burg" gilt als Österreichs Nationaltheater

MUSEUMSQUARTIER ★5

Moderne Kunst, Egon Schiele – oder einfach nur entspannen? Alles möglich im riesigen Kulturareal MQ

📷 *Tipp: Nutze den Fotoautomaten rechts neben dem Haupteingang für besondere Erinnerungen*

BELVEDERE 6
Sich wie ein Prinz fühlen? Kein Problem in der barocken, auf einem Hügel errichteten Schlossanlage, die auch Kunstgalerien beherbergt

PRATER 7
Hier dreht nicht nur das Riesenrad seine Runden. Der Prater ist auch eine riesige Grünfläche, die Hauptallee mehr als 4 km lang!
Tipp: Architekturfan? Dann mach einen Schlenker zum Campus der Wirtschaftsuni! Die futuristische Bibliothek von Zaha Hadid ist ein tolles Fotomotiv

GLACIS BEISL 8
Eines der besten Schnitzel serviert dieses zentral, aber doch versteckt gelegene Wirtshaus. Der Gastgarten ist perfekt, um der Sommerhitze zu entfliehen

SCHLOSS SCHÖNBRUNN 9
Barocke Pracht: Die prunkvollen Räume der ehemaligen Sommerresidenz von Maria Theresia und der weitläufige Schlosspark sind Weltkulturerbe
Tipp: Für den Blick auf Schönbrunn vor der Wienkulisse lohnt der kleine Anstieg zur Gloriette

NASCHMARKT 10
Schlendere über Wiens schönsten Lebensmittelmarkt und nasch ein paar Delikatessen, die dir Händler lautstark anbieten

BEST OF
LOW BUDGET

FÜR DEN KLEINEN GELDBEUTEL

AB AUF DIE INSEL

Ende Juni lockt das Donauinselfest. Drei Tage lang feiern bei Musik, Sport und Kabarett. Wach bleiben lohnt sich: Europas größtes Open-Air-Musikfestival ist frei. Die Donauinsel ist zudem eines der beliebtesten Naherholungsgebiete der Wiener – nicht zuletzt, weil hier gratis gegrillt, gesportelt und (nackt) geschwommen wird.

DIE SCHÖNSTE TOILETTE WIENS

Sonst ist es ja eher ein Muss als ein Genuss. Im Marmor-Gold-Ambiente der denkmalgeschützten Jugendstiltoilette Öffentliche Bedürfnisanstalt am Graben hat man aber das Gefühl, im Museum zu sein – ganz ohne Eintritt zu löhnen.

LUST AUF SAKRALMUSIK?

Die wunderschöne Augustinerkirche ist bekannt für ihren feierlichen, von Musik begleiteten Gottesdienst. An Sonn- und kirchlichen Feiertagen hörst du bei kostenlosem Eintritt auf höchstem musikalischem Niveau Festmessen von Haydn oder Schubert.

SCHÖNE SICHT VOM SCHÖNBRUNNER SCHLOSSPARK

Natürlich ist das Schloss mit seinen Prunkraumen die Hauptattraktion. Doch auch ein Spaziergang durch die Grünanlage ist eine Freude und im Gegensatz dazu kostenfrei. Nicht versäumen: den Blick vom Gloriettehügel auf das westliche Wien.

GROSSE OPER ZUM NULLTARIF

Schwanensee oder doch lieber Die fantastischen Vier? Im Sommer werden beim Filmfestival am Rathausplatz jeden Abend kostenlos Ballett- und Opernaufführungen sowie Konzertmitschnitte gezeigt.

BEST OF

TYPISCH

DAS ERLEBST DU NUR HIER

SCHÖNER SCHIMMEL!

Die Spanische Hofreitschule mit ihren Lipizzanern in der Hofburg ist eine Institution: Bei einem Spezialrundgang kann man neben der Sattelkammer auch die Schimmel im Stall besuchen.

SCHOKOLADIGES VERGNÜGEN

Es gibt nur einen richtigen Ort, um die originale Sachertorte mit ihren zwei Marmeladeschichten das erste Mal zu probieren: das Café Sacher Wien. Gut möglich, dass du dich für die Leckerei anstellen musst.

WELT DER TÖNE

Wenn du hier ein traditionelles Museum erwartest, irrst du gewaltig! Auf eine höchst unterhaltsame, weil multimediale und interaktive Reise durch die Welt der Töne nimmt dich das Haus der Musik mit – auf sieben Etagen in einem prächtigen Palais.

WEIN TRINKEN AM WEINBERG

In Wien gibt es viele Viertel, in denen regelmäßig tief ins Weinglas geschaut wird. Neustift am Walde ist eine der schönsten Heurigengegenden. Dort liegen etliche kleine Familienbetriebe malerisch in den Weinbergen.

DSCHUNGEL IM GLASHAUS

Es fühlt sich an, als wärst du in den Tropen. Im Palmenhaus, Wiens ältestem Jugendstilglashaus, flattern bunte Schmetterlinge zwischen Palmen. Danach unbedingt noch auf einen Apfelstrudel im dazugehörigen Café vorbeischauen!

DREH 'NE RUNDE!

Zu den „Pflichten" jedes Stadtbesuchers zählt im Prater die gut zehnminütige Fahrt mit dem Riesenrad, einer 1896/97 errichteten, 67 m hohen Eisenkonstruktion.

DIE BESTEN INSIDER-TIPPS

BLICK AUFS BUNTE DACH
Traumhafte Ausblicke auf die Dachmosaike des Stephansdoms genießt du, wenn du per Lift den Nordturm hochfährst oder über 343 enge Stufen die Türmerstube im Südturm erklimmst.

DIE DONAUINSEL EROBERN
Fahrrad mieten und Picknickkorb packen! Du wirst den 21 km langen Grünstreifen lieben.

WIENER MELANGE GENIESSEN
Mit dem ersten Schluck Milchkaffee im Café Jelinek kommst du so richtig in der Hauptstadt an.

DAS LEBEN FEIERN
Am Gürtel reihen sich die Bars und Clubs aneinander – hier beginnen Partynächte.

PERSPEKTIVE WECHSELN
Lerne Wien ganz neu kennen bei alternativen Stadttouren von Obdachlosen und Flüchtlingen.

HABSBURGERN DIE EHRE ERWEISEN
Morbide? Auf jeden Fall pompös. In der Kapuzinergruft bestaunst du die prächtigen Särge der Kaiserfamilie.

ZEITREISE IN 5-D
Alles, worauf Wien in seiner 2000-jährigen Geschichte mehr oder weniger stolz ist, wird im Time Travel Vienna per 5-D-Kino und Puppenspiel im Schnelldurchlauf serviert.

LILIPUTBAHN FAHREN
Kinder lieben die Mini-Lokomotive mit den offenen Waggons, die durch den grünen Prater dampft.

DAS SCHMECKT IN WIEN

Unsere Empfehlung heute

Vorspeisen

FRITTATENSUPPE
klare Rindersuppe mit in Fett gebackenen und in Streifchen geschnittenen Eierpfannkuchen

GRIESSNOCKERLSUPPE
klare Rindersuppe mit Klößen aus Grieß, Milch, Eiern und Butter als Einlage

LEBERKNÖDELSUPPE
klare Rindersuppe mit Knödeln aus Rinderleber und Semmeln

Hauptgerichte

BEUSCHEL
klein geschnittene Innereien (meist Herz und Lunge) in pikanter Sauce

STELZE
gegrillte Unterschenkel vom Schwein oder Kalb; dazu Sauerkraut und Semmelknödel

TAFELSPITZ
Gustostück vom gekochten Rind, mit Schnittlauchsauce, Röstkartoffeln und Apfelkren (= geriebenem Meerrettich)

WIENER SCHNITZEL
paniertes, goldbraun ausgebackenes Filetstück vom Kalb; Beilage: Kartoffelsalat

KRAUTFLECKERLN
Nudeln mit pikantem, gedünstetem Weißkraut

Desserts

APFELSTRUDEL
Hauchdünner Strudelteig, gefüllt mit geriebenen Äpfeln, Nüssen, Rosinen, gewürzt mit Zimt und Zucker

KAISERSCHMARRN
Süßspeise aus zerrupftem Omelettteig, serviert mit Zwetschgenröster, also eingedicktem Pflaumenkompott

PALATSCHINKEN
süßer, mit Marillen- (= Aprikosen-) marmelade gefüllter Pfannkuchen

POWIDLTASCHERLN
böhmische Kartoffelteigtaschen, mit Pflaumenmus gefüllt

SACHERTORTE
Torte aus Eigelb, Zucker, wenig Mehl und Eiweißschnee, mit Marillenkonfitüre gefüllt und mit Schokolade übergossen

Relaxen an der Sigi-Feigel-Terrasse

Du willst eine interessante Stadt erleben, in der der Spaß nicht zu kurz kommt? Neben dem Sightseeing entspannen, am Fluss die Aussicht und die Sonne genießen? Die großen Marken shoppen und auch mal die Nacht durchfeiern? Dann wirst du Zürich lieben! Die Stadt ist nicht groß, aber umso vielseitiger: Partymetropole, Finanzzentrum, kultureller Hotspot und Sommerbadeort mit vielen See- und Flussbädern. Und der nächste Berg wie der Uetliberg, der mit 871 m hohe Zürcher Hausberg, ist niemals weit weg.

CHECK

- ✓ **Leben an der Limmat**
- ✓ **Schickes Altstadtviertel**
- ✓ **Wo die Kreditkarte glüht**
- ✓ **Im Schoggi-Paradies**
- ✓ **Hochhäuser? Fehlanzeige**

ENTDECKE ZÜRICH

Wo Luxusmarken und Banken sich die Hand geben: Bahnhofstraße

Zürich bietet beste Lebensqualität. Das behaupten nicht die Bewohner der Stadt selbst – es geht aus einer Studie von Mercer hervor, dem größten Consultingunternehmen der Welt. Seit Jahren liegt Zürich beim jährlichen Ranking auf einem der vordersten Ränge.

MULTIKULTI AM SEE

Was Zürich so lebens- und erlebenswert macht, sind das große Freizeitangebot und die privilegierte Lage am herrlichen Zürichsee, eingebettet in grüne Hügel. Es sind die ausgedehnten Fußgängerzonen und Grünflächen, die Straßencafés, die Altstadtgassen, die jungen Designerläden, die Boutiquen der großen Modelabels. Viele internationale Großkonzerne haben sich in der Stadt und der Umgebung niedergelassen. Und nicht nur deren Mitarbeiter, auch die vielen ausländischen Fachkräfte in Schweizer Unternehmen machen die Bevölkerung zu einer polyglotten Gesellschaft. Fast jeder dritte Einwohner stammt aus dem Ausland. Brasilianische Bars, englische Clubs und fernöstliche Restaurants sind deshalb ebenso selbstverständlich wie die traditionellen Schweizer Kulturgüter: die Banken, die Uhren und die gute Schokolade.

EIN MAGNET FÜR VIPS

In der Vergangenheit wurde Zürich vor allem der Politik der umliegenden Länder wegen häufig zur Wahlheimat großer Persönlichkeiten. Thomas Mann wohnte zeitweilig hier (bzw. im nahen Kilchberg), ebenso wie Bertolt Brecht und Richard Wagner, James Joyce,

C. G. Jung, Georg Büchner und Wladimir Iljitsch Uljanow, besser bekannt unter dem Namen Lenin. Zürichs Liste von weltbekannten, brillanten Köpfen Schweizer Provenienz ist ebenfalls beeindruckend. Dazu gehören z. B. die Schriftsteller Gottfried Keller und Max Frisch oder der konstruktivistische Künstler Max Bill. Auch heute leben in und um Zürich viele Künstler, Showgrößen und sonstige VIPs, so etwa die Rocklegende Tina Turner oder der spanische Stararchitekt Santiago Calatrava.

HOTSPOT VON KUNST UND KULTUR

Auf rund 430 000 Einwohner kommen über siebzig Kinosäle, vierzehn permanente Theater und über fünfzig Museen. Dazu hat sich eine überaus lebendige und kreative Design- und Modeszene etabliert, was dazu führt, dass viele Jungtalente nicht in die Metropolen im Ausland abwandern, sondern ihre Kreativität in ihrer Heimat umsetzen. Heimische Labels wie Freitag und Connox von Alfredo Häberli sind nur zwei Beispiele von vielen. Historische Kulturdenkmäler gibt es ebenfalls in Hülle und Fülle. Die Glasfenster von Marc Chagall im Fraumünster gehören dazu, die Plastik von Max Bill an der Bahnhofstrasse, das Grossmünster, das Wahrzeichen der Stadt, oder die Kirche St. Peter mit dem größten Zifferblatt Europas. Moderne Architektur boomt in den zum Teil umgenutzten Industriequartieren Zürich-West und Zürich-Nord. Und was es wirklich mit der viel gerühmten Schweizer Uhrenindustrie auf sich hat, siehst du beim Schaufensterbummel entlang der Bahnhofstrasse.

KLEINE WELTSTADT

Zürich ist überschaubar. Die Stadt besitzt bis heute keine breiten Boulevards und nur wenige Hochhäuser und hat sich deshalb vielerorts einen – je nach Blickwinkel – biederen oder charmanten Kleinstadtcharakter bewahrt. Ein dicht ausgebautes Straßenbahnsystem bringt dich bequem von einem Punkt zum andern. Die umweltfreundliche Verkehrspolitik hat dafür gesorgt, dass die Stadt überaus fußgängerfreundlich ist. Abends lockt eine junge Gastroszene mit Restaurants, Bars und Clubs sowie ein vielfältiges Unterhaltungsangebot, das allerdings seinen Preis hat. Eintritte, Essen und Getränke sind meist markant teurer als anderswo. Günstig ist nur das Nach-Hause-Kommen. Auch hierfür wartet ein gutes Netz von Nachtzügen und -bussen auf alle Nachtschwärmer. Dank der hippen Club- und Loungeszene in den neuen Stadtvierteln sowie der jährlichen Streetparade gilt Zürich für viele als Europas Partystadt schlechthin.

MARCO POLO TOP-HIGHLIGHTS

GROSSMÜNSTER ★1
Die Kirche, deren Doppeltürme die Altstadt rechts der Limmat überragen, ist das Wahrzeichen der Stadt

BAHNHOFSTRASSE ★2
Die „Mutter aller Shoppingmeilen" garantiert den Schaufensterbummel auf edelstem Niveau

KUNSTHAUS ★3
Für die gewaltige Sammlung alter und moderner Meister mit dem eleganten Erweiterungsbau haben schon Stars wie Brad Pitt eine Privatführung gebucht

FRAUMÜNSTER ★4
Marc Chagalls berühmte Glasfenster im Fraumünster muss man einfach gesehen haben

ZÜRICHHORN ★5
Die Parkanlage im Seefeld ist trendiges Naherholungsgebiet mit Seebad und Kunstmeile zugleich

SECHSELÄUTENPLATZ ★6
Der größte Platz der Stadt ist ein urbaner Treffpunkt mitsamt Gartenstühlen und Sonnenschirmen zum Verweilen
Tipp: Einfach auf den Boden setzen – der glatte Steinboden bildet den schönsten Background für Selfies

TONI-AREAL ★7
In der ehemals größten Joghurtfabrik Europas lagern 500.000 Designobjekte im Schaulager des Museums für Gestaltung

FRAU GEROLDS GARTEN 8
Sonnenterrasse, Stadtgarten, Kunstareal und Winterhüttenzauber – die Industriebrache hinter dem Prime Tower hat das ganze Jahr über etwas zu bieten
Tipp: Nirgends leuchtet Zürich bei Nacht bunter als hier mit all den Lichtergirlanden

ZOO 9
Schöne Anlage auf dem Zürichberg mit originalgetreuer Nachbildung verschiedener Landschaften Tibets, Madagaskars, Thailands und Kenias

STREETPARADE 10
Jedes Jahr im August findet die weltgrößte Technoparty statt – und sie ist einfach ein Event!
Tipp: Zum Ablichten der kostümierten Raver und Love-Mobile am Bürkliplatz platzier dich links der Quaibrücke Richtung Enge

FEIERN FÜR LAU

Auch beim Feiern lässt sich Geld sparen. „Cool Monday" heißt es z. B. montags im Club Mascotte am Bellevue: Der Eintritt ist frei. Am Donnerstag kommst du gleich in zwei Clubs gratis: in die Zukunft die ganze Nacht, ins Hive bis 24 Uhr.

GRATISTOUREN

Die Gratisfahrräder des Projekts „Züri rollt" sind schon Kult: Die Stadt verleiht das ganze Jahr über kostenlos Räder, Skateboards und Kindervelos – im Winter an zwei, im Sommer an fünf Stationen in der Innenstadt. Und dann radelst du, wohin du willst.

AB IN DIE TROPEN

Der botanische Garten pflegt in der größten der drei Glaskuppeln einen tropischen Tieflandregenwald. Hunderte von Pflanzen bilden dichtes Buschwerk und vom künstlichen Tropenwaldriesen aus kannst du auf das echte Blätterdach des Waldes blicken. Der Eintritt ist frei.

KLASSIK IM FREIEN

Im Rahmen der jährlichen Zürcher Festspiele (Juni/Juli) finden auf dem Münsterhof vor der Fraumünsterkirche Open-Air-Aufführungen statt. Der Eintritt ist frei – eine gute Gelegenheit, Opern oder Sinfonien in einzigartiger Atmosphäre zu genießen.

ZWEI FÜR EINS

Bezahlen, um Rabatte zu bekommen? Unbedingt! Das Prozentbuch *(prozentbuch.ch)* beinhaltet 2-für-1-Gutscheine für zahlreiche Restaurants, Bars, Clubs und sogar einen Hamam. Zweimal benutzt, sind die Kosten schon wieder wett. Erhältlich ist es in Buchhandlungen und an größeren Kiosken.

BEST OF
TYPISCH
DAS ERLEBST DU NUR HIER

TRAM 4
Die Trams prägen das Straßenbild und bieten eine bequeme und aussichtsreiche Fahrt durch die Stadt. Einen besonders guten Eindruck der Größe und Vielfalt Zürichs bekommst du bei einer Rundfahrt mit der Nr. 2, 4 und 13. Sie fahren buchstäblich von einem Ende der Stadt zum andern.

PANORAMABLICK
Was wäre Zürich ohne seinen See und die weißen Berge in der Ferne! Von der Quaibrücke aus genießt du diese Aussicht am besten und hast zugleich den schönsten Blick auf das Zentrum: die Limmat, die Kirche St. Peter und das Grossmünster.

LUXUSMEILE
Die Bahnhofstrasse gehört zu den teuersten Shoppingmeilen der Welt, was die Ladenmieten angeht. Einen Kilometer lang ist sie, zieht sich vom Bahnhof zum See hinauf. Luxusuhren und Edeldesigner sind hier ebenso vertreten wie zwei Kaufhäuser und günstigere Modeboutiquen.

SCHOKOLADE = SCHOGGI = SPRÜNGLI
An der Ecke Bahnhofstrasse/Paradeplatz lockt eine der berühmtesten Confiserien zur Kaffeepause mit anschließendem Einkauf: Sprüngli, Heimat der weltbesten Schokotrüffel und der beliebten „Luxemburgerli".

GAUMENFREUDEN
„Züri-Gschnätzltes" mit Rösti ist das bekannteste Zürcher Gericht – und ein Muss für alle, die die Stadt besuchen. Die deftige Mahlzeit wird in vielen Restaurants serviert, aber nirgends mit so viel Stil wie in der ehrwürdigen Kronenhalle am Bellevue.

DIE BESTEN INSIDER-TIPPS

VERTICAL GARDENING
Der MFO-Park ist die auffälligste der modernen Grünanlagen von Neu-Oerlikon – ein 100 m langes, bepflanztes Metallgerüst, in das Rankseile, Pflanzschalen und Fußwege eingehängt sind.

AB AUF DIE ALP!
Die Blüemlisalp, die tiefstgelegene Alp der Schweiz, erreichst du von Zürich aus sogar zu Fuß.

SCHWITZ SELBER!
Stell dir im Sweat-Yourself-Shop von Freitag deine ganz persönliche Version der Kulttasche aus Lkw-Planen zusammen.

ZEITREISE GEFÄLLIG?
In den Gassen am Neu- und Rindermarkt reist du gemütlich ins Mittelalter zurück.

FLEISCHFREI SCHLEMMEN
Nirgends sind die pflanzlichen Alternativen zu „Fleischgerichten" besser als im Hiltl, dem ältesten vegetarischen Restaurant der Welt, und dessen Ablegern.

EINSTEINS SPIND DURCHFORSTEN
Die App-Tour auf den Spuren von Albert Einstein durch die Eidgenössische Technische Hochschule führt dich zu seinem Garderobenschrank.

KREUZFAHRT-FEELING
An Deck eines der Zürichseeschiffe genießt du die Weiten des Wassers.

SCHOKOLADE KOSTEN
Im Home of Chocolate von Lindt gibt es fast an jeder Ecke verschiedene Schokoladensorten gratis zu kosten.

DAS SCHMECKT IN ZÜRICH

Unsere Empfehlung heute

Vorspeisen

STADTJÄGER
Getrocknete Schweinswurst

RIESBÄCHLER WEINSUPPE
Geflügelbouillon mit Weintrauben und Weißwein

ZÜRCHER CHACHELIMÜS
Greyerzer Käse, gebacken mit Rahm und Sauerrahm

Hauptgerichte

ZÜRCHER GESCHNETZELTES
Geschnetzeltes Kalbfleisch, Kalbsnieren und Champignons an einer Rahmsauce, mit Rösti

ZÜRCHER RATSHERRENTOPF
Gericht mit Rinds-, Schweine- und Kalbsfleisch, Kalbsnieren und -leber sowie Speck, Karotten, Erbsen und Kartoffeln

ZÜRCHER SUURE MOCKE
Sauerbraten von der Rinderbacke auf gebratenem Rotkohl und Kartoffeln

BÜRGERMEISTER-GOTLETT
Schweinekotelett gefüllt mit Semmeln, Äpfeln und Apfeldicksaft

FISCHKNUSPERLI
Zander oder Egli (Flussbarsch) aus dem Zürichsee mit Spinat und Kartoffelpüree

ZÜRCHER ZUNFTRISOTTO
Risotto mit Champignons, Safran und Sbrinz (Hartkäse)

Süßes

MÜSLICHÜECHLI
Im Bierteig gebackene Salbeiblätter

ZÜRI-TIRGGEL
Gebäck aus Honig, Zucker, Mehl und Sonnenblumenöl

ZÜRCHER HÜPPEN
mit Schokolade gefüllte Waffelröllchen

Getränke

APÉRO
Turicum-Gin mit Tonic von Gents

AMBOSS
Stadtzürcher Bier

45 VANCOUVER
30 CHICAGO
37 NEW YORK
40 SAN FRANCISCO
35 LAS VEGAS
36 MARRAKES
39 RIO DE JANEIRO
29 BUENOS AIRES

WELT
33 ISTANBUL
31 DUBAI
38 PEKING
44 TOKIO
41 SHANGHAI
32 HONGKONG
28 BANGKOK
42 SINGAPUR
34 KAPSTADT
43 SYDNEY

Goldene Dämmerung: Wat Phra Kaeo

28

Bangkok zwischen Himmel und Erde, Gestern und Heute: Spitzenköche kreieren Gourmetkost in edlen Rooftop-Restaurants, unten brutzeln fliegende Straßenköche in ihren rollenden Garküchen Fleischspießchen auf Holzkohlefeuern. Auf endlosen Kanälen paddeln Gemüseverkäuferinnen, eine blitzblanke U-Bahn flitzt durch den Untergrund, und in Clubs feiern die jungen Wilden zu dröhnenden Bässen. Und gleichzeitig geht eine zeitlose Strahlkraft von den Königlichen Tempeln aus und Mönche meditieren in den Klöstern.

CHECK

- ✓ **Buddhistische Spiritualität**
- ✓ **Eine amphibische Stadt**
- ✓ **Im Labyrinth der Märkte**
- ✓ **Wo Trends herkommen**
- ✓ **Pad Thai & Tod Man Pla**

ENTDECKE BANGKOK

Einstimmen auf den Tag: Tai-Chi und Yoga im Lumphini Park

Bangkok ist eine Megacity, typisch thailändisch und kosmopolitisch zugleich. Sie hält die Vergangenheit fest und nimmt Besucher gleichzeitig mit auf eine Reise in die Zukunft. Eine Metropole voller faszinierender Gegensätze und permanent im Wandel. Die Stadt greift nach den Sternen: Immer höher werden die Apartmenttürme am Fluss Chao Phraya, immer größer und eleganter die Shoppingcenter.

GELASSEN BLEIBEN IM PERMANENTEN WANDEL

Bangkok ist auf den ersten Blick das reine Chaos: Vielspurige Highways zerschneiden den Großstadtdschungel mit seinen Betonbauten und Staus. Über die Gehsteige schieben sich Menschenmassen zwischen fliegenden Händlern und Garküchen hindurch und müssen Mopedfahrern ausweichen, die das Trottoir als Schleichweg benutzen. Die Thais haben sich daran gewöhnt. *„Mai pen rai"*, sagen sie, „das macht nichts." Wer in Bangkok nicht gelassen bleibt, strapaziert seine Nerven.

NICHTS WIE RAUS AUS DEM MOLOCH – ECHT JETZT?

Vielleicht geht es dir so wie vielen Besuchern, die zum ersten Mal in Thailands Metropole kommen: Sie wollen so schnell wie möglich wieder raus aus diesem Moloch. Es gibt kein eigentliches Zentrum, keine klare Trennung zwischen Wohn- und Geschäftsvierteln. Hier ist alles überall gleichzeitig. Aber wer ohne Vorbehalte auf Entdeckungstour geht, wird bald herausfinden, dass Bangkok selbst im größten Durcheinander eine Stadt der positiv gestimmten Menschen ist. Und wer hinter die moderne westliche Fassade schaut, kann erken-

nen und auch erleben, dass die Metropole noch immer voller Tradition und Exotik steckt. Eine Momentaufnahme: Nur kurz währt die Dämmerung in den Tropen. Schneller als die Sonne über dem Horizont aufsteigt, frisst sich der Morgenverkehr fest. Ein Taxi ist eingekeilt auf einer Brücke über einen *klong,* einen Kanal. Der Fahrer trommelt mit dem Daumen seinen Frust aufs Lenkrad. Plötzlich hält er inne und lächelt entschuldigend. Sein Blick fällt aufs Wasser, auf eine alte Frau in einem Holzboot. Sie paddelt mit kurzen Schlägen, gleitet mühelos voran. Jetzt grinst der Fahrer. Er weiß: Wenn das ganze moderne Bangkok wie ein Spuk verschwände, wäre es keine Tragödie. Nach der Lehre Buddhas ist nichts von Bestand in diesem Leben. Regentropfen werden zu Meeren, Meere zu Regentropfen. Ein ewiger Kreislauf. Die Thais würden einfach wieder zum Paddel greifen.

DIE „STADT DER ENGEL"

Vieles hat sich verändert, seit König Rama I. im Jahr 1782 die Hauptstadt Siams von Thonburi in das unbedeutende Dorf Bangkok auf der anderen Seite des Chao Phraya verlegte. Er taufte die neue Hauptstadt Krung Thep: Stadt der Engel. Auch wenn sich im internationalen Sprachgebrauch „Bangkok" durchgesetzt hat, nennen die Thais seit Jahr und Tag ihre Kapitale bei ihrem schöneren Namen. Heute ist die Metropole das mit großem Abstand bedeutendste Wirtschaftszentrum des Landes. Im Großraum Bangkok wird über ein Drittel des Bruttoinlandsprodukts erwirtschaftet. Die Millionenstadt zieht Menschen an wie ein Magnet. Laut Statistik leben rund 9 Mio. Menschen in der Hauptstadt, doch die exakte Zahl ihrer Bewohner kennt niemand ganz genau. So wuchert Bangkok in die Breite und schießt in die Höhe. Heute ragt ein Meer von Wolkenkratzern bis in die Dunstglocke über der Stadt.

MITREISSEND – ERLEBE DIE KONTRASTE!

Natürlich ist Bangkok voller Sehenswürdigkeiten, die ein touristisches Muss sind. Aber das Leben in seiner ganzen Vielfalt entdeckst du erst, wenn du dich auf die Stadt einlässt und unter die Menschen mischst – beim Eintauchen ins Labyrinth der Märkte oder bei der Atempause in einem *wat*, einem der 400 Klöster der Stadt. Nach dem Besuch in einem pompösen Einkaufszentrum voller Glitzerpracht geht es mit einem *klong*-Boot durch eine Welt, in der die Zeit stillzustehen scheint. Es sind diese Gegensätze, die eine Reise nach Bangkok zum unvergesslichen Erlebnis machen.

MARCO POLO TOP-HIGHLIGHTS

JIM THOMPSON HOUSE ★ 1
Feinster Thai-Stil in Teakholzbauten: Die ehemalige Residenz des Amerikaners, der die Seidenherstellung wieder zum Leben erweckt hat, ist eine Kunst-Schatztruhe

GRAND PALACE UND WAT PHRA KAEO ★ 2
Palast und Tempel sind ein Gebäudeensemble wie aus einem orientalischen Märchen

Tipp: In den schattigen Wandelgängen der Galerie warten zauberhafte Motive aus dem Ramakien auf Foto-Enthusiasten, etwa der zähnefletschende Dämonenkönig Ravana

WAT PHO ★ 3
46 goldene Meter von Kopf bis Fuß: Milde lächelnd streckt sich der Buddha im Kloster aus

Tipp: Warte auf eine Lücke im Andrang und versuch, ein gutes Foto der riesigen Fußsohle mit den vielen buddhistischen Symbolen zu machen

LUMPHINI PARK ★ 4
Klassische Konzerte hören, Tai-Chi üben oder Tretboot fahren – diese grüne Lunge bietet jede Menge Abwechslung

THONBURI ★ 5
Das einstige „Venedig des Ostens“ mit seinen vielen Kanälen ist ein Spinnennetz von Wasserwegen, die den Stadtteil in ein Mosaik von Inseln teilen

WAT BENJAMABOPHIT ★ 6
Aus weißem Carrara-Marmor ist dieser Traum von einem Tempel gebaut. Und Buddha ist hier überall

THE DOME 7

Hier speist es sich einfach himmlisch – beispielsweisel im höchstgelegenen Open-Air-Restaurant der Welt

Tipp: Auch die Skybar eignet sich bestens fürs Bangkok-Panorama, nicht nur zum tollen Feuerwerk beim Fest Loi Kratong

SIAM PARAGON 8

Luxuriös und gigantisch: Der Shoppingtempel, der als Südostasiens größter gilt, ist die reinste Glitzerwelt

CALYPSO CABARET 9

Im abgedrehten Ambiente ziehen die Showgirls eine rasante Travestierevue ab

Tipp: Hier bekommst du ein tolles Motiv von den strahlenden „ladyboys" – überall sonst lassen sich die Herren Damen dafür nämlich extra bezahlen

SIAM NIRAMIT 10

Bühnenspektakel der Superlative: 150 Darsteller erzählen die Geschichte und die Mythen des Königreichs Siam

BEST OF LOW BUDGET

FÜR DEN KLEINEN GELDBEUTEL

ZENTRUM DER AVANTGARDE

Kostenloser Einblick: Welche Trends in der thailändischen Kunstszene gerade angesagt sind, zeigt dir das Bangkok Art and Culture Centre. Schon das futuristisch gestylte Kunsthaus selbst ist ein Hingucker.

EIN KLOSTER WIE GEMALT

Abseits ausgetretener Pfade darf man (noch!) ohne Obolus und Massenandrang sehenswerte Klöster besuchen. Der Wat Bowonniwet ist eine Oase der Ruhe mit Fischteichen, exquisiten Wandmalereien und Gläubigen in tiefem Gedankenaustausch mit Buddha.

FITNESS UND SINFONIEN IM PARK

Im Lumphini Park kannst du gratis an Fitnessgeräten trainieren. Und mehr noch: Von Dezember bis Februar gibt das Bangkok Symphony Orchestra sonntägliche Konzerte bei freiem Eintritt. Bring (von Dezember bis Februar) doch einen Picknickkorb mit zum „Concert in the park"!

IMMER MIT DER RUHE

So viele *Must-sees* in Bangkok – das kann ganz schön stressen. Gut, dass es auch kleine Oasen gibt, in denen du entspannen kannst, bevor du zum nächsten Highlight losziehst. Die meisten Parks kosten Eintritt, nicht so der ehemals königliche Garten in der Nähe des Grand Palace, der Suan Saranrom.

DAS HAUS DER PUPPEN

Im Bangkok Doll Museum kannst du die Puppen zwar nicht tanzen lassen, aber die kleinen Schönheiten gratis bestaunen – zum Spielen sind sie viel zu schade. Nur wenn du eine der handgefertigten Puppen mit nach Hause nehmen willst, kostet's.

BEST OF

TYPISCH

DAS ERLEBST DU NUR HIER

LIVE AUF ALLEN KANÄLEN

Weit verzweigte Kanäle *(klongs)* durchziehen den Stadtteil Thonburi. Auf organisierten Touren kannst du tief eintauchen in eine Welt, wo noch schindelgedeckte Holzhäuser ins Wasser gepfählt sind. Schöner ist es aber, wenn du selbst ein Motorboot samt Steuermann charterst.

BARS & BUDEN

In eine Barmeile zum Shoppen? In der Patpong findest du Läden neben Go-go-Bars, und jeden Abend bauen Straßenhändler ihre Stände auf. Wer sich nicht von Schleppern in eine Sexshow lotsen lässt, kann hier mit der ganzen Familie bummeln.

GANZ NACH MASS

Auf den ersten Blick scheint jeder zweite Shop in Bangkok eine Schneiderei zu sein. Aber nicht jeder ist auch ein Meister seines Fachs. Wer also mit Schnäppchenpreisen lockt und dazu Schlepper vor der Tür stehen hat, näht oft mit heißer Nadel. Geh lieber zu etablierten Profis wie Pinky Tailor.

RARITÄTEN IN DER NACHT

Schatztruhe für Flohmarktfreunde: Auf den Talad-Rod-Fai-Nachtmärkten gibt es ein riesiges Sammelsurium von Kunst und Trödel, von Altem und Antikem. Jedes Wochenende bis Mitternacht kannst du originelle Stücke finden.

IMBISS UM MITTERNACHT

Fastfood auf dem Gehsteig: An den Straßen der Metropole zaubern Garköche köstliche Snacks und Mahlzeiten. Da sich einzelne Stände meist nur auf wenige Gerichte konzentrieren, können sie diese nahezu in Perfektion zubereiten und zum kleinen Preis anbieten, etwa in der Yaowarat Road.

DIE BESTEN INSIDER-TIPPS

Reisen mit Insider Tipps

TUK TUK FAHREN

Wer schnell durch die Stadt will, schlängelt sich mit einem Tuk Tuk durch Bangkoks Straßendschungel.

TRADITIONELLES KNETEN

Ins Kloster Wat Pho für eine Thai-Massage? Am besten lässt du dich gleich morgens oder am späten Nachmittag durchwalken, wenn der Andrang nicht so groß ist.

MITSCHIEBEN IM GEWIRR

Viel los in der Sampeng Lane. In dieser Ladengasse brummt das Geschäft und lebt das alte China noch.

MIT DER SPRITZPISTOLE MITFEIERN

Wenn die Thais an Songkran ihr Neujahr feiern, bleibt kein Auge trocken – auch kein Faden, den du am Leib trägst.

ERST ANSTEHEN, DANN SCHLEMMEN

Geduld bei Thip Samai: Nach langer Warteschlange wirst du mit den leckersten Bratnudeln belohnt.

IM SOUVENIR-RAUSCH

Der Shoppingtempel Mah Boon Krong (MBK) ist der beste klimatisierte Souvenir-Basar: gigantische Auswahl zu kleinen Preisen.

UNTER HAIEN

Im Glastunnel des riesigen Aquariums im Sea Life Bangkok Ocean World können nicht nur die Kids den Haien die Stirn bieten.

FEILSCHEN IST PFLICHT

Früher war die Khao San Road ein schrilles Paradies für Backpacker. Heute kommen sogar die Thais – zum Gucken.

DAS SCHMECKT IN BANGKOK

Unsere Empfehlung heute

Zwischendurch

PAD THAI
gebratener Reis mit Ei, Gemüse, Krabben *(gung)*, Schweinefleisch *(mu)* oder Huhn *(gai)*

KUI TIAO
Nudelsuppe, meist mit Schweinefleisch oder Huhn, besonders lecker mit Ente *(pet)*. Thailands beliebteste Zwischenmahlzeit

SOM TAM
Grüner Papaya-Salat, mit Tomaten, getrockneten Krabben, Krebsen und viel Chili. Rohkost und Klebreis gibt´s auch dazu

Vorspeisen

TOD MAN PLA
kleine frittierte Küchlein, etwa aus Fisch *(tod man pla)*, mit Erdnuss-Gurken-Dip

GUNG HOM PA
Garnelen im knusprigen Teigmantel mit süßsaurer Essig-Chili-Sauce oder Sauce tartar

PLAMUK TOD KRATIEM PRIK THAI
gebratene Tintenfischstückchen – mit viel Knoblauch und noch mehr Pfeffer

Hauptgerichte

TOM YAM GUNG
säuerliche Garnelensuppe mit Zitronengras, Koriander, Tamarinde und viel Chili

TOM KHA GAI
höllisch scharfe Suppe mit Hühnchenfleisch in Kokosmilch und mit Chilischoten!

GAENG KIAU WAN GAI
grünes Curry mit Hühnchenfleisch und Auberginen, scharf und leicht süßlich *(wan)*

GAENG MASSAMAN
rotes, leicht süßlich-scharfes Curry mit Rindfleischstückchen, Kardamom, Erdnüssen und Süßkartoffeln

PLA PIAU WAN
Fisch süßsauer – die Sauce kommt mit Gemüse und Ananasstückchen daher

Desserts

KHAO NIAU MAMUANG
Klebreis mit frischer Mango in süßer Kokosmilch

KLUAI BUAT CHI
Bananen in Kokosmilch, süßlich und etwas salzig

BUENOS AIRES

Im historischen Zentrum

29

Die breiteste Avenida, ein Fluss wie ein Meer, die saftigsten Steaks, die leidenschaftlichsten Tänzer und unsterbliche Ikonen, dazu die meisten Hundeausführer und Profifußballclubs: In Buenos Aires gibt es alles außer Langeweile. Neben Wolkenkratzern wachsen Armenviertel, Dekadenz verschmilzt mit Chaos, Melancholie mit modernem Lifestyle. Es sind diese Gegensätze, die Buenos Aires so einzigartig machen, diese Stadt, die niemals schlafen kann und doch immer träumt: vom großen Glück, das ihr immer und immer wieder durch die Finger rinnt.

CHECK

- ✓ **Stadt am Río de la Plata**
- ✓ **Kolonialarchitektur**
- ✓ **Bunt geht's zu in La Boca**
- ✓ **Nicht bloß Grillen: Asado**
- ✓ **Tango & Streetart**

ENTDECKE BUENOS AIRES

Santiago Calatravas Puente de la Mujer überspannt das Hafenbecken in Puerto Madero

Auch wenn es auf den ersten Blick nicht so wirkt: Die Orientierung in Buenos Aires fällt dank der Schachbrettstrukur nicht schwer. Ein Block (meist um die 100 m) beginnt immer mit der vollen Hundert, egal wie viele Häuser dort wirklich stehen. So lassen sich Distanzen ganz gut abschätzen. Am schnellsten bist du mit der *subte*, der U-Bahn, unterwegs.

BUENOS AIRES BEGINNT MIT EINEM SCHEITERN

Die Expedition von Pedro de Mendoza, der 1536 erstmals die schlammigen Ufer des Río de la Plata erreicht, endet mit Hunger und Elend. Erfolgreicher war Juan de Garay, der es 1580 noch einmal versuchte. Trotzdem dümpelte die Stadt zunächst 200 Jahre als Schmugglerhafen vor sich hin. Erst 1776, als Buenos Aires die Hauptstadt des Vizekönigreichs Río de la Plata wird, geht es voran – und ab 1870 strömen Millionen europäische Einwanderer in die „Königin am Silberfluss“.

GELIEBTER MOLOCH

Heute ist die Stadt eine riesige Metropole. Allein die Bundeshauptstadt, *la Capital Federal,* das Zentrum von Buenos Aires, zählt rund 3 Mio. Einwohner. Dazu kommen weitere gut 13 Mio. in den 24 Vorstädten. Jeder dritte Argentinier lebt hier. Viele Vorstadtbewohner pendeln zur Arbeit ins Stadtzentrum. Morgens und abends ist das Verkehrschaos deshalb vorprogrammiert. Gern schimpft man über Krach, Krisen und Chaos und lässt doch nichts kommen auf den geliebten Moloch voller Kultur und Kreativität.

DIE MAGIE ERSCHLIESST SICH BEIM FLANIEREN

Jedes Viertel ist anders, jedes voller Überraschungen. Besonders schön ist es im Frühsommer, wenn die lilafarbenen Jakarandabäume blühen. Hipster schlürfen ihren *cortado,* den Kaffee mit einem Schuss Milch, am liebsten im Bohemeviertel San Telmo. Palermo bezaubert mit kleinen Boutiquen und jeder Menge Parks, das Hafenviertel Puerto Madero bietet Glanz und Glamour. Zwischen alten Docks und rostigen Kränen schaukeln teure Yachten, aus verfallenen Warenlagern und Getreidespeichern wurden verspiegelte Wolkenkratzer oder Luxushotels wie das von Philippe Starck gestaltete Faena. Und übers Hafenbecken spannt sich der futuristische Puente de la Mujer, ein Blickfang von Architekt Santiago Calatrava. Im eleganten Recoleta fühlt man sich hingegen wie in Paris oder Madrid. Aus Argentiniens Glanzzeiten um 1900 datiert auch das Teatro Colón, ein Opernhaus der Weltklasse. Es liegt an der Avenida 9 de Julio, der angeblich breitesten Straße der Welt – nur im Sprint schaffst du die 140 m in einer Ampelphase. Am Obelisken, dem Wahrzeichen der Stadt, kreuzt die Avenida Corrientes: der Broadway Südamerikas mit Dutzenden Theater- und Musicalsälen.

DER HAFEN, DER TANGO UND DER FUSSBALL

Ein ganz anderer Sound kam damals aus dem armen Hafenviertel La Boca mit seinen bunten Wellblechhäusern: der Tango. Heute wird überall getanzt, als ob es kein Morgen gäbe. Mindestens so wichtig wie die Bühne ist der Rasen. Nicht umsonst gilt Buenos Aires als Welthauptstadt des Fußballs. Legendär ist das Bombonera-Stadion, die „Pralinenschachtel".

IHR *ASADO* IST DEN ARGENTINIERN HEILIG

Ein *asado* ist mehr als Grillen, es ist ein Lebensgefühl, und dafür braucht es Zeit: Schon das Feuermachen ist ein Ritual, über das stundenlang gefachsimpelt wird, am besten mit einem guten Glas Wein. In bester Gauchomanier werden dann Fleischberge vom Gewicht einer halben Kuh auf den Rost gehievt. Außer Feuer und Salz darf nichts ans Fleisch! Nirgendwo anders auf der Welt werden auf dem Grill so gute Steaks gebraten. Dazu gibt es *chimichurri* – die typische argentinische Kräutersauce – und Salat. Hoffnungsschimmer für Vegetarier: Auch Käse und Gemüse sind längst kein Tabu mehr auf dem Grillrost. Ganz wichtig in jedem Fall: Der *asador,* der Grillmeister, wird am Schluss mit Applaus geehrt.

MARCO POLO TOP-HIGHLIGHTS

DON JULIO ★1
Die einstige familiengeführte Eckkneipe hat es in die Top-50-Liste der weltbesten Restaurants geschafft. Feinstes Fleisch aus eigener Metzgerei, eine exquisite Weinkarte und eine zwanglose Atmosphäre

LA BOCA ★2
Das Hafenviertel: bunt bemalte Wellblechfassaden, kopfsteingepflasterte Gassen und die imposante Eisenbrücke über den Fluss Riachuelo

SAN TELMO ★3
Tango und Streetart, Kolonialbauten, quirlige Märkte und hippe Bars: In Buenos Aires' historisches Bohemeviertel muss man sich einfach verlieben!
Tipp: Bei der sonntäglichen Milonga auf der Plaza Dorrego kriegst du authentische Tangomotive vor die Linse

SAN TELMO ★4
Lebendigstes und volkstümlichstes Stadtviertel von Buenos Aires

MUSEO DE ARTE LATINOAMERICANO (MALBA) ★5
Moderne Kunst eines Privatsammlers in modernem Gebäude – und dazu ein tolles Café

PALACIO BAROLO ★6
Dantes „Göttliche Komödie" stand Pate beim Bau dieses architektonischen Meisterwerks
Tipp: Schön ist der Blick hinab: Die 22 Stockwerke symbolisieren Hölle, Fegefeuer und Paradies

PALERMO ★7
Schicke Boutiquen, angesagte Kneipen, riesige Parks und unzählige Museen – das Viertel Palermo hat viele Gesichter

TEATRO COLÓN 8

Es gilt als bestes Opernhaus Lateinamerikas für fast 3000 Zuschauer

Tipp: Nimm die vom argentinischen Künstler Raúl Soldi ausgemalte Kuppel ins Vesir

LUB ATLÉTICO FERNÁNDEZ FIERRO 9

Eine ehemalige Werkhalle ist Treffpunkt der alternativen Tangoszene

TIGREDELTA 10

Unweit von der Millionenmetropole beginnt eines der größten Süßwasserdeltas der Welt: die riesige, sumpfige Inselwelt des Río Paraná ist ein Paradies aus üppigem Wildwuchs und Wasser

Tipp: Gute Fotomotive sind die pittoresken Ferienhäuschen und die Lastkähne, die Waren durch das Gewirr der Flussarme kutschieren

BEST OF
LOW BUDGET

FÜR DEN KLEINEN GELDBEUTEL

TANGO AN JEDER ECKE
Pack die Tanzschuhe in den Rucksack und dann ab in den Park: In der Glorieta de Belgrano wird jeden Sonntagabend ab 19 Uhr Tango getanzt – ganz ohne Eintritt.

AB GEHT DIE POST
Pakete lagern hier keine mehr, dafür gibt es Kultur satt: In der ehemaligen Hauptpost zeigt das Centro Cultural Kirchner (CCK), das größte Kulturzentrum Lateinamerikas, Kunst, Theater und Musik zum Nulltarif.

HOL DIR DEN ÜBERBLICK!
Lost in Buenos Aires? Von den Kuppeln der Stadt hast du einen grandiosen Ausblick über Dächer, Erker und versteckte Dachterrassen. Preiswert beispielsweise vom Mirador der Galería Güemes aus. Die historische Einkaufsgalerie ist ganz nebenbei auch einen Blick wert!

CO_2-FREI DURCH DIE HAUPTSTADT
Radfahren ist in Buenos Aires längst kein Harakiri-Unterfangen mehr – es gibt rund 250 km Radwege und an die 400 Leihstationen. Und schneller als mit dem Bus oder Taxi bist du so auch oft!

CHORIPÁN
Die alte Uferpromenade Costanera ist ein beliebter Freizeitspot – nicht zuletzt dank ihrer günstigen *carritos,* der Grillbuden, an denen deftiges *choripán* verkauft wird, würzige Bratwurst im Brötchen.

EIN FRIEDHOF VOLLER SKULPTUREN
Mit seinen rund 7000 imposanten Mausoleen, Engelsstatuen und verzierten Mauernischen erinnert der 1822 begründete Friedhof von Recoleta an den Pariser Friedhof Père Lachaise. Hier ruht, wer Rang und Namen hatte – auch Evita Perón.

BEST OF
TYPISCH
DAS ERLEBST DU NUR HIER

DURCH DANTES INFERNO
Wer ins Paradies will, muss durch Hölle und Fegefeuer: Besuch den spektatulären Palacio Barolo in Buenos Aires, eine architektonische Hommage an die Göttliche Komödie von Dante Alighieri. Die Führung endet bei Imbiss und Musik mit einem tollen Rundblick über die Kulisse der Stadt.

UNESCO-GESCHÜTZTE RANKEN
Die Ladenschilder in der alten Markthalle sind schnörkelig mit Ornamenten, Blumen und Ranken verziert – dieser für Buenos Aires typische Pinselstrich, der sogenannte *fileteado*-Stil, ist sogar UNESCO-geschützt.

LIVEMUSIK
Wem es vor allem um die Musik geht, der ist im Torquato Tasso richtig: beste Livemusik der zeitgenössischen und zeitlosesten Orchester.

AUF EINEN CORTADO ODER ZWEI
Hier wurde Weltliteratur geschrieben, hier wurden Revolutionen geplant: In den historischen Kaffeehäusern von Buenos Aires, den *bars notables,* lässt es sich auch heute noch bei *cortado* und *medialunas* stundenlang ausharren.

SONNTAGS = MARKTTAG IN LINIERS
Gauchoromantik, Reiterspiele und regionale Leckereien gibt es auf der sonntäglichen Feria de Mataderos auf dem Gelände eines ehemaligen Schlachthofs in Liniers südwestlich der Stadt.

VORBILD FÜR DEN „KLEINEN PRINZEN"
Im Jardín Botánico im Viertel Palermo steht der *ombú,* der für Antoine de Saint-Exupérys Affenbrotbaum des „Kleinen Prinzen" Modell stand.

DIE BESTEN INSIDER-TIPPS

MIT DEM BOOT INS FLUSSDELTA
Am Kai der Estación Fluvial fahren die *lanchas colectivo* ab, die Ausflugsdampfer ins Tigredelta.

FEIERN IN PALERMO
Von Jazz über Rock bis Cumbia geht die Party hier bis ins Morgengrauen.

KARAOKE AUF ARGENTINISCH
Urig und familiär ist die Stimmung in der Bar Los Laureles. Jeden Freitag greifen dort die Nachbarn aus dem Viertel zum Mikro.

EIN DRINK IM TROCKENEN
Bummle durch die wunderschöne alte Markthalle von San Telmo, in der es neben Obst und Gemüse auch altes Spielzeug, Klamotten und jede Menge Delikatessen und Drinks zum Probieren gibt.

WERDE ZUM GRILLMEISTER
In der Asado-Schule lernst du, wie man das weltbeste Steak grillt. Infos zum *Parrilla*-Kurs gibt's im La Cabaña.

JETZT WIRD'S ENG
In der Pasaje San Lorenzo steht die Casa Mínima, mit nur 2,5 m das schmalste Haus der Stadt. Dort soll einst der erste *liberto* gewohnt haben, wie die freigelassenen Sklaven in Buenos Aires genannt wurden.

MANZANA DE LAS LUCES
Legenden ranken sich um das Tunnelsystem, das unter der Innenstadt verläuft. Wie groß das geheime Wegenetz wirklich ist, weiß keiner genau. Es gibt nur noch Zugang zu einem kleinen Abschnitt; den findest du im *Manzana de las Luces* genannten Herzen der historischen Altstadt.

DAS SCHMECKT IN BUENOS AIRES

Unsere Empfehlung heute

Vorspeisen

BERENJENAS EN ESCABECHE
Eingelegte Auberginen

EMPANADAS
Mit Fleisch gefüllte Teigtaschen

HUMITA
In Maisblättern gedünsteter Maisbrei

MOLLEJAS AL VERDEO
Kalbsbries mit Frühlingszwiebeln

LENGUA EN ESCABECHE
Eingelegte Rinderzunge

CHORIPÁN
Eine *chorizo* (eine kurze Schweinefleischwurst) im Brot *(pan)*

Hauptgerichte

BIFE DE CHORIZO
Rumpsteak

CARBONADA
Eintopf aus Kürbis, jungen Maiskolben, Pfirsichen und Fleisch

SORRENTINOS
Große, mit Schinken und Käse gefüllte Nudeltaschen

LOCRO
Eintopf mit Mais, Kürbis und Fleisch

ÑOQUIS CON ESTOFADO
Gnocchi mit Rindergulasch

PASTEL DE CARNE
Hackbraten im Kartoffelmantel

MATAMBRE ARROLLADO
Rollbraten aus Rinderzwerchfell mit Gemüse und Ei

PUCHERO
Eintopf in klarer Brühe mit Gemüse und Rindfleisch

Desserts

FLAN CON DULCE Y CREMA
Eierpudding mit Karamellcreme und Sahne

ARROZ CON LECHE
Milchreis

BUDÍN DE PAN
Brotpudding mit Milch, Eiern und Rosinen

QUESO Y DULCE
Weichkäse mit festem Quittengelee

Hochhaus-Skyline vor dem Lake Michigan

30

Chicago hat die höchsten Wolkenkratzer und längsten Shoppingmeilen, die eindrucksvollste Skyline, die geschäftigste Innenstadt, aber auch unendlich viele Museen, Theater und Kleinkunstbühnen, Diskotheken und Blueslokale, Strände, Parks und Radwege, dazu erstklassige Hotels und Restaurants. Fast 50 km zieht sich die Stadt an dem mit vielen Stränden gesäumten Lake Michigan entlang und bietet gut 2,7 Mio. Bürgern ein Zuhause – und in der „Chicagoland" genannten Metropolregion leben gut 9,5 Mio. Menschen. Gigantisch!

CHECK

- ✓ **Spielwiese Architektur**
- ✓ **Windy City**
- ✓ **Endlos nass: Lake Michigan**
- ✓ **200 Stadtviertel**
- ✓ **Stadt des Blues**

ENTDECKE CHICAGO

Chicago Riverwalk: Promenade unter Bäum(ch)en und Hochhäusern

In ein paar Tagen ist diese Stadt nicht zu schaffen. Deshalb solltest du gleich gar nicht damit starten, von einer Sehenswürdigkeit zur nächsten zu hetzen. Ein Blick vom Hancock Observatory, die Mittagspause vor dem James R. Thompson Center, der Besuch des Museum of Science and Industry, am Abend gemütlich in einen Bluesclub – so könnte ein perfekter Chicago-Tag aussehen. Die Stadt sehen, hören, riechen und schmecken, mit dem Fahrrad am Ufer des Lake Michigan, unter der ratternden Hochbahn im Loop, am Hotdog-Stand beim Chicago River, im Karussell auf dem Navy Pier – erlebe Chicago mit allen Sinnen!

VOM ZWIEBELFELD ZUR METROPOLE

Im 17. Jh. waren Louis Jolliet und Pater Jacques Marquette die ersten weißen Männer am Ufer des Lake Michigan, dort, wo später Chicago entstehen sollte. Damals gab es nur ein paar Indianerhütten und Wälder, in denen wilde Zwiebeln in Hülle und Fülle wuchsen. Deshalb nannten die Chippewa den Ort auch „Shegahg", das Land der wilden Zwiebeln. Mit dem Ausbau der Eisenbahn und der Eröffnung des Illinois & Michigan Canal änderte sich die Situation. Chicago wurde zum größten Viehverladebahnhof und zum berühmt-berüchtigten Schlachthof der Nation, zum Verkehrsknotenpunkt und Handelszentrum. Nichts schien diesen Boom aufhalten zu können, bis es am 9. Oktober 1871 zu einer Katastrophe kam. Eine Kuh soll in einem Stall eine Laterne umgestoßen haben. Das Strohfeuer breitete sich rasend schnell aus. Beim Großen Feuer von Chicago mussten über zweihundert Menschen ihr Leben lassen, über 90 000 Menschen verloren ihr Heim und ihre Habe.

ARCHITEKTEN AUS ALLER WELT

Das Unglück wurde aber auch zur Bewährungsprobe für die Bürger. Ein nie erwartetes Wirtschaftswunder ließ die Stadt in neuem Glanz erstrahlen. International anerkannte Architekten nutzten die Gunst der Stunde und planten die höchsten und kühnsten Gebäude. Innerhalb weniger Jahre bauten sie ein neues Chicago auf. Der Wasserturm, eines der wenigen Gebäude, die den Brand unbeschadet überstanden hatten, wurde zum Symbol für den Lebenswillen der Stadt und ihrer Bürger. So entwickelte sich Chicago nach dem Feuer zu einem Experimentierfeld für kreative und avantgardistische Architekten und Künstler.

THE LOOP

Neue Akzente setzte die World's Columbia Exposition, eine gewaltige Weltausstellung, die 1893 stattfand und auf ideale Weise das Wirtschaftswunder dokumentierte, das Chicago nach dem großen Feuer zu einem neuen Boom verhalf. Die Stadt wuchs zur „Skyscraper City" heran, mit waghalsigen Wolkenkratzern, kühnen Skulpturen und weitläufigen Parks am Michigansee. Die kulturelle Szene explodierte, und die Theateraufführungen und Konzerte konnten sich mit den besten in Europa messen. Zehntausende Farbige aus dem Süden kamen nach Chicago. Ihre Musik brachten sie mit und verwandelten die Metropole am Michigansee in die „Blues City". Pünktlich zur Weltausstellung fuhr auch die erste elektrische Hochbahn. Innerhalb des „Loop", ein durch die Schienen der Hochbahn gebildeter Ring, der sich über fünfunddreißig Blocks erstreckt, liegt die Innenstadt. Hier spielt das geschäftliche Leben von Chicago die Hauptrolle. Hier steht der gewaltige, bis zur Spitze 527 m hohe Willis Tower, in dem allein 16 000 Menschen arbeiten, eine Stadt innerhalb der Stadt. Hier verläuft die State Street mit der sieben Blocks langen, gleichnamigen Einkaufsmeile. Und am Seeufer lockt der Millennium Park mit Kunst, Kultur, außergewöhnlicher Architektur, attraktiven weitläufigen Parks und Gartenanlagen.

DIE STADT ÖFFNET SICH

Außerhalb des Loop atmet die Stadt durch, wirkt sie freier und großzügiger. An der prachtvollen Michigan Avenue liegt der Grant Park, der sich zum uferlos scheinenden Lake Michigan öffnet. Jenseits des Chicago River liegen beschaulichere Wohnviertel wie Streeterville, Old Town oder Lincoln Park, warten teure Boutiquen, exklusive Hotels und Restaurants auf Kunden. Aus vielen Musikclubs und Lokalen dringt Musik nach draußen – häufig Blues.

MARCO POLO TOP-HIGHLIGHTS

MILLENNIUM PARK ★1
Kunst, Architektur und landschaftliches Design auf einer Fläche von 10 ha am Seeufer. In der Riesenskulptur „Cloud Gate" spiegelt sich die Skyline

LAKE MICHIGAN ★2
Die Skyline von Chicago spiegelt sich im Wasser eines gewaltigen Sees. Weit wie ein Ozean, und im Sommer kann man sogar darin baden. Eine Bootsfahrt mit Lunch oder Dinner gehört zu den Pflichtübungen

CHICAGO ARCHITECTURE FOUNDATION ★3
Super Infozentrum und die besten Touren der Stadt

WILLIS TOWER ★4
Gigantischer Wolkenkratzer mit Panoramablick vom Skydeck auf 412 m Höhe
Tipp: Lass jemand von dir ein Foto im gläsernen Skydeck machen (wenn du dich reintraust

THE FIELD MUSEUM OF NATURAL HISTORY ★5
Die weltgrößte Ausstellung zur Naturgeschichte mit unterirdischen Prärie-Abenteuern und der Riesensaurierdame Sue
Tipp: Das Selfie vor dem geöffneten Maul von Sue ist Kult

MUSEUM OF SCIENCE AND INDUSTRY 7
Museumsklassiker – hier kannst du die Geheimnisse von Wissenschaft und Technikgeschichte erkunden, vom begehbaren Modell eines Herzens bis zum Space Shuttle

LINCOLN PARK 8
Der größte Park der Stadt besitzt sogar einen eigenen Badestrand

KINGSTON MINES 9
Der Klassiker unter den Blueslokalen. Die Bands spielen abwechselnd auf zwei Bühnen – nonstop

MAGNIFICENT MILE 6
Chicagos eleganter Prachtboulevard mit edlen Geschäften und kulturvoller Umgebung

SLEEPING BEAR DUNES NATIONAL LAKESHORE 10
Wandernde Dünen am Lake Michigan: beeindruckendes Naturschauspiel auf 60 km Länge

KONZERTE IM PARK

Auf der Freilichtbühne des Jay Pritzker Music Pavilion im Millennium Park kannst du im Sommer auch kostenlos Konzerten lauschen. Super Akustik – wurde er doch von dem Stararchitekten Frank Gehry gebaut.

MODERNE KUNST IM ALTEN GEMÄUER

Spannender Gegensatz zwischen Fotografien und modernen Kunstwerken lokaler Künstler in der City Gallery im historischen Water Tower. Der Besuch ist frei.

BESUCH IM BLUMENPARADIES

Klettere den „Waterfall Garden" hinauf oder entdecke die verborgenen Räume des „English Walled Garden". Der frei zugängliche Botanic Garden wurde 1890 unter dem Motto „Die Stadt im Garten" eröffnet.

STADTFÜHRUNGEN MIT LOCALS

Die Chicago Greeters kennen die Stadt wie ihre Westentasche und nehmen dich kostenlos mit auf einen mehrstündigen Spaziergang durch „ihr" Viertel.

TIERE BESUCHEN

Elefanten, Menschenaffen, seltene Raubkatzen und tausend andere Tiere kannst du in den naturnah gestalteten Gehegen des Lincoln Park Zoo sehen. Der Zoo gehört zu den schönsten der USA. Und dazu ist er noch kostenlos zu besuchen.

STRANDURLAUB

Sogar Strandurlauber kommen in Chicago auf ihre Kosten. Gut 40 km lang ist die Küste am Lake Michigan. Die Strände von Evanstown im Norden kosten Eintritt, die im Stadtgebiet sind kostenfrei. Der Cathy Osterman Beach gehört zu den schönsten.

BEST OF
TYPISCH

DAS ERLEBST DU NUR HIER

8 METER ÜBER DEM VERKEHR
Chicagos Hochbahn rattert unüberhörbar die Schienen entlang, auf einer von mächtigen Stahlträgern gestützten Trasse. Funken sprühen und Bremsen quietschen beim Halt an einer der Stationen. Kaum ein Kriminalfilm-Klassiker aus Chicago kommt ohne Bilder von ihr aus.

AN DEN WOLKEN KRATZEN
Eine eindrucksvolle Skyline: Das Board of Trade mit Art-déco-Verzierungen, der Prachtbau des Chicago Tribune Tower in neugotischem Stil, das James R. Thompson Center mit der imposanten Eingangshalle.

NEUESTE TRENDS UND STYLES
Entlang der Magnificent Mile, der Michigan Avenue zwischen Oak Street und Chicago River, zeigen Hunderte originelle und luxuriöse Geschäfte ihre attraktiven Auslagen.

JAHRMARKT AM SEE
Der nostalgische Vergnügungspark am Navy Pier am Ufer des Lake Michigan hat den ganzen Sommer geöffnet. Aus einer Gondel des gewaltigen Riesenrads hast du einen herrlichen Ausblick auf die Stadt.

STEINERNES SYMBOL
Der Historic Water Tower gehört zu den ältesten Gebäuden der Stadt. Als eines der wenigen Bauwerke, die das große Feuer von 1871 überlebten, steht er für das „Jetzt erst recht"-Gefühlder Bürger.

DIE GRÖSSEN DES BLUES
Der Chicago-Blues afroamerikanischer Wanderarbeiter ist längst im Mainstream angekommen. Das Blue Chicago gehört zu den besten Bluesclubs der Stadt und damit auch der Welt, hier stehen die Größen des Blues und Stars von morgen auf der Bühne.

DIE BESTEN INSIDER-TIPPS

AUF ARCHITEKTUR-TOUR
Die Chicago Architecture Foundation bietet zahlreiche bestens geführte Architektur-Touren auf dem Chicago River an, etwa eine anderthalbstündige Rundfahrt mit dem Boot durch die Häuserschluchten.

NERVENSTÄRKE ZEIGEN
Vom Skydeck des Willis Tower den Panoramablick genießen und sich trauen, vom Glasbalkon 412 m in die Tiefe zu schauen.

ZUM REINBEISSEN: CHICAGO „DOG"
So wie es sie bei Portillo's Hot Dogs gibt, lieben die Chicagoans ihre Rindswurst im Sesambrötchen: herzhaft, mit Gurken, Zwiebeln „and all the trimmings".

RIESIGE KUNST GENIESSEN
Geradezu überwältigend! Die Videoprojektionen auf der gigantischen Fassade des Merchandise Mart genießen Zuschauer am besten vom Wacker Drive am gegenüberliegenden Ufer des Chicago River.

AUF DIE GRÖSSE KOMMT ES AN
Die Big Bar trägt die Auszeichnung „Längste Bar des Kontinents" – getoppt von einem gläsernen Turm mit Spirituosen.

AUSGEFALLENES MITBRINGSEL
Der Museumsshop im Field Museum of Natural History ist eine Fundgrube. Wie wäre es z. B. mit einer Gottesanbeterin als Fingerpuppe?

DA HAST DU DEN SALAT
Die One North Kitchen & Bar serviert köstliche frische Salate z. B. mit Whitefish aus den Großen Seen.

DAS SCHMECKT IN CHICAGO

Unsere Empfehlung heute

Vorspeisen

FRIED MAC N' CHEESE
Makkaroni mit Käsesauce als Kugeln geformt und frittiert

Hauptgerichte

BARBECUED RIBS
Spareribs, meist vom Rind. Die BBQ-Sauce wird nach Geheimrezepten angefertigt

DEEP DISH PIZZA
Der Boden ist wie eine Schale geformt, meist mit Wurst, Tomaten, Käse gefüllt

MEATLOAF
Hackbraten mit Gemüse, Kartoffelbrei und viel Sauce

STEAKS
Rindersteaks, Klassiker seit eh und je

Desserts

CHEESE CAKE
Käsekuchen – cremig und gehaltvoll. Mit Erdbeermarmelade und anderen Toppings

ICE CREAM SUNDAE
Vanilleeis mit Schoko- oder Erdbeersirup

PECAN STICKY ROLL
Hefegebäck mit Pekannuss-Splittern und Zuckerguss

Snacks

HOT DOG
In Chicago nur echt mit einer Frankfurter, Zwiebeln, grünem Relish, Senf, Gurken und Tomaten

FRANGO MINTS
Schokoladenplätzchen mit Pfefferminzfüllung

TOOTSIE ROLLS
Die herrlich klebrigen Schokoladenbonbons aus Chicago

WRIGLEY'S CHEWING GUM
Der erfolgreichste Kaugummi der Welt kommt aus Chicago, und es gibt ihn u. a. auch mit Wassermelonengeschmack

Getränke

GOOSE ISLAND BEER
Die Chicagoer Goose Island Brewing Company braut diverse Pale Ales und weitere Biersorten

DUBAI

An der Dubai Marina

31

Eine Stadt wie ein achtes Weltwunder, mit Hotels so aufregend wie in 1001 Nacht, mit Shoppingmalls, die mit Skiarena und Aquarien punkten. Das höchste Gebäude, der weltgrößte künstliche Wasserweg, noch vom All aus sichtbare künstliche Inseln – das von einem Scheich regierte Emirat lockt seine Besucher mit der Erfindung utopisch anmutender Sehenswürdigkeiten an den Arabischen Golf. Innerhalb weniger Jahre avancierte Dubai zum spannendsten Kurzurlaubsziel.

CHECK

- ✓ **Mega-Bauprojekte**
- ✓ **Veränderung als Essenz**
- ✓ **Sonne, Strand, Dünen**
- ✓ **Falkenjagd & Kamelrennen**
- ✓ **Kriminalität: gegen null**

ENTDECKE DUBAI

In märchenhaftem Glanz erstrahlen die Auslagen im Gold Souk

Das von einem Scheich regierte Emirat lockt die Besucher mit Sonne, Strand und der Erfindung utopisch anmutender Sehenswürdigkeiten wie ein Magnet an den Arabischen Golf. Von der Aussichtsplattform des 828 m hohen Burj Khalifa erstreckt sich die Wunderwelt Dubai bis zum Horizont. Von oben betrachtet wirken selbst die Wolkenkratzer in der Umgebung wie Spielzeugbauten. Zu Füßen des Megaturms entstand Downtown Dubai mit altarabisch aussehenden Villen, der spannenden Dubai Mall sowie einem gläsernen Opernhaus, geformt wie eine Dhau.

WÜSTENSTADT OHNE WÜSTE

Dubais Aufstieg zur City der Superlative resultierte u. a. aus den nur begrenzten Ölreserven. In 15 bis 30 Jahren, so die Prognosen, wird in Dubai kein Öl mehr fließen. Das dürfte kein Problem mehr sein, denn der internationale Tourismus hat im Emirat längst Fuß gefasst, verschafft Dubai über 25 Prozent seiner Einnahmen. Sonnenschein und gepflegte Sandstrände locken im Winter zu einem Badeurlaub an den Arabischen Golf, dazu gibt es Architektur-Highlights in XXL und orientalische Souks zu erleben. 25 km entfernt von den Souks und den Windturmhäusern des Bastakiya-Stadtviertels liegt Dubai Marina: gewaltige, künstliche Häfen, geprägt von Palmen, Megayachten und außergewöhnlich designten Wolkenkratzern.

ALLES ANSICHTSSACHE

An Dubai scheiden sich aber auch die Geister: Während die einen es für die modernste und vitalste aller Städte halten, sich berauschen an der immer schnelleren Entwicklung, empfin-

den andere Überdruss angesichts von Luxus und Megakonsum, der hier zur Tagesordnung gehört. Jedoch: Europäer, die in Dubai arbeiten, genießen die vielen Möglichkeiten, die ihnen geboten werden: die Dynamik des Scheichtums, die unzähligen Freizeitaktivitäten – und permanent gutes Wetter. An die höllisch heißen Sommermonate, in denen das Wasser in den Pools gekühlt werden muss, die Stadt sich aufheizt wie ein gigantischer Backofen und das öffentliche Leben zunehmend lethargischer wird, könne man sich gewöhnen, heißt es.

DIE ZUKUNFT HAT SCHON BEGONNEN

Wie im Zeitraffer hat sich Dubai, das zweitgrößte der sieben Emirate, die zusammen die Vereinigten Arabischen Emirate bilden, verändert. Der gigantische Bauboom ist der Motor für die auf Hochtouren agierende Wirtschaft, zieht Menschen aus allen Ländern der Erde an. Seit Jahrzehnten wächst der Immobilien- und Dienstleistungssektor. „Meine Visionen von Dubai sind erst zum kleinsten Teil verwirklicht", wird Sheikh Mohammed Bin Rashid al-Maktoum, Regierungschef und bedeutendster Anteilseigner des Emirats, zitiert. Noch in den 1960er- Jahren war Dubai ein von Beduinen bewohntes Kaff am Meer, man lebte von Oasenwirtschaft und Fischfang. Mit der Entdeckung und dem Export von Erdöl begann der kometenhafte Aufstieg.Und heute? Sind die Locals zu einer Minderheit im eigenen Land geworden, machen gerade mal 17 Prozent der Bevölkerung aus. Dennoch: Rekorde, Luxus und Gewinnstreben sind nur die eine Seite, die das Emirat prägt. Während Champagner in den Bars und Clubs fließt, in immer spektakuläreren Locations gefeiert wird, ist der Koran nach wie vor Grundlage der Rechtsprechung und prägt Alltag und Familienleben der Einheimischen.

IN DIE HÖHE

Dubai wächst ohne jede Beschränkung, immer schneller, immer höher, immer größer. Bei der Eröffnung des Dubai Water Canal bekam selbst Initiator Sheikh Mohammed glänzende Augen. Ein Milliardenprojekt, das die Wüstenstadt weiter transformiert. Ganze Stadtviertel entstehen neu, allen voran das 6 km² große Dubai Creek Harbour, weltweit eines der größten Projekte seiner Art. Der Dubai Creek Tower, mit 928 m das höchste Bauwerk der Welt wird bei seiner Vollendung den Burj Khalifa größenmäßig auf den zweiten Platz schieben. Du meinst, du kennst Dubai? Noch wächst und verändert sich die Stadt in jeder Sekunde. Veränderung als Essenz. Wiederkommen und staunen, lautet die Devise!

MARCO POLO TOP-HIGHLIGHTS

FAHRT ÜBER DEN CREEK ★1
Ans andere Ufer des Creek – nicht über eine der Brücken bitte, sondern im tuckernden Holzkahn. Zehn authentische Minuten

GOLD SOUK ★2
Mit seinen über 300 kleinen Shops, in denen nur nach Gewicht verkauft wird, ist Gold Souk nicht nur „die" Einkaufsadresse, sondern auch Top-Sehenswürdigkeit auf Sightseeingtouren

DUBAI MUSEUM ★3
Ein Kellergeschoss, das es in sich hat: Im Halbdunkel des Al Fahidi Fort wartet eine Zeitreise in das alte Dubai

BASTAKIYA ★4
Orientalische Kulisse im restaurierten Stadtteil der Windturmhäuser
📷 *Tipp: Nach Sonnenuntergang die märchenhaft illuminierten Windturmhäuser und darüber den Mond mit langer Belichtungszeit aufnehmen*

BURJ KHALIFA ★5
Im höchsten Gebäude der Welt zur Aussichtsterrasse schweben und ganz Dubai liegt dir zu Füßen
📷 *Tipp: Den Burj Khalifa von der Dubai Opera aus so aufnehmen, dass ein Teil der Glasfassade der Oper schräg ins Bild rückt*

DUBAI MARINA ★6

Zwischen Wolkenkratzern und Megayachten: Dolce Vita aufsaugen und einen der größten Häfen der Welt erleben

📷 *Tipp: Warte bei der Marina Mall, bis dir jemand beim Ziplining entgegenkommt. Wasser und Hochhäuser sind ein toller Hintergrund*

BURJ AL ARAB ★7

Dubais Wahrzeichen, das weltberühmte Hotel, thront auf der eigenen Insel vor Jumeirah Beach

DUBAI MALL ★8

Stil, Glamour, Attraktionen und so manches Schnäppchen: Schauen und Schlendern in einer der weltgrößten Shoppingmalls

DINNER IN DER WÜSTE ★9

Mit dem Geländewagen über haushohe Dünen. Und als Abschluss ein zünftiges Beduinendinner

DUBAI OPERA HOUSE ★10

Dabei sein bei einem Konzert im Herzen des neuen Opera District – nicht nur die unglaubliche Akustik bringt die Emotionen zum Kochen

📷 *Tipp: Das abends hell erleuchtete Bauwerk und davor der künstliche Dubai Lake: sieht aus wie ein Schiff auf hoher See!*

BEST OF LOW BUDGET

FÜR DEN KLEINEN GELDBEUTEL

GEWÜRZE IN HÜLLE UND FÜLLE

Im Spice Souk findet man exotische Gewürze aus Asien und Arabien, abgepackt oder in großen Jutesäcken. Frage nach dem ägyptischen Khol Kajal – ein preisgünstiges, originelles Geschenk für Hennaabende zu Hause.

TANZENDE WASSER

Nach Sonnenuntergang wird der Dubai Fountain zur grandiosen Freilichtbühne. Plötzlich erschallt Musik, und Wasserfontänen schießen im Takt über 100 m in die Höhe. Da ist selbst der dahinter aufragende Burj Khalifa nur Beiwerk.

WO LAUFEN SIE DENN?

Die Atmosphäre auf dem Meydan Race Course ist elektrisierend, die Pferde – reinrassige Araber – blitzschnell und kostbar. Ein Teil der Haupttribüne ist frei zugänglich.

AUTHENTISCH ESSEN

In den Restaurants von Karachi Darbar kannst du pakistanisch-indische Gerichte für wenig Geld probieren. Nach Sonnenuntergang auch Tische im Freien.

AQUARIUM XXL

Teil der spektakulären Dubai Mall ist das 10 Mio. Liter (!) fassende Dubai Aquarium. Hier siehst du gewaltige Haie, Schwärme von Papageienfischen und Mantarochen in einer märchenhaften Korallenwelt.

CITY-TOUR MIT SHOPPERN

Dubais große Einkaufstempel liegen weit entfernt voneinander, sodass die meisten Hotels mit einem kostenlosen Shuttle-Service etwa zur Mall of the Emirates, der Dubai Mall oder dem Deira City Centre verbunden sind. Dann nichts wie los zur Stadtrundfahrt, mit oder ohne Shoppen.

LUXUSHAUSTIERE

Nicht Hund und Katze, sondern Rennkamel und Falke sind die Lieblinge der Dubaier. Die kostbarsten Falken sind bis zu 1 Mio. Dirham (ca. 200 000 Euro) wert und werden von ihren Besitzern auch mit ins Ausland zur Jagd genommen.

DINNER MIT DHAU

Alte arabische Handelsschiffe als schwimmende Restaurants: Wenn ganz Dubai als ein einziges funkelndes Lichtermeer erglüht, bedienst du dich am Büfett bei einer nächtlichen Dinner Cruise.

ORIENT PUR

Enge, teilweise von Palmblattdächern beschattete Gassen und Kaufmannshäuser mit Galerien, Restaurants und Cafés im altertümlichsten Viertel, Bastakiya. Auf zur Entdeckertour!

DUBAI ZU DEINEN FÜSSEN

Lust auf einen besonderen Thrill? Die gläserne Aussichtsterrasse „At the Top" liegt im 124. Stock des Burj Khalifa, des (noch) höchsten Gebäudes der Welt.

VIER WOCHEN KAUFRAUSCH

VIPs reisen zu den Modenschauen und Charity Events in den Luxushotels an. Es winken gewaltige Rabatte, Tombolas mit millionenschweren Gewinnen, Feuerwerk und viel Kultur beim Dubai Shopping Festival.

STRANDLEBEN

Hotspot reicher Einheimischer, Expatriates und Touristen beim Stopover: der Jumeirah Beach mit Dubais Wahrzeichen, dem Burj Al Arab, der künstlichen Insel Palm Jumeirah vor der Küste und Beachclubs zum luxuriösen Abhängen mit Shisha und Mocktails.

DIE BESTEN INSIDER-TIPPS

DIE GOLDGELBE WÜSTE LOCKT

Schuhe aus, und der Sand rinnt goldgelb und fein wie Puderzucker über die Zehen: Vor den Toren der Stadt locken Sanddünen so hoch wie Berge, Big Red genannt. In dieser gigantischen Sandkiste werden die angebotenen Aktivitäten – vom Kamelreiten über Buggyfahren bis zum Beduinendinner – fast schon zur Nebensache.

SCHNEE UND RODEL GUT

Im Ski Dubai fährt man schwungvoll ab oder rutscht im Reifen den Hang hinunter. Die Alternative: das Schneetreiben durch die Panoramascheiben des St. Moritz Café nebenan betrachten.

CAMELCINO SCHLÜRFEN

Wir sind schließlich in der Wüste: Da wird der Espresso schon mal mit aufgeschäumter Kamelmilch serviert. Mmh, schmeckt … interessant!

UNTERIRDISCH

Im Untergeschoss des Al Fahidi Fort herrscht Halbdunkel – und angenehme Frische. In diesem Ambiente lässt sich ganz entspannt das frühere Leben am Golf nachempfinden, etwa der Alltag in einer Oase, das typische Treiben in einem altertümlichen Souk.

SANDDÜNEN RUNTERSAUSEN

Beim Sandboarding auf einem Monoski die Wüste erfahren.

INS HAIFISCHBECKEN RUTSCHEN

Im Aquaventure katapultiert dich die Wasserrutsche hinein ins Abenteuer. Tauchen zwischen Mantarochen und Raubfischen. Gibt es was Aufregenderes?

DAS SCHMECKT IN DUBAI

Unsere Empfehlung heute

Vorspeisen

FATTOUSH
grüner Salat mit frittierten Brotscheiben

ACHAR
in Essig und Knoblauch eingelegter Blumenkohl, Oliven, Zwiebeln, Paprika

BABAGANOUSH
Auberginen- und Tomatenpüree mit Zwiebeln, Petersilie, Salz und Sesamöl

MOUTABEL
gebackenes Auberginenmus, verfeinert mit Sesampaste und Nussöl

Hauptgerichte

THEREEF LAHM
Lammfleisch mit Gemüse und Kartoffeln

FOUL MEDAMES
weiße Bohnen in würziger Tomatensauce mit Zwiebeln und Gemüse, dazu warmes Fladenbrot *(khoubiz)*

MAKBUS
gebratenes Lammfleisch mit Reis

HAMMOUR
Barsch aus dem Arabischen Golf, gegrillt oder gebraten

SHISH TAWOUK
mariniertes, gegrilltes Hühnerfleisch am Spieß

Desserts

MEHALABIYA
Pudding mit Pistazien

BAKLAVA
Dessert aus Blätterteig, Mandeln, Pistazien und Kardamom, mit Honig getränkt

MUHAMMAR
süßer Reis mit Rosinen, Kardamom, Rosenwasser und Mandeln

Drinks

QAHWA
Mit Safran, Kardamon, Nelken und Rosenwasser gewürzter Kaffee

G&J
frisch gepresster Grapefruitsaft mit Mineralwasser, Zitrone, Palmzucker und einer Prise Meeressalz

MILK & HONEY
frischer Ananassaft, Kardamomsirup, Kokosnussmilch und Honig auf zerstoßenem Eis

HONGKONG

Mong Kok

32

Hongkong bedeutet Fernostfaszination. Du erwartest eine hochmoderne Metropole mit einem Wolkenkratzerwald, hoffst aber auch auf quirlige Straßenmärkte, Rätselhaftes und Chinaexotik? Damit liegst du gar nicht so verkehrt. In Hongkong ist Chinesisches britisch geprägt, hier vermischt sich Profitstreben mit altchinesischen Werten. Und gleich nebenan liegt Macau, ein Stück altes Europa in Fernost, heute vor allem aber ein gigantischer Hotspot des Glücksspiels.

CHECK

- ✓ Stadt voller Dynamik
- ✓ Lebendige Traditionen
- ✓ Spiegelnde Glasfassaden
- ✓ Höllengeld & Fengshui
- ✓ 7,5 Mio. Einwohner

ENTDECKE HONGKONG

Eine Stadt in Bewegung: Morgens gibt's Gymnastik im Victoria Park

Erst mal erlebt man die Stadt vor allem als Herausforderung. Das Gedränge auf den Wegen, der von den himmelstrebenden Fassaden widerhallende Lärm der Busse, Betonmischer und Presslufthämmer in dieser ewig hektischen Metropole ... Mancher Besucher ist nach zwei Tagen Shopping und einer Stadtrundfahrt erleichtert, wieder abreisen zu können. Okay, man versäumt dann weder Paläste noch berühmte Museen oder lauschige Plätze. Hongkongs Rekorde lesen sich eher nüchtern: Die Stadt hat die weltweit meisten Hochhäuser (und die meisten Touristen), ist Asiens drittgrößte Finanzmetropole, hat die höchsten Ladenmieten der Welt und den sechstgrößten Containerhafen. Die Wahrheit aber ist: Hongkong selbst ist eine einzige Attraktion mit seinem Wechsel von Bergen und Wasser, seinen Wolkenkratzern, seinen Küchengenüssen.

DAS ERBE DER KOLONIALZEIT

Es grenzt schon an ein Wunder, dass dieses Kapitalistendorado am Rücken des chinesischen Riesen überhaupt funktionieren konnte – auf einem verzwickten Terrain, das für alles taugt, nur nicht für eine Millionenmetropole. Denn für eine Erfolgsstory fehlten zunächst alle Voraussetzungen. Als die Briten die Insel 1841 als Kriegsbeute besetzten, planten sie hier einen Stützpunkt, aber keine Großstadt. Schon bald zeigte sich: Es mangelte an bebaubaren Flächen und an Umland zur Versorgung der sich rasch entwickelnden Stadt. Darum wurde 1860 die Halbinsel Kowloon einverleibt, 1898 das angrenzende Festland und weitere Inseln – die „New Territories". Hongkong wuchs auf das Zehnfache. Eine Herausforderung wurde mit

der Zeit auch der Verkehr. Zum Territorium gehören 263 Inseln, selbst das große Stück Festland ist extrem zerklüftet. Erst die U-Bahn und diverse Tunnel brachten eine deutliche Verbesserung.

DYNAMIK & LEBENDIGE TRADITION

Heute präsentiert sich die Region als ein Ort unwahrscheinlicher Kontraste. Supermoderne Technik und chinesische Tradition, Großstadt und einsame Berge, Lärm und Stille – hier findet sich alles eng beieinander. Da liegen neben dem Eingang zum hippen Club in einem kleinen Blechschrein Orangen als Opfergaben. Und gleich hinter dem letzten Hochhaus, gebaut mithilfe von traditionellen Bambusgerüsten, beginnt ein subtropisches Dickicht, in dem tagsüber prächtige Schmetterlinge flattern und nachts die Grillen zirpen. Auch einiges aus britischer Zeit ist geblieben: die Währung und alte Straßennamen wie Queen's Road etwa. Doch nur eine Minderheit der Einwohner spricht leidlich gut Englisch. Auf Streifzügen durch den Hochhausdschungel erstaunt das hohe Maß an sozialer Ordnung. So ist die U-Bahn ebenso sicher wie graffitifrei. Am meisten Eindruck macht aber die Dynamik der Stadt – und ihre Konsumbegeisterung. Sie ist eine Genussmetropole geworden. Auswärts zu essen gehört zum Alltag.

NEBENAN: DAS LAS VEGAS ASIENS

Mit Leidenschaft gepflegt werden die Pferdewetten – und das Glücksspiel in Macau. Überhaupt, Macau! Dieser älteste europäische Außenposten in Fernost gehört bei einer Hongkongreise einfach mit ins Programm. Hier sind die Zeugen der jahrhundertelangen portugiesischen Präsenz viel zahlreicher und lebendiger als das um einiges jüngere britische Erbe in Hongkong. Auch wenn es heute vor allem die gigantischen Glücksspielpaläste sind, die die meisten nach Macau locken. Sie haben der Stadt den Ruf des asiatischen Las Vegas verschafft.

GEH AUF ENTDECKUNGSTOUR!

Aber fahr unbedingt auch hinaus auf die Inseln, wandere über die Berge, entdecke die Strände. Probier die Meeresfrüchte und all die anderen Köstlichkeiten der lokalen Küche. Zwei Tage Hongkong sind oft schrecklich. Besser bleibt man eine Woche. Wenn du aber wirklich nur einen halben Tag Zeit hast, dann fahr hinauf auf den Peak. Das Prachtpanorama zeigt, was die Stadt und ihre Menschen leisten mussten und geleistet haben. Das ist Hongkongs größtes Wunder.

MARCO POLO TOP-HIGHLIGHTS

PEAK-RUNDWEG ★1
Das Beste von allem ist – bei guter Sicht – das Hongkong-Panorama

📷 *Tipp: Am beeindruckendsten ist die Abenddämmerung, aber komm zeitig genug, um dir einen guten (Foto-)Platz zu sichern*

CENTRAL HARBOURFRONT ★2
Grüne Hafenpromenade mit einem Riesenrad: das neue Gesicht der Stadt

HONG KONG PARK ★3
Hongkongs schöner Stadtpark ist eine Wohlfühloase mit reichlich Fotomotiven – und nur eine Rolltreppenfahrt vom nächsten Einkaufszentrum entfernt

MONG KOK ★4
Vögel, Blumen, Fische, Socken: In diesem Stadtteil sind die meisten Märkte zu finden

📷 *Tipp: Der Nelson-Street-Markt ist vormittags am besten, aber ab 10 Uhr herrscht ein ziemliches Gedränge*

STANLEY ★5
Kleidermarkt mit Atmosphäre und Promenade mit Frischluft, Restaurants mit Seeblick, ein Strand ... Es gibt viele Gründe herzukommen

TEMPLE STREET ★6
Schlendern, stöbern und verweilen: Auf Hongkongs buntem Nachtmarkt gibt's Wahrsager, Musik und traditionelle Garküchen

LANTAU MIT PO-LIN-KLOSTER 7

In den Bergen von Hongkongs größter Insel meditiert ein riesiger Bronzebuddha. Zu ihm rauf schwebst du per Gondelbahn.

Tipp: Den Goldprunk der Halle kannst du durch die offenen Türen fotografieren; nimm dafür ein lichtstarkes Objektiv mit

LAN KWAI FONG 8

Das Kneipenviertel der Langnasen (und ihrer chinesischen Freunde)!

Tipp: Wo die D'Aguilar Street abknickt, verläuft oben ein Fußpfad – ideal, um in den Trubel hineinzufotografieren

WONG-TAI-SIN-TEMPEL 9

Die größte innerstädtische Tempelanlage – und die trubeligste: Jährlich opfern hier über 3 Mio. Gläubige einem als wundermachtig gerühmten Heiligen

AUSFLUG NACH MACAU 10

Macau, die älteste europäische Niederlassung in Fernost, wartet mit Bauwerken auf, die zwar meistens klein, aber historisch einzigartig sind. Ausnahme: The Venetian, der größte Casinopalast der Welt

BEST OF LOW BUDGET

FÜR DEN KLEINEN GELDBEUTEL

BRÜCKE INS GARTENGLÜCK

Das jüngste der Hongkonger Tempelklöster ist das 2000 fertiggestellte Chi-Lin-Nonnenkloster. Eine Brücke führt vom Kloster in den gepflegten, eintrittsfreien Nan-Lian-Garten gegenüber. Mit 3,5 ha eine der größten Gartenkunstanlagen Hongkongs.

MUSEUM FÜR LAU

Für Hongkongs staatliche Museen gilt: Eintritt frei! Eine Ausnahme bildet das Space Museum, wo du nur mittwochs das Portemonnaie stecken lassen kannst.

MITTAGS ZUM GOURMET WERDEN

Für Schlemmermäuler: Montags bis freitags bieten alle guten Lokale einen günstigen Mittagstisch. Da kostet ein Dreigängemenü auf Gourmetniveau oft nur ein Drittel von dem, was man abends dafür ausgeben müsste. Vorab einen Tisch reservieren!

AUSFLÜGE UNTER DER WOCHE

Das spart Geld, denn die Fähren erheben Wochenendzuschläge. Hotelschnäppchen außerhalb der Stadt, auch in Macau, sind genauso nur wochentags zu erwarten.

DEM IFC AUFS DACH STEIGEN

Okay, der Blick vom Peak ist unvergleichlich. Aber die Aussicht von Balkon und Dach der IFC Mall ist leichter erreichbar und gratis zu haben. Hier bist du auch komplett von der kribbelnden Atmosphäre der Hochhausmetropole umgeben.

STIPPVISITE BEI DEN PEANUTS

Snoopy's World nebenan in Sha Tin ist ein liebenswerter kleiner Themenpark für die ganze Familie. Hier warten der philosophische Beagle, Charlie Brown, Schroeder und Lucy, Linus und weitere 60 Figuren der Comicserie zum Anfassen. Eintritt frei!

BEST OF

TYPISCH

DAS ERLEBST DU NUR HIER

IMMER DEM DUFT NACH

Weihrauchschwaden empfangen dich im Man-Mo-Tempel, der geradezu winzig zwischen den Hochhäusern wirkt. Neben Touristen zieht es auch die Hongkonger selbst hierher, um für Nachschub beim Weihrauch zu sorgen.

SHOPPINGLABYRINTHE

Nach Klamotten stöbern kann man prima im Island Beverley und im Causeway Place. Miniboutiquen voller Trendmode zeigen Hongkongs Platzproblem. Und den Ideenreichtum der Stadt.

MIT HÖLLENGELD DIE HÖLLENRICHTER BESTECHEN

Damit es die verstorbene Oma weiterhin gemütlich hat, baut man Hausmodelle aus Papier, die beim Verbrennen ins Jenseits fliegen. Ebenso funktioniert das Höllengeld, mit dem die Höllenrichter bestochen werde, um allen Strafen für eventuelle Fehltritte zu entgehen. Man kann dieses stapelweise in speziellen Totenbedarfsläden kaufen.

DURCH DEN HAFEN SCHIPPERN

Mit der Star Ferry, Hongkongs Verkehrsinstitution Nr. 1! Zwar ging ihre Bedeutung seit dem U-Bahn-Bau zurück, aber von Tsim Sha Tsui nach Wan Chai oder Central gelangt man nach wie vor nicht schöner als mit den rundlichen Booten, die vorwärts wie rückwärts fahren.

EINARMIGE BANDITEN VOR BAROCKGEMÄLDEN

Diese kuriose Kombi erwartet dich im The Venetian, Macaus verrücktestem Casino-Hotel-Theater-Shoppingpalast. Sogar Gondel fahren kannst du dort. Was wäre typischer für das Las Vegas Asiens?

DIE BESTEN INSIDER-TIPPS

DRACHENBOOTRENNEN
Beim Tuen-Ng-Fest im Frühsommer sind überall die Drachen los, so auch im Aberdeen-Hafen. Etwas später finden dann die internationalen Rennen in Sha Tin statt.

URLAUB IM URLAUB MACHEN
So fühlt sich ein Ausflug zu hochhausfreien Lamma Island an: Geh baden, wandern, im Fischlokal schlemmen.

LASS DIR MAL WAS ZWITSCHERN
Auf dem liebenswerten Blumen- und Vogelmarkt in Mong Kok gibt's Hübsches für Ohren und Augen.

DURCHS INSELLABYRINTH TOUREN
Kein Hongkong-Besuch ohne eine Fahrt mit einem traditionellen Sampan-Boot – am besten ab Sai Kung!

WO EDLES DEN TON ANGIBT
Bei einem Schaufensterbummel in der Antiquitätenstraße Hollywood Road bekommst du einiges geboten.

WOW! WAS FÜR EINE TERRASSE!
Das Wooloomooloo im 32. Stock ist eine Freiluftlounge mitten im Hochhausdschungel. Nicht ganz billig, aber die Aussicht!

STADTRUNDFAHRT FÜR 30 CENT
Günstiger und typischer bekommst du keine Einblicke ins Leben der Stadt, als wenn du auf dem Oberdeck der Straßenbahn durch die Straßenschluchten Hongkongs rollst.

MÜDE SOHLEN AUFMUNTERN
Eine Joggingbahn mit Trimm-dich-Stationen gibt es im Victoria Park, dazu eine Stelle, wo einem kleine Kiesel die Füße massieren.

DAS SCHMECKT IN HONGKONG

Unsere Empfehlung heute

Dimsum

SHRIMP DUMPLINGS
gedämpfte Reismehlteigtaschen mit Garnelenfüllung

BEANCURD SKIN ROLL FILLED WITH PORK AND VEGETABLES
Tofuhautwickel mit Schweinefleisch-Gemüse-Füllung

BAKED BUN WITH BBQ PORK
Weizenmehl-Hefeteigtasche mit gegrilltem Schweinefleisch

STEAMED SPARERIBS WITH BLACK BEAN SAUCE
gedämpfte Rippchen mit Schwarze-Bohnen-Sauce

EGG TART
süße portugiesische Eiertörtchen

LOTUS SEED BUN
mit Lotoskernpaste gefüllte, frittierte Bällchen (süß)

Reis

YANGZHOU FRIED RICE
Bratreis mit Huhn, Ei, Erbsen, Pilzen und anderen Zutaten nach Verfügbarkeit

Huhn

GONG BAO CHICKEN
Hühnerfleisch mit Erdnüssen und Chili

HAINAN CHICKEN
Huhn mit Ingwermarinade auf Reis

Seafood

ABALONE
Haftfuß einer Meeresschnecke

STEAMED CRAB
gedämpfte Wollhandkrabbe

COD FISH WITH HERB CRUST
Stockfischfilet mit Kräuterkruste

GAROUPA IN CLAYPOT
Zackenbarsch aus dem Tontopf

Vegetarisch

LO HON VEGETABLE
kurz gebratenes, gemischtes Gemüse

MA PO DOUFU
Tofu nach Sichuan-Art, scharf

STIRFRIED KAILAN WITH GINGER SAUCE
kurzgebratener chinesischer Brokkoli in Ingwersauce

Cezayir Sokağı in der Altstadt

33

Istanbul ist großes Open-Air-Museum und moderne Metropole zugleich. In den fast 3000 Jahren, in denen die Stadt als Byzanz, Konstantinopel und später als İstanbul Hauptstadt von Weltreichen war, sind unzählige Bau- und Kulturdenkmäler entstanden. Neue, mondäne Wohnpaläste nördlich vom Taksim-Platz kamen noch hinzu. Die alte, wunderschöne Dame İstanbul ist ziemlich lebendig – und ein Paradies für Schlemmerfans, Shoppingbegeisterte und Clubgänger.

CHECK

- ✓ **Stadt am Goldenen Horn**
- ✓ **Orient trifft Okzident**
- ✓ **Der Ruf der Muezzine**
- ✓ **Feiern am Bosporus**
- ✓ **Orientalisches Flair**

ENTDECKE ISTANBUL

Sultanahmet Square: Wo sich Blaue Moschee und Hagia Sophia gegenüberstehen

Besinnliche Momente auf dem Sultanahmet Square machen es jedem Besucher leicht, die alte, aber immer noch wunderschöne Dame İstanbul mit einem liebenden Auge zu betrachten. Mitunter ist das auch nötig, um über ihre chaotischen Seiten hinwegsehen zu können. Leicht verliert man hier den Überblick – zum einen wegen der schieren Größe, zum anderen, weil İstanbul lange planlos den Launen seiner inzwischen auf 15 Mio. Einwohner angewachsenen Bevölkerung überlassen wurde. Das änderte sich, als die Stadt 2010 eine von drei Kulturhauptstädten Europas wurde und die Regierung viel Geld in die Restaurierung der wichtigsten historischen Bauwerke und gleichzeitig in eine moderne Verkehrsinfrastruktur investierte.

GLÄNZENDE ENTWICKLUNG

Die Hagia Sophia, einstmals die größte Kirche der Christenheit, der Topkapı-Palast, mehrere Jahrhunderte lang Sitz des Sultans, und die großen Moscheen – die weltberühmten Monumente erstrahlen seither in neuem Glanz. Zudem entwickelte die Stadt endlich ein Bewusstsein für ihre Historie: Ihre griechisch-byzantinische Vergangenheit ignoriert sie nicht mehr, sondern zeigt sie vor. In unmittelbarer Nachbarschaft der Hagia Sophia legten Archäologen die Überreste des byzantinischen Kaiserpalastes frei, und am Marmara-Meer wurde während der Arbeiten an einer neuen U-Bahn der älteste Hafen der Stadt wiederentdeckt. An dieser Stelle der historischen Halbinsel hatten Abgesandte der damaligen griechischen Seemacht Megara 658 v. Chr. die Siedlung Byzanz errichtet und damit den Grundstein der heutigen Stadt gelegt.

STADT DER GEGENSÄTZE

Besucher aus aller Welt fasziniert die charakteristische Mischung aus Orient und Okzident: moderne Shoppingmalls neben jahrhundertealten Basaren, Hochhäuser zwischen altosmanischen Holzbauten, Minirock neben Schleier – nirgendwo ist der Ost-West-Mix so sichtbar wie in dieser Stadt. Große Gegensätze wie das ganz und gar europäisch geprägte Beyoğlu und das nur wenige Kilometer entfernt liegende islamisch-fromme Fatih sind in dieser Form tatsächlich nur hier zu finden. Gegensätzlich sind hier selbst die Winde: İstanbuler lieben den *poyraz* aus dem Nordosten und hassen den *lodos* aus dem Süden – bei *poyraz* wird es zwar etwas kühl, aber die Luft ist so rein, dass jedes Detail am anderen Ufer sichtbar wird. Bei *lodos* hingegen strömen schlagartig Wärme, Regen, Nebel und Smog herbei.

EINE UMWERFENDE DYNAMIK

Besonders auffallend in İstanbul ist auch die sehr junge Bevölkerung. Das Leben pulsiert, die Dynamik der Stadt ist für jeden Besucher spürbar. Für Reisende aus Westeuropa und besonders aus Deutschland hat İstanbul aber noch einen anderen Reiz: Sie lernen eine neue Türkei kennen. Wer erwartet, hier eine etwas größere Version der türkisch geprägten Stadtteile in Berlin oder anderen deutschen Großstädten zu finden, wird überrascht sein: İstanbul verkörpert ein aufstrebendes und sich in Windeseile modernisierendes Land. Die Stadt übertrifft in ihrer Größe jede deutsche Metropole, sie ist teilweise sehr reich, und sie ist längst zu einem überregionalen wirtschaftlichen und kulturellen Zentrum geworden.

MINUTENSCHNELL VON KONTINENT ZU KONTINENT

Ebenso groß wie İstanbuls architektonische Vielfalt ist die Vielfalt seiner Bewohner. Noch Mitte der 1960er-Jahre lebten hier nur 2,5 Mio. Menschen. Größtenteils war das asiatische Ufer bewaldet, diente als Weideland oder bot Platz für Sommerhäuser im Grünen. Heute ist es ebenso dicht bebaut wie die europäische Seite, auf der die Stadt vom Meer weg nach Norden wucherte. Die Stadtregierung will durch ambitionierte Projekte das Verkehrschaos beenden: Unter dem Bosporus wurde ein Tunnel gebaut und damit der jahrhundertealte Traum einer Bahnverbindung zwischen Europa und Asien realisiert. Statt viel Zeit auf einer Fähre oder im Stau auf der Bosporusbrücke zu verbringen, fährt man nun in vier Minuten von Kontinent zu Kontinent.

MARCO POLO TOP-HIGHLIGHTS

TOPKAPI-PALAST ★1
Ein grüner Hof nach dem anderen und herrlich geschmückte Portale: Der Topkapı-Palast und sein Harem sind unvergesslich

ARCHÄOLOGISCHE MUSEEN ★2
Eine Reise durch vergangene Jahrtausende: Von der Prähistorik über die Griechen und Römer bis ins osmanische Zeitalter

HAGIA SOPHIA ★3
Immer noch die höchste Kuppel der Stadt: Der byzantinische Bau mit dem grandiosen Interieur lässt den Atem stocken
📷 *Tipp: Bei Sonnenaufgang fällt das Licht ganz besonders auf die gelbliche Fassade der Hagia Sophia*

YEREBATAN-ZISTERNE ★4
Erkunde bei klassischer Musik die riesige unterirdische Säulenhalle, wo noch Fische herumschwimmen

BLAUE MOSCHEE ★5
Die feinen Kacheln machen's: Die Sultanahmet-Moschee ist ein Meisterwerk der sakralen muslimischen Architektur

GROSSER BASAR ★6
Eine unerschöpfliche Fundgrube – vom orientalischen Schnäppchen über wertvolle Antiquitäten bis zu billigen Souvenirs

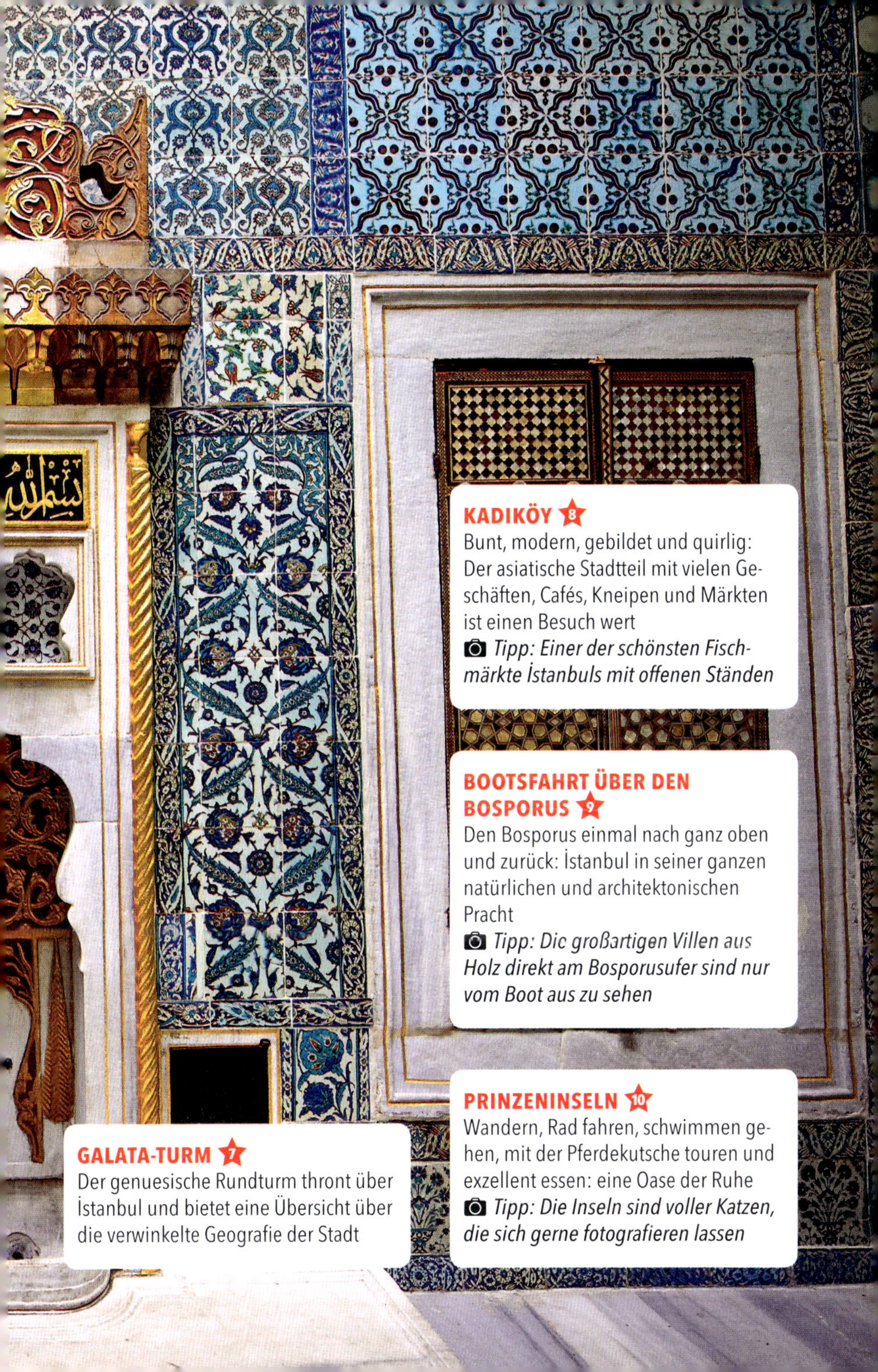

GALATA-TURM 7
Der genuesische Rundturm thront über İstanbul und bietet eine Übersicht über die verwinkelte Geografie der Stadt

KADIKÖY 8
Bunt, modern, gebildet und quirlig: Der asiatische Stadtteil mit vielen Geschäften, Cafés, Kneipen und Märkten ist einen Besuch wert
📷 *Tipp: Einer der schönsten Fischmärkte İstanbuls mit offenen Ständen*

BOOTSFAHRT ÜBER DEN BOSPORUS 9
Den Bosporus einmal nach ganz oben und zurück: İstanbul in seiner ganzen natürlichen und architektonischen Pracht
📷 *Tipp: Die großartigen Villen aus Holz direkt am Bosporusufer sind nur vom Boot aus zu sehen*

PRINZENINSELN 10
Wandern, Rad fahren, schwimmen gehen, mit der Pferdekutsche touren und exzellent essen: eine Oase der Ruhe
📷 *Tipp: Die Inseln sind voller Katzen, die sich gerne fotografieren lassen*

BEST OF
LOW BUDGET
FÜR DEN KLEINEN GELDBEUTEL

HAUS DER KÜNSTLERISCHEN AVANTGARDE
Das SALT ist die angesagteste Adresse der İstanbuler Kunstszene. Im prachtvoll restaurierten Haus der alten Osmanischen Bank findest du verschiedene Ausstellungen – inklusive WLAN und Arbeitsplatz, ganz umsonst.

PREISWERTER FISCH
Wer echten Bosporus-Fisch preiswert auf dem Teller serviert haben möchte, fährt ein Stück am europäischen Ufer hoch: Das Fischlokal Adem Baba in Arnavutköy ist so beliebt, dass man manchmal für einen Tisch anstehen muss – es lohnt sich!

HOCH ÜBER DEM GOLDENEN HORN
Die Patriarchatskirche in Fener ist ein guter Ort, um dem alten Byzanz nachzuspüren. Der Backsteinbau thront imposant über dem Goldenen Horn und kann kostenlos besichtigt werden.

LANGER FREITAG IM MUSEUM
Der Eintritt zum kleinen, aber sehr feinen Pera-Museum ist freitags zwischen 18 und 22 Uhr kostenlos. Das Museum hat eine orientalistische Gemäldesammlung und wechselnde Ausstellungen moderner Künstler.

KUNST UND JAZZ IN PRIVATVILLA
Im Ort Emirgan hat die Familie Sabancı, eine der reichsten türkischen Industriellenfamilien, ihre großartige Stadtvilla in ein privates, eintrittsfreies Museum umgewandelt, das Sabanci-Museum. Hier finden auch mehrmals jährlich spektakuläre Präsentationen statt und im Sommer gute Jazzkonzerte – ideal zum Chillen.

BEST OF

TYPISCH

DAS ERLEBST DU NUR HIER

BRÜCKE ZWISCHEN DEN WELTEN

Die Galata-Brücke in Eminönü ist die symbolische Mitte İstanbuls. Nirgends wird die Verbindung von Alt und Neu, Orient und Okzident für Besucher so anschaulich wie hier. Schau vorbei bei den vielen Anglern am Nadelöhr des Goldenen Horns! Zudem ist sie der beste Startpunkt, um İstanbuls historische Altstadt zu erkunden.

ORIENTALISCHE SCHLEIERTÄNZE

Die tanzende Schöne hinter dem Schleier ist das Orient-Klischee par excellence. Aber wer will nicht einmal einen Bauchtanz von hoher Qualität sehen? Das Kervansaray ist dafür eine gute Adresse.

HAMAM MUSS SEIN!

Der Besuch in einem türkischen Bad dient nicht nur der körperlichen Reinigung. Die Massage, das kalte Getränk im Abkühlungsbereich und der Service tun auch der Seele gut. Am traditionellsten entspannst du dich im über 500 Jahre alten Galatasaray Hamamı.

RUND UM DIE MOSCHEE

Um die Blaue Moschee herum pulsiert immer das Leben: Genieße nicht nur die abendliche Lichtshow im Sommer, sondern auch die Atmosphäre. Einfach hier sitzen und dem Treiben zuschauen.

MIT DEN FRACHTCONTAINERN AUF DU UND DU

İstanbul ist die einzige Weltstadt, wo sich der rege, kommerzielle Schiffsverkehr kilometerlang mitten durch die Stadt hindurchzieht. Dabei im Pool Çırağan Kempinski zu baden und dem direkt vor der Nase vorbeifahrenden Fracht- oder Passagierschiff „Ahoi!" zu sagen, das ist nur hier möglich.

DIE BESTEN INSIDER-TIPPS

UNTERIRDISCHER SÄULENWALD
Die Türken nannten die Yerebatan-Zisterne „versunkenes Schloss". 336 Säulen verhindern seit 1400 Jahren, dass die Decke der Zisterne einbricht. Zwei dieser Säulen stehen sogar auf antiken Medusenköpfen.

CHILLEN AM SCHWARZEN MEER
Die Küstenorte Sile und Agva sind gerade im Sommer ideal für ein paar entspannte Strandtage nach der Hektik der Großstadt.

JAZZ BEIM SUNDOWNER
In der Vergnügungsoase Bomontiada gibt es beste Musik bei Bier, Wein oder hervorragenden Cocktails.

VON KONTINENT ZU KONTINENT
Statt viel Zeit auf einer Fähre oder im Stau auf der Bosporusbrücke zu verbringen, fährt man nun in vier Minuten mit der Bahn von Europa nach Asien.

NEUER SITZ DER SULTANE
Im Dolmabahçe-Palast am Bosporus wurde mit Gold, Marmor und Kristallen nicht gespart. Führungen zeigen die Schätze.

FISCH UND WEIN AM BOSPORUS
Eine alte Fähranlegestelle als eines der besten Fischlokale der Stadt: Die Auswahl im Restaurant Rumelihisarı Iskele an (auch vegetarischen) Gerichten ist enorm.

CREME UND SHAMPOO NACH ALTEN REZEPTEN
Bei Ucuzcular, dem ältesten Kräuter- und Naturladen İstanbuls, gibt es viele gute Produkte für Haut und Haare. Zu finden auf dem Ägyptischen Basar.

DAS SCHMECKT IN ISTANBUL

Unsere Empfehlung heute

Vorspeisen

ARNAVUT CIĞERI
gebratene zarte Lammleberstücke mit Zwiebeln

ÇERKEZTAVUĞU
„Huhn auf Tscherkessenart" aus Hühnerbrust, Walnüssen, Milch und Mehl (kalt serviert)

MIDYE DOLMASI
mit Rosinenreis gefüllte Miesmuscheln

PAÇANGA BÖREĞI
Blätterteigtaschen, gefüllt mit luftgetrocknetem Schinken

ZEYTINYAĞLI DOLMALAR
gefüllte Paprika und Weinblätter in Öl (kalt serviert)

Hauptgerichte

BALIK PILAKISI
Fisch, im eigenen Sud im Ofen zubereitet

IÇ PILAV
Reisgericht mit Rosinen, Nüssen und Leberstückchen

KADINBUDU KÖFTE
„Frauenschenkel" aus Hackfleisch, Reis und Eigelb

IMAM BAYILDI
„Der Imam fiel in Ohnmacht", mit Gemüse gefüllte Auberginen, vegetarisch

KARIDES GÜVEÇ
Shrimps, Tomaten und Pilze mit Käse überbacken

Desserts

BAKLAVA
sehr süßes Dessert aus vielen Lagen Blätterteig, gefüllt mit Walnüssen oder Pistazien

KAYMAKLI KADAYIF
raffinierter Nachtisch aus Teig mit Sahne

AYVA TATLISI
mit Zucker und Zimt gekochte halbe Quitten, mit Sahne-Häubchen serviert

Getränke

RAKI
klarer Anisschnaps (pur), mit Wasser verdünnt wird er milchig

AYRAN
leicht gesalzener Trinkjoghurt

ÇAY
schwarzer, relativ starker türkischer Tee

KAPSTADT

Kapstadt zu Füßen des Tafelbergs

Die Kapstädter nennen ihre Stadt liebevoll Mother City – Mutter aller Städte, denn sie ist die älteste des Landes. Vor rund 350 Jahren hatten europäische Siedler an diesem herrlichen Flecken Erde ihr Lager aufgeschlagen. Heute wohnen zu Füßen des mächtigen Tafelbergs 4 Mio. Menschen. Im Zentrum der brummenden Metropole reihen sich prachtvolle viktorianische Fassaden an die Hochhäuser des Geschäftsbezirks. Und drum herum erstreckt sich raue, unberührte Natur, umweht vom eisigen Südpolwind.

CHECK

- ✓ **Viel Kultur & gute Weine**
- ✓ **Super Sonnenuntergänge**
- ✓ **Stadt, Strand, Berg**
- ✓ **Regenbogennation**
- ✓ **Hoffnung als Lebensmotto**

ENTDECKE KAPSTADT

City Hall (Rathaus), wo Nelson Mandela seine erste Rede als freier Mann hielt

Was Kapstadt und seine Umgebung so einzigartig macht? Die verschwenderische Vielfalt, mit der die Natur Afrikas Südspitze beschenkt hat. Wo sonst auf der Erde gehen hitzeverdorrte Buschsteppen nahtlos in mediterrane Blumenfelder über, prallen Ozeane auf Hochgebirge? Über dem Zentrum der 4-Mio.-Metropole Kapstadt thront das mächtige Tafelberg-Massiv. Der Eintausender ist ein Hügel, verglichen mit Europas Bergen, und doch schätzen ihn die Kapstädter als schattenspendenden „Wächter" über ihre Stadt.

CHARMANTES VOLK MIT GROSSEN EXTREMEN

Der Ausblick vom Tafelberg bietet ein grandioses Fotomotiv, aber am schönsten präsentiert sich Kapstadt vom Bloubergstrand im Norden aus, wo abends die Sonne im Ozean versinkt. Weiter unten bringt der Atlantik sein eiskaltes Wasser an die Strände – ein Gruß aus der Antarktis. Um das Felsmassiv herum erstrecken sich unterschiedlichste Stadtteile: der Uni-Bezirk Observatory, das Villenviertel Camps Bay oder das LGBTQ-Viertel Waterkant mit dem City Center. Hier, in der City Hall, dem alten Rathaus der Stadt, trat der Freiheitskämpfer Nelson Mandela 1990 zum ersten Mal nach seiner Freilassung vor die Öffentlichkeit. Auf der Grand Parade, wo die Menge stundenlang auf ihn gewartet hatte, brummt es heute noch: in Form eines beliebten Markts für Kleidung und Billigwaren aller Art. Spätestens dort wird klar: Kapstadt ist so bunt wie seine Bevölkerung. Ein Blick über den Tafelberg zeigt, wie viele Bewohner über 25 Jahre nach dem Ende der Rassentrennung immer noch in Slums, in den Blechhütten und Ziegelbaracken der Townships leben.

APARTHEID SPÜRBAR

Auf ihre Gelassenheit sind die Kapstädter mindestens so stolz wie auf ihren Charme. Mit einem Schmunzeln erzählen sie, dass die Stadt eigentlich deshalb Mother City heiße, weil hier alles mindestens neun Monate brauche, bis es fertig ist. Diese Gelassenheit ist aber nur zum Teil der Grund, warum Kapstadt noch immer vor immensen Herausforderungen steht. Das Erbe der Apartheid lastet auf der Stadt. Politik und Verwaltung sind mit scheinbar unlösbaren Problemen konfrontiert. Eine reiche Minderheit lebt Tür an Tür mit der Mehrheit, die mit den Folgen extremer Armut zurechtkommen muss. Auch die Folgen der Weltwirtschaftskrise und der Covid-19-Pandemie trafen die Kap-Republik hart: Der lebensnotwendige Tourismus brach ein, landesweit gingen mindestens 2 Mio. Jobs verloren. Täglich zwängen sich Millionen Kapstädter in einen Minibus. Für sie beginnt der Arbeitstag mit der waghalsigen Fahrt im Zwölf-Sitzer-Taxi. Immer noch ist die Metropole ein Spiegel der sozialen Ungerechtigkeit. Der *Group Areas Act* aus dem Jahr 1950 galt als Rechtfertigung für die Vertreibung der Schwarzen und *coloureds* aus der Innenstadt. Arbeiten in der Stadt, schlafen in den Townships – das bleibt für die arme Bevölkerung bis heute so.

TRAUM VON DER REGENBOGENNATION

Weiße Südafrikaner haben die Tendenz, die Zukunft des Landes pessimistischer als angemessen einzuschätzen. Auch wenn die Politik von Korruption geprägt sein mag: Fakt ist, dass es den meisten Weißen im Land noch immer vergleichsweise gut geht. Über siebzig Prozent der Führungspositionen sind in weißer Hand. Die soziale Schere zwischen Arm und Reich ist seit dem Ende der Apartheid nicht zu-, sondern eher noch weiter auseinandergegangen. Mit Südafrikas neuem Präsidenten, Cyril Ramaphosa, der 2018 eine marode Wirtschaft erbte, hat Südafrika wieder die Chance auf einen neuen Aufschwung. Dahin ist der Traum von der Regenbogennation übrigens noch lange nicht: Sieben von zehn befragten Südafrikanern glauben fest daran, dass Südafrikas Volksgruppen in Zukunft in einer vereinten Nation zusammenleben werden.

Und wie steht es mit der Sicherheit angesichts der großen Armut? Die Antwort ist einfach: Wer sich an bestimmte Regeln hält, erlebt in Südafrikas Metropole eine ebenso schöne wie sichere Zeit. So kann man sich auf eine Stadt einlassen, deren Schönheit einen genauso einnehmen wird wie der Optimismus ihrer Bewohner – Vorsicht: Ansteckungsgefahr!

MARCO POLO TOP-HIGHLIGHTS

KIRSTENBOSCH NATIONAL BOTANICAL GARDENS ★1
Mehr als siebentausend verschiedene Bäume, Büsche und Blumen wachsen hier direkt am Fuß des Tafelbergs
📷 *Tipp: Der „Boomslang"-Baumkronenpfad ist ein Selfie-Hotspot mit Bergwaldkulisse – spektakulär grün!*

TAFELBERG ★2
Das imposante Bergmassiv überragt die Metropole. Sportliche Besucher besteigen ihn zu Fuß, praktisch ist aber auch die Seilbahn. Oben angekommen: sensationeller Ausblick!

DISTRICT SIX MUSEUM ★3
Niedergerissen und vertrieben. Das Museum erzählt Südafrikas rassistische Vergangenheit anhand des historischen Stadtteils und dessen Bewohnern

VICTORIA & ALFRED WATERFRONT ★4
Eindrucksvolles, lebendiges Vergnügungs- und Einkaufszentrum am Hafen

COMPANY'S GARDEN ★5
Große Bäume, kleine Eichhörnchen und die wichtigsten Museen der Stadt
📷 *Tipp: Ein Foto vor dem 350 Jahre alten Birnbaum aus Kolonialzeiten – der älteste Obstbaum Südafrikas*

ROBBEN ISLAND ★6
Ex-Häftlinge führen über die Insel, auf der Nelson Mandela den Großteil seiner Haft verbrachte
📷 *Tipp: Der metallene riesige Bilderrahmen schafft neue Perspektiven auf den Tafelberg*

GROOT CONSTANTIA 7
Weinfarm, Museum und Restaurant: Südafrikas ältestes Weingut verbindet kolonial und köstlich auf ganz spezielle Weise. Das wusste schon Napoleon

KAP DER GUTEN HOFFNUNG 8
Ein Ausflug in den Nationalpark ist ein Muss für jeden Besucher – dazu gehört auch die Fahrt über den Chapman's Peak Drive
📷 *Tipp: Kamera klar! Am Weg zum Cape Point kommen dir auf der Straße zum Kap häufig Strauße entgegen*

VERGELEGEN 9
Das Weingut gilt als eines der schönsten Südafrikas und ist deshalb *der* Vorzeigebetrieb

FRANSCHHOEK 10
Leckere Weine und Galerien – bei den Nachfahren französischer Einwanderer geht es um die feineren Dinge des Lebens. Ach, und dann gibt's auch noch ein malendes Schwein

BEST OF LOW BUDGET

FÜR DEN KLEINEN GELDBEUTEL

STREETART MAL ANDERS
Bo-Kaap ist bekannt für seine fantasievoll bemalten Häuser. Das Viertel am Fuß des Signal Hill ist das farbenfroheste der Stadt, fern von Gentrifizierung. Es hat weniger den Charakter eines Stadtteils als den eines muslimischen Dorfes: mit verwinkelten Gassen, elf Moscheen und bunten Fassaden.

EIN NACHMITTAG MIT AUTOREN
Die Book Lounge in der Innenstadt organisiert jede Woche Lesungen mit führenden Autoren Südafrikas. Der Eintritt ist frei, ein Glas Wein oder Orangensaft gibt's häufig gratis dazu.

KINO & PASTA
Nicht ganz zum Nulltarif, aber fast geschenkt: Im Labia, dem ältesten und schönsten Kino Kapstadts, laufen Filme abseits der Blockbuster. Täglich außer freitags gibt es in einem der umliegenden Cafés Kinokarten und Speisen für zwei Personen um 110 Rand. Das Kino-Burger-Special am Donnerstag kostet 160 Rand.

TRENDIGER MARKT IN ALTER MÜHLE
Gute Nachbarn kommen nie ohne Leckereien vorbei! Jeden Samstag kannst du am Neighbourgoods Market in Woodstock Käse, Pesto, Biltong und mehr von lokalen Händlern verkosten.

KUNST UND EIN GLÄSCHEN WEIN
Echt jetzt? Eine afrikanische Stadt als Tummelplatz der Galerien und Ateliers? Das ist Kapstadt. Und an jedem ersten Donnerstag gibt's kostenlosen Eintritt. Dabei kannst du mit den Künstlern über deren Werke plaudern und bekommst ein Glas Wein aufs Haus. In Cafés und Clubs werden auch Theaterstücke aufgeführt.

BEST OF

TYPISCH

DAS ERLEBST DU NUR HIER

EPIZENTREN DES NACHTLEBENS

Lange Zeit galt die Long Street mit ihren vielen Clubs, Bars und Kneipen als das Partyzentrum der Stadt. Dort ist auch weiterhin eine Menge los, die wirklich angesagten Läden findest du aber inzwischen zwei Parallelstraßen weiter in der Bree Street.

UNTER WASSER IM TROCKENEN

Indisch und atlantisch? Das Two Oceans Aquarium zeigt Buntes und Faszinierendes aus Südafrikas beiden Ozeanen. Hier bleibst du auch unter Wasser trocken – es sei denn, du buchst einen geführten Tauchgang.

DAS ANDERE KAPSTADT

Wellblechhütten und Lebensfreude trotz widrigster Umstände – auch das ist Kapstadt. Komm ins Township und lern die Bewohner bei einer geführten Tour kennen. Bei Mzoli's Place wird zusammen gegrillt und getanzt.

SUNDOWNER AM MEER

Kapstadt hat die schönsten Sonnenuntergänge der Welt. Und dazu gehört ein Sundowner in der Restaurant-Bar Azure des Hotels Twelve Apostles in Camps Bay.

WIE TICKT SÜDAFRIKA?

Südafrika verstehen, ohne seine gewaltvolle Vergangenheit zu kennen? Schwer vorstellbar. In Museen wie dem District Six Museum wird die Geschichte der Regenbogennation neu aufgerollt. Einen Blick in Vergangenheit und Zukunft wirft der Newcomer unter den Museen: das Zeitz-Museum für Zeitgenössische Afrikanische Kunst.

DAS CAFÉ DER HERZEN

Überall im Sidewalk Café sind Herzen – und es wirkt trotzdem nicht kitschig. Sie hängen von der Decke, stehen neben Antiquitäten. Ein absolutes Muss, mit großartiger Küche.

DIE BESTEN INSIDER-TIPPS

STRAUSSE FÜTTERN
Das Auge eines Straußes ist größer als sein Hirn. Dafür hat er hübsche Wimpern. Selbst davon überzeugen kannst du dich beim Füttern auf der Cape Town Ostrich Ranch.

BADEN IM NATURPOOL
In den Tide Pools von Kalk Bay und Simon's Town kannst du ohne Monsterwellen im wohltemperierten Wasser schwimmen, wie im Freibad, nur gratis! Die geschützten Naturpools werden von der Sonne aufgeheizt.

SAFARI
Keine Zeit für die großen Nationalparks? Kein Problem! Entlang der Garden Route findest du etliche sogenannte Game Reserves, die Safaris anbieten. Mit dem nötigen Kleingeld auch per Helikopter und danach eine entspannende Spa-Behandlung.

BIER ODER WEIN?
Südafrikas Weingüter brauen ihr eigenes Bier. In den Wine Lands kann man sich entspannt durchkosten.

INNENSTADT-OASE
Nach einem Marathon-Shopping lockt der schattige, etwas versteckte Garten des Café Paradiso in der Kloof Street. Unter Bäumen wird Pasta und Pizza serviert.

AFRIKANISCH SHOPPEN
Am Greenmarket Square verkaufen Händler vom ganzen Kontinent ihr Handwerk.

HERZSCHLAG HÖREN
Museumsgeschichte lebendig: Im Heart of Cape Town Museum wird an die erste erfolgreiche Herztransplantation durch Professor Barnard 1967 erinnert.

DAS SCHMECKT IN KAPSTADT

Unsere Empfehlung heute

Snacks & Vorspeisen

SAMOOSAS
Frittierte Teigtaschen, gefüllt mit Rinderhack, Hühnerfleisch oder Gemüse

BILTONG
Luftgetrocknetes Rind- oder Wildfleisch

GATSBY
Baguette gefüllt mit Fleisch, Salat und Pommes Frites

SPRINGBOK-CARPACCIO
Südafrikanische Variante der italienischen Fleisch-Blättchen

Hauptgerichte

BOBOTIE
Kapmalaiische Spezialität, ein mit Curry gewürzter Auflauf aus Lammhackfleisch, gesüßt mit Rosinen oder Aprikosen

BOEREWORS & PAP
Gewürzte Mettbratwurst mit traditionellem Maisbrei

CRAYFISH
Hummerart, frisch am Kap gefangen

WATERBLOMMETJIE-BREDIE
Eintopf mit Fleisch, Gemüse und den Blüten einer seerosenähnlichen Wasserpflanze

BUNNY CHOW
Curry nach Durban-Art, im Brotlaib serviert

Desserts

KOEKSISTERS
Geflochtene Teigringe, nach dem Frittieren in Sirup getränkt

MELKTERT
Traditionelle Torte mit Pudding

Getränke

ROOIBOS TEA
Gesunder Tee, der nur am Kap wächst

PINOTAGE
Wein mit südafrikanischem Ursprung

BRANDY
Von lokalen Weingütern

SPRINGBOKKIE
Mix aus Pfefferminzlikör und Amarula, dem traditionellen Likör des Marula-Baums

LAS VEGAS

Gambling im Las Vegas Wynn

Las Vegas ist eigentlich keine Stadt, sondern die Verkörperung des amerikanischen Traums vom schnellen Glück, eine neonbunte Fata Morgana in der Wüste. Nur deshalb konnte in der glutheißen Steinwüste im Süden Nevadas die Weltmetropole des Spiels mit ihren spektakulären Themenresorts aus dem Sand wachsen. Rund um die Uhr, 365 Tage im Jahr inszeniert sich Las Vegas als glitzernde Fantasiewelt, in der für die Besucher der Alltag in unwirkliche Ferne rückt.

CHECK

- ✓ **„Anything goes"**
- ✓ **Alles nur ein Traum?**
- ✓ **Glamouröse Shows**
- ✓ **Exzellente Gastroszene**
- ✓ **250 Trauungen pro Tag**

ENTDECKE LAS VEGAS

Spektakuläre Video-Lightshow: Fremont Street Experience in Downtown

Raum und Zeit werden hier bedeutungslos. Die Kasinoparadiese in der Downtown und am Las Vegas Boulevard, dem legendären „Strip", entführen in klimaanlagengekühlte Kunstwelten. Hier findet man sich staunend im alten Rom wieder, dort spaziert man durch New York, Venedig, Paris, durch eine altägyptisch anmutende Pyramide oder durch mittelalterliche Märchenschlösser. Millionen Besucher überfluten jährlich die glitzernde Metropole mitten in der Mojave-Wüste. Die meisten bleiben drei bis vier Nächte – und diese Zeit braucht man auch, will man die Stadt in ihrer ganzen Vielfalt kennenlernen.

WEISSE TIGER UND PICASSO

Las Vegas bietet billig gemachten Nepp ebenso wie niveauvolle Unterhaltung. Die mit modernster Technik auf die Bühne gebrachten Shows, wie sie vor allem der Cirque du Soleil präsentiert, sind ein Erlebnis für alle Sinne. Rasante Achterbahnen, weiße Tiger, wilde Poolpartys und ultracoole Nachtclubs sorgen für Exotik und Action. Museen und Galerien, zum Teil in den Kasinos selbst, stellen Werke weltweit bekannter Künstler aus. Und viele der heute vorzüglichen Restaurants der City inspirieren zugleich Augen wie Gaumen.

MORMONEN ALS STADTGRÜNDER DER GLITZERWELT

Etwa um 1830 entdeckten mexikanische Händler eine kleine Oase mit artesischen Quellen am Fuß der Spring Mountains. Aus ihrer Zeit stammt der Name Las Vegas, „die Auen". 1855 legten dann Mormonen zum Schutz ihrer Planwagentrecks auf dem Weg zum Pazifik ein

kleines Fort an. Erst 1905 wurde jedoch das eigentliche Las Vegas gegründet: Aus einem Arbeitercamp der ersten Bahnlinie entstand ein Westernstädtchen.

BOOMTOWN DER MAFIA

Der Boom der Stadt begann, als Nevada das Glücksspiel legalisierte (offiziell, um Steuergelder für Schulen einzunehmen) und in den 1930er-Jahren der Hoover Dam gebaut wurde. 5000 Arbeiter lebten bald im Camp vor den Toren der Stadt. Hier war Geld zu verdienen, und bald mischte auch die Mafia kräftig mit. Der berühmt-berüchtigte Benjamin („Bugsy") Siegel eröffnete 1946 das Flamingo, das erste pompöse Edelkasino auf dem noch fast unbebauten „Strip". Rasant schossen immer neue Kasinos aus dem Wüstenboden, Stars wie Frank Sinatra und Elvis Presley lockten die Gäste an.

Downtown, in der Fremont Street, lässt sich noch erahnen, wie es wohl im alten Vegas war, als das Hauptvergnügen im verruchten Glücksspiel bestand, dabei trinken und rauchen, hinterher bezahlter Besuch bei einer Dame. Seither hat Las Vegas seine Unterhaltungspalette erweitert. Zwar kommen noch immer die meisten zum Spielen, wird hier weit mehr getrunken und gepafft als in anderen amerikanischen Städten. Aber auch Urlauber, die diesen Lastern nicht frönen, kommen auf ihre Kosten. Immer prächtiger, immer fantasievoller wurden die Kasinos.

WASSERSPIELE IN DER WÜSTE

Die Rezession der letzten Jahrzehnte konnte den Bauboom nur kurz bremsen. Doch eine andere Gefahr könnte die Entwicklung der Stadt langfristig gefährden. Las Vegas wird – wie der gesamte Südwesten der USA – von einer anhaltenden Dürre bedroht. In Las Vegas hat ein Umdenken begonnen: Neubauten dürfen nur noch ein begrenztes Maß an Grünflächen aufweisen, der Bau neuer Swimmingpools ist verboten. Neue Kasinos müssen vielerlei Nachhaltigkeitsregeln erfüllen, sparsame LEDs beleuchten nun die Werbeschilder. Doch die Touristen bleiben weitgehend von den Beschränkungen verschont. Auf dem Strip und Downtown wird (mit Ausnahmegenehmigung) weiterhin hemmungslos geprasst, planschen Tausende täglich in dem kostbaren Nass der Pools. Die Menschen erliegen am Ende doch der Verführungskraft der fantastischen Glitzerwelt. Denn Las Vegas ist einzigartig. Es ist wie ein kitschiger, surrealer Film, in dem der Besucher mitspielen darf – einige Dollars muss er Fortuna dafür aber schon opfern.

MARCO POLO TOP-HIGHLIGHTS

BELLAGIO ★1
Elegantes, italienisch gestyltes Themenhotel mit tanzenden Wasserfontänen
📷 *Tipp: Die Wasserspiele zeigt nur ein Video richtig gut. Am besten nahe einem der Lautsprecher, dann gibt's Musik im Film*

THE VENETIAN ★2
Das ultimative Themenkasino – mit Gondelkanälen und Markusplatz, luxuriösen Suiten und Sängern, die italienische Arien schmettern

NEW YORK-NEW YORK ★3
Die Skyline von Manhattan mitten in der Wüste von Nevada, inklusive Freiheitsstatue, Brooklyn Bridge und rasanter Achterbahn

CAESARS PALACE ★4
Immer noch das berühmteste Kasinohotel: mit römischen Skulpturen, eleganten Restaurants und einer Shoppingmall unter künstlichem Himmel

LUXOR ★5
Fast wie in Ägypten: eine gläserne Pyramide aus 39 000 Fenstern, bewacht von einer zehn Stockwerke hohen Sphinx
📷 *Tipp: Ganz klassisch: das Selfie mit Sphinx und Pyramide. Beste Zeit: morgens bis früher Nachmittag*

ALIBABA ADR's + HK / Marketwatch

HIGH ROLLER 6
Eine Riesenradfahrt hoch über die bunt blinkenden Lichter der Kasinos und Resorts am Las Vegas Strip
Tipp: Natürlich zur Blauen Stunde kurz nach Sonnenuntergang, wenn die Lichter angehen

FREMONT STREET EXPERIENCE 7
Tolle Lightshow in der noch immer etwas verrucht-gammeligen Downtown. 12 Mio. LED-Lichter blinken jeden Abend im rauschenden Farbenspiel
Tipp: Videomodus einschalten und bei der Light-Show nah vom Drink in der Hand über ein Kasinoschild zum Baldachin schwenken

LAS VEGAS PREMIUM OUTLETS NORTH 8
Shoppen, bis die Kreditkarte glüht: Discounts und günstige Deals machen Wunschträume erschwinglich

„O" 9
Fantasievolle Traumgestalten, quirlige Clowns und fantastische Akrobaten glänzen in der aufwendigen Wassershow des Cirque du Soleil im Bellagio

TRIP ZUM GRAND CANYON 10
Die größte Schlucht der Welt lohnt einen Kurztrip per Helikopter oder während eines langen Tages per Bus

BEST OF
LOW-BUDGET

FÜR DEN KLEINEN GELDBEUTEL

EINMAL UM DIE GANZE WELT
Schneller und günstiger kommt man nicht von Land zu Land: Hier liegt die ägyptische Sphinx (wundersamerweise ganz ohne Altersspuren) in der Nähe der New Yorker Freiheitsstatue und ist der Pariser Eiffelturm nur gut 15 Fußminuten von einer Gondelfahrt auf dem Canal Grande entfernt.

WASSERSPIELE
Jeden Abend tanzen die Wasserfontänen im See vor dem Bellagio zu Musik von Pavarotti und Céline Dion. Alle 15 Minuten treten die 1200 Düsen in Aktion und absolvieren ein beeindruckendes Wasserballett.

SO EIN ZIRKUS
Schlangenmenschen, Clowns und Trapezathleten: Unter dem Zeltdach des Circus-Circus gibt es täglich ab Mittag Kunststücke der besten Artisten aus aller Welt zu sehen.

ROCK AROUND THE CLOCK
In den Lounges der großen Kasinos treten oft sehr gute Nachwuchsbands für Gäste kostenlos auf. So in der Indigo Lounge des Bally's oder im Planet Hollywood.

KUNST FÜR LAU
Großskulpturen, Avantgardekunst – die neuen Kasinoresorts setzen auf moderne Kunst. Alles frei zugänglich. Im CityCenter etwa gibt es einen Riesenradierer des Pop-Art-Künstlers Claes Oldenburg und Lichtkunst von James Turrel.

COUPONS SCHNIPPELN
Es lohnt, Magazine wie „Las Vegas Weekly" oder „LV Entertainment Guide" nach Coupons zu durchforsten und auch Websites wie *vegas4locals.com*. Da gibt's mal zwei Show-Tickets zum Preis von einem, freie Vorspeisen oder Drinks.

BEST OF

TYPISCH

DAS ERLEBST DU NUR HIER

THE BEATLES & JACKO WIEDER AUF DER BÜHNE!
Voll im Trend sind Musikshows – die Beatles, Lady Gaga etc. Der allergrößte Star ist Michael Jackson, dem die Cirque-du-Soleil-Show „ONE" im Mandalay Bay ein musikalisches Denkmal setzt. Ein Revival nicht nur für Moonwalker.

JA SAGEN
Im Helikopter, barfuß am Pool oder mit Elvis in einer wunderbar schnulzigen Kapelle – Heiraten hat Tradition in Las Vegas, geht fix und ist günstig. 80 000 Paare pro Jahr können sich nicht irren …

EINSATZ BRINGEN
Blackjack, Roulette, Poker – nur wegen der Glücksspiele gibt es Las Vegas überhaupt. Also los! Vielleicht ist Lady Luck ja gnädig und winkt mit dem Jackpot.

HUNGER STILLEN
Nicht alle Buffets von Las Vegas sind ihr Geld wert. Das Wicked Spoon Buffet im Cosmopolitan schon: Frische Pasta, Sushi, Muscheln, Steakstreifen, Schokotörtchen und bestimmt 100 andere köstliche Häppchen.

VIVA LAS VEGAS
Sterne, Kreise, Dreiecke zucken über den Himmel, dann bestimmt eine Rockband den Rhythmus der Lichter: Zur Lightshow der Fremont Street Experience geht's in die Downtown.

BLICK IN DEN ABGRUND
Es ist, als würde plötzlich der Boden aus der Landschaft fallen, wenn man an den Rand des Grand Canyon tritt. 1600 m geht es steil in die Tiefe – und ebenso steil und schweißtreibend wieder hinauf.

DIE BESTEN INSIDER-TIPPS

KARTENTIPPS & -TRICKS
Blackjack, Poker, Craps oder Roulette – wer kennt schon alle Regeln? In vielen Kasinos werden *gaming lessons* gratis angeboten.

PARTY FEIERN
Tagsüber locken Clubs wie das Marquee zur Poolparty, abends zum Dancing mit Top-DJs.

MIT ELVIS SINGEN
In Shows wie „Legends in Concert" treten die besten Doubles der ehemaligen Stars auf.

BESUCH BEI DER MAFIA
Die Storys der übelsten Banditen und zähesten Polizeiermittler im Mob Museum.

WO BITTE GEHT'S ZUM POOL?
Ohne Pool geht gar nichts. Besonders großen Wasserspaß bietet die fast 5 ha große Badelandschaft des Mandalay Bay mit Wellenbad und echtem Sandstrand.

NEBEN FISCHEN SPEISEN
Beijing Noodle No. 9 ist nicht nur optisch eine Überraschung. Kreative Asienküche in schneeweißem Dekor.

EISIGER KUNSTGENUSS
Abkühlung garantiert: Im Eisschloss der Minus 5 Ice Bar ist man von Eisskulpturen umgeben und schlürft coole Cocktails bei minus 5 Grad – aus einem echten Eisglas.

MINIGOLF MIT ROCKSTARS
Fast wie ein Rockkonzert: Das Kiss Minigolf mit 18 Löchern im Kasinohotel Rio in Dunkelheit bei Neonlicht und untermalt von Rocksound ist ein Erlebnis der ganz anderen Art.

DAS SCHMECKT IN LAS VEGAS

Unsere Empfehlung heute

Appetizers

SHRIMP COCKTAIL
Krabben mit scharf gewürzter Tomaten-Cocktailsauce

NACHOS WITH GUACAMOLE
Mit Käse überbackene Mais-Chips, dazu Avocadocreme

PULLED PORK SLIDERS
Mini-Hamburger gefüllt mit geräuchertem Schweinebauch

Main Courses/ Entrées

PRIME RIB WITH HORSERADISH SAUCE
Dicke, sehr zarte Bratenscheibe mit Meerrettich

NEW YORK STEAK WITH GARLIC MASHED POTATOES
Steak mit Fettrand, dazu Kartoffelbrei mit geröstetem Knoblauch

BUFFALO BURGER WITH COUNTRY FRIES
Hamburger aus Bisonfleisch, dazu dick geschnittene Fritten

FRIED CHICKEN DRUMSTICKS WITH MAC & CHEESE
Kross gebratene Hühnerkeulen mit Käse-Maccaroni

Desserts

APPLE PIE A LA MODE
Apfelkuchen mit Eiscreme

BANANAS FOSTER
Mit Butter, braunem Zucker und Rum karamelisierte Bananen

Drinks

STRAWBERRY MARGARITA
Mixgetränk aus Tequila, Erdbeeren, Limonensaft, Triple Sec und Eis

IPA MICROBREW
Hopfiges Ale-Bier (India Pale Ale) aus einer Kleinbrauerei

MAI TAI
Tropischer Schirmchendrink aus dunklem Rum und exotischen Säften

MARRAKESCH

Wie gehäkelt: Medersa Ben Youssef

36

„Hast du nur noch einen Tag zu leben, dann verbring ihn in Marrakesch" – so heißt eine marokkanische Redensart. Wenn das mal keine Ansage ist! Für Marokkaner ist die Berbermetropole mit ihren prachtvollen Palästen und Moscheen und den quirligen Märkten der Inbegriff des Landes: bunt und verrückt, orientalisch, europäisch und afrikanisch, traditionell und modern! Kurz gesagt: Marrakesch ist eine aufregende, anregende Stadt und ganz großes Kino.

CHECK

- ✓ **Wie aus 1001 Nacht!**
- ✓ **Ruf des Muezzin**
- ✓ **Toleranz ist angesagt**
- ✓ **Handel an jeder Ecke**
- ✓ **Ganz nah: der Hohe Atlas**

ENTDECKE MARRAKESCH

Mitten im Gewimmel und Geschiebe der Souks

Wer als Besucher nach Marrakesch am Fuß des Hohen Atlas kommt, hat seine eigenen Bilder vom Orient, von Exotik im Kopf. Und wird erleben, dass die Stadt tatsächlich ein wahr gewordener Traum aus 1001 Nacht ist, ein Fest der Sinne, der Farben und Formen, der Düfte und Rhythmen.

IM HERZ DER MILLIONENSTADT

Beginn deine Entdeckungstour am besten bei Sonnenuntergang am Djemaa el Fna, dem Zentrum der Stadt. Zur blauen Stunde ist das allabendliche Treiben der Schlangenbeschwörer, Affenbändiger, Gaukler, Trommler, Akrobaten und Märchenerzähler besonders eindrucksvoll. Schlender an den unzähligen mobilen Garküchen vorbei, deren aufsteigende Rauchschwaden die Szenerie zu einer fast surrealen Kulisse machen. Du brauchst ja nicht gleich hier zu Abend zu essen, aber probier mal für ein paar Cent eine Harira.

LEBENDIGER HANDEL IM LABYRINTH DER SOUKS

Komm am nächsten Morgen wieder, wenn es noch angenehm kühl ist. Jetzt ist der Platz nahezu leer. Stärk dich in einem der Straßencafés mit einem Café au Lait oder einem frisch gepressten Orangensaft für den Besuch eines der größten Basare Afrikas, die Souks von Marrakesch. Ob Gewürz- oder Stoffhändler, Teppich- oder Souvenirverkäufer: Jede Branche hat ihr eigenes Quartier. Je weiter du in dieses enge Labyrinth vordringst, desto ursprünglicher und archaischer wird es: Kesselschmiede, Schreiner, Drechsler, Schuhmacher, Färber und Gerber – bei all diesen Handwerken und Kunsthandwerken kannst du hautnah die Herstel-

lung beobachten. Dabei ist dies keine Inszenierung für Touristen, sondern eine über Jahrhunderte gewachsene Tradition.

VOM RASTPLATZ DER KARAWANEN ZUR MÄCHTIGEN METROPOLE

Denn die ehemalige marokkanische Hauptstadt war von Anfang an eine Handelsmetropole. Nicht zufällig wurde Marrakesch im 11. Jh. im Zentrum einer Oase inmitten der fruchtbaren Haouz-Ebene an einem strategisch wichtigen Punkt entlang der Karawanenroute zwischen Andalusien und Schwarzafrika gegründet. Hier machten die Karawanen ihre letzte große Rast, bevor sie Richtung Süden über den Hohen Atlas weiterzogen, oder sie ruhten sich auf dem umgekehrten Weg von den Strapazen der Gebirgsüberquerung aus. Egal aus welcher Richtung: Sie mussten die mächtigen Stadttore von Marrakesch passieren. Bis heute kann man im Kasbah-Viertel, aber auch weiter nördlich in der Medina, die Reste dieser Tore erkennen. Und je tiefer du in die Altstadt eintauchst, desto augenfälliger werden auch der Reichtum und die Macht der strategisch so bedeutsamen Stadt. Der Glanz der bedeutenden Handelsmetropole spiegelt sich bis heute in prachtvollen Moscheen, Palästen und Koranschulen wider. So ist die vor knapp 900 Jahren erbaute Moschee Koutoubia immer noch das architektonische Vorbild aller Moscheen des Landes – auch wenn sie erst auf den zweiten Blick ihre wahre Pracht entfaltet.

FÜR AUSSTEIGER, KÜNSTLER UND JETSET-PEOPLE

In den 1970er-Jahren entdeckten die Europäer die Stadt für sich – Bohemiens und Künstler jeder Couleur, Aussteiger und Hippies machten Marrakesch zu ihrem Sehnsuchtsort. Musiker wie Jimi Hendrix , Maler wie Jacques Majorelle oder der Modemacher Yves Saint Laurent entdeckten die verfallenen Paläste und Bürgerhäuser wieder, und schnell sprach sich die Pracht der alten Gemäuer herum. 1985 schließlich wurde die Altstadt von Marrakesch mit den angrenzenden Ménaragärten unter den Schutz des UNESCO-Welterbes gestellt. Heute hat sich die Stadt neben einer Touristenhochburg immer mehr auch zu einem Hotspot des internationalen Jetsets entwickelt, zum Treffpunkt der Schönen und Reichen. Nicole Kidman war eine der Ersten, ihr folgten Katie Perry und Fußballstars wie Cristiano Ronaldo, der auch sein erstes Hotel in Marrakesch eröffnet hat. Sie alle schätzen hier exotisches Flair und orientalisch-üppigen Komfort als malerische Kulisse und Laufsteg für glamouröse Veranstaltungen.

MARCO POLO TOP-HIGHLIGHTS

JARDIN MAJORELLE ★1
Blau, blauer, Majorelle! Das Blau, das typisch für den Maler Jacques Majorelle ist, leuchtet auch in diesem Garten so intensiv, dass der Himmel bei Sonnenschein daneben blass wirkt
📷 *Tipp: Wer die Szenerie ohne Menschen fotografieren will, muss ganz früh kommen*

DJEMAA EL FNA ★2
It's magic! Das Herz der Stadt ist voller Gaukler, Feuerschlucker und Akrobaten, die dich sofort in ihren Bann ziehen

SOUKS ★3
Wenn du in diesem Labyrinth aus quirligen Basargassen nicht dem Kaufrausch verfällst, dann nirgendwo auf der Welt
📷 *Tipp: Steht die Sonne ganz oben, fallen Strahlen durch die Ritzen des Dachs und sehen aus wie Stelzen*

MEDERSA BEN YOUSSEF ★4
Marmor, Stuck und Zedernholz: Frisch renoviert erstrahlt Marokkos schönste Koranschule in hellem Glanz
📷 *Tipp: Der Blick von oben aus den Studierzimmern ist einmalig*

DAR CHERIFA ★5
Köstlicher Minztee in einem der ältesten, bezaubernd schönen Stadtpalais, dazu moderne Kunst an den Wänden und kulturelle Veranstaltungen am Abend. Perfekter Mix!

MAISON DE LA PHOTOGRAPHIE 6
150 Jahre Marrakesch in Schwarz und Weiß, mal groß, mal klein, und das in einem herrlichen kleinen Palais

LA MAMOUNIA 7
Es gehört zu den schönsten Hotels überhaupt und beherbergt bis heute die ganz Großen aus aller Welt. Du musst ja nicht hier schlafen. Eine Besichtigung geht auch!

MUSÉE YVES SAINT LAURENT 8
Selbst wer sich nicht für Mode interessiert, wird dieses Museum lieben – ist es doch ultramodern und von YSLs Liebe zu Marrakesch inspiriert

TOMBEAUX DES SAADIENS 9
Eine Totenstätte ohne Gruseleffekt, aber mit Aha-Erlebnissen. Die Saadiergräber gehören zu den schönsten Bauten der Stadt

Tipp: Fotografier die Bögen von unten. Dann bekommst du sie ganz aufs Bild

AL FASSIA 10
Im mit Abstand besten Restaurant von ganz Marrakesch herrschen Frauen über Speisekarte, Service, Küche und Einrichtung, Männer werden nur als Türsteher oder Tajineträger beschäftigt

BEST OF LOW BUDGET

FÜR DEN KLEINEN GELDBEUTEL

STAUNEN, HÖREN, FEUER SCHLUCKEN

Das großartigste Schauspiel von ganz Marrakesch ist auch das günstigste. Denn ein Besuch des Djemaa el Fna ist ein buntes und exotisches Gratisspektakel der Extraklasse. Lass dir das auf keinen Fall entgehen!

FLANIEREN IM OLIVENHAIN

Der Jardin Ménara mit seinem riesigen Wasserbecken und dem malerischen Pavillon gehört zu den wenigen Attraktionen der Stadt, die keinen Eintritt kosten. Ein Picknick unter Bäumen ist ein unbezahlbares Erlebnis.

SURFEN UNTER BÄUMEN

Die Stadt hat ohnehin nicht viele Parks, insofern ist jeder einzelne eine Wohltat. Der Cyber Parc Arsat Moulay Abdeslam hat jedoch noch einen weiteren Vorteil. Du ahnst es schon … Im Park kannst du im Internet surfen, und zwar kostenlos.

KUNST IM ALTSTADTPALAIS

Wenn du im Dar Cherifa rund um einen prächtigen Innenhof an Werken marokkanischer und internationaler Künstler vorbeigeschlendert bist, ohne Eintritt zu bezahlen, ist danach noch locker ein köstlicher Minztee im Literaturcafé im Budget drin.

ZUM ERSTEN, ZUM ZWEITEN – UND ZUM DRITTEN!

Ab dem späten Vormittag, vor allem aber ab 16 Uhr, wird im Teppich-Souk flauschige Auslegware versteigert. Zuschauen kostet nichts! Bauern kommen aus den Bergen hierher, um die von ihren Frauen handgefertigten Teppiche an die Händler zu verkaufen. Ein farbenfrohes Spektakel!

BEST OF

TYPISCH

DAS ERLEBST DU NUR HIER

WASSERVERKÄUFER

Auch wenn die meisten Wasserverkäufer in Marrakesch ihren Lebensunterhalt mit dem Posieren für Fotos verdienen, so gehören sie doch mit ihrer traditionellen Uniform und dem großen bunten Hut zum typischen Straßenbild.

WOHNEN WIE IN 1001 NACHT

In keiner anderen Stadt Marokkos gibt es so viele zu Gästehäusern umgebaute Stadtpalais wie in Marrakesch. Hier hast du die Qual der Wahl unter 1000 Riads, eins schöner als das andere.

MINZTEE MIT SCHAUM

Tee wird in Marokko nicht einfach getrunken, sondern zelebriert. Und weil er so eine einzigartige Farbe hat, heißt er auch nicht einfach Tee, sondern Whisky Marocain. In aufwendiger Zubereitung wird der heiße Minztee aus großer Höhe in Teegläser geschenkt, sodass möglichst viel Schaum entsteht. Stilvoll kannst du das im Innenhof des La Maison Arabe erleben, wo zum köstlichen Tee marokkanisches Gebäck serviert wird.

NÄCHTE DURCHTANZEN

Marrakesch ist mehr als märchenhafte Vergangenheit, Marrakesch kann auch topmodern. Zum Beispiel im Szeneclub Jad Mahal, wo Orient und Okzident zu einem einzigartigen, faszinierenden Mix verschmelzen.

UNTER VOLLDAMPF

Jeden Abend kurz vor Sonnenuntergang werden die Garküchen in den Straßen von Marrakesch aufgebaut. Vor allem Einheimische genießen für wenig Geld frisch gekochte, einfache Speisen.

DIE BESTEN INSIDER-TIPPS

EIN VÖLLIG VERRÜCKTER PARK
Der Garten Anima vor den Toren der Stadt ist das Meisterwerk von André Heller, dem Visionär und Kunstfreak. Hier siehst du inmitten üppigster Natur Skulpturen und Spiegel und in Ausstellungsräumen Werke von Keith Haring.

KAMELFLEISCH KOSTEN
Nirgends schmeckt der Schmortopf mit den herrlichen Gewürzen besser als im Zeitoun Café.

IN PALÄSTEN WOHNEN
Jedes Riad ist schön. Aber ganz besonders zauberhaft übernachtest du im Riad Noga.

RAUS IN DIE BERGE!
Wenn es in Marrakesch nass und grau ist, ist der Himmel in Oukaimden im Hohen Atlas meist schon wieder blau! Oder andersrum: Ist es in Marrakesch zu heiß, ist es hier oben in den Bergen schön kühl. Je höher hinauf, desto größer ist der Temperaturunterschied zu Marrakesch.

DESIGNERKAFTAN
Kaftane sind groß im Kommen! Kauf sie direkt an der Quelle, z. B. in der edlen Boutique Kaftan Queen.

IN DEN NEBELSCHWADEN VERSCHWINDEN
Im Mythic Oriental Spa badest du zuerst im Dampf, bevor du dir eine Massage gönnst.

IM GEHEIMEN GARTEN
Mitten in der Medina findest du den Jardin Secret. Es liegt an dir, den großen Garten zu entdecken.

DAS SCHMECKT IN MARRAKESCH

Unsere Empfehlung heute

Vorspeisen

BRIOUAT
frittierte Teigtaschen, gefüllt mit Fisch, Hackfleisch, Hähnchen, Käse oder Gemüse

HARIRA
sättigende Suppe aus Kichererbsen, Tomatensud und Fleisch

ZAALOUK
Salat aus Auberginen, Tomaten und Knoblauch

Hauptgerichte

TAJINE AU POULET CITRON
im Tontopf geschmortes Hähnchen mit grünen Oliven und eingelegter Zitrone

COUSCOUS ROYAL
gedämpfter Hartweizengrieß mit Gemüse und mehreren Fleischsorten

BROCHETTE D'AGNEAU
Lammfleischspießchen, über dem Feuer gegrillt

TANJIA
im Tontopf geschmortes Lammfleisch mit eingelegten Zitronen und Zwiebeln

Desserts

CORNES DES GAZELLES
Mandel-Marzipan-Gebäck in Hörnchenform

CHABAKIA
frittiertes Sesam-Honig-Gebäck

BAGHIR
fluffige, gegarte Pfannkuchen

Kalte Getränke

ASIR LAIMUN
frisch gepresster Orangensaft

VAL D'ARGAN
Weiß-, Rot- oder Rosé-Biowein aus der Region Essaouira

SAHARI ROUGE
kräftiger, trockener Rotwein mit leichtem Vanillearoma

Warme Getränke

THÉ À LA MENTHE (ATAI)
Grüntee mit viel Zucker und Pfefferminze

NUSS NUSS
Kaffeegetränk aus halb Espresso, halb Milchschaum

Brooklyn Bridge

New York, das ist die Hauptstadt des amerikanischen Traums. Wer diese riesige, energische, nervenkitzelnde Stadt und ihren Einfluss auf den Rest der Welt begreifen will, muss selbst hinfahren und dort aufwachen – mitten im nie endenden Summen der Metropole, zwischen Sirenengeheul und Zuggeratter, als einer von rund achteinhalb Millionen Menschen aus allen Ländern der Welt. Das New-York-Gefühl muss man einfach selbst erleben. Hautnah.

CHECK

- ✓ Gigantische Architektur
- ✓ Fußgängerstadt? Na klar!
- ✓ Mosaik der Völker
- ✓ Spitzenmuseen
- ✓ Bars in den Wolken

ENTDECKE NEW YORK

9/11 Memorial: würdevolle Erinnerung an eine furchtbare Tragödie

Am aufregendsten ist es, die Stadt zu Fuß zu erobern. Denn New York ist schon lange als die vielleicht einzige amerikanische Metropole eine echte Fußgängerstadt. Die Straßen sind überwiegend als Gitternetz angeordnet und nummeriert, die Gehsteige meist breit und viele Sehenswürdigkeiten liegen nah beieinander. Die Straßen, Boulevards und Avenues sind wie Laufstege. Einfach gehen, gucken und staunen!

NEUES SELBSTBEWUSSTSEIN AM ORT DES TERRORS

Der 2015 eröffnete Wolkenkratzer One World Trade Center (1WTC) dominiert mit seinen 541 m Höhe die südliche Skyline Manhattans und symbolisiert das wieder erstarkte Selbstbewusstsein. Gleich daneben erinnern die Wasserfälle des 9/11-Memorial eindrucksvoll an die Zwillingstürme, die hier vorher standen, und an den Terroranschlag, der sie einstürzen ließ. Wie eine Kathedrale der Mobilität erhebt sich der neue U-Bahn-Knotenpunkt Oculus östlich des Mahnmals. Der Bahnhof sieht aus wie ein überdimensionaler weißer Vogel, der seine Flügel zum Abheben öffnet – und ist derzeit der wohl spektakulärste Bau Manhattans.

HAUPTSTADT DES NACHTLEBENS

Außerdem ist die City nach wie vor die Hauptstadt des Entertainments: Nightlife vom supercoolen Jazz-Konzert bis zur Underground-Punk-Bar, vom angesagten Hip-Hop-Musical bis zum Opernabend der Spitzenklasse. Das Publikum ist bunt, begeisterungsfähig, kompetent und vor allem kritisch. Wer es hier schafft, schafft es überall – sang schon Frank Sinatra in seinem Welthit „New York, New York“. In Downtown Manhattan (also südlich der 14. Straße)

ist die Restaurant- und Barszene spannender als in Midtown oder im nördlichen Manhattan. Neue elegante Hotels, hippe Nachtclubs und mutige Architektur wie das Cooper-Union-Gebäude, das New Museum und der Frank-Gehry-Tower (offiziell: 8 Spruce Street) locken New Yorker wie Touristen in den Süden. Neben altem Gemäuer liegen elegante Bars, Historisches steht neben Modernem – diese Gegensätze ziehen die Besucher an.

KREATIVITÄT & NACHDENKLICHKEIT

Hört man „Empire State of Mind", den Welthit von Jay Z und Alicia Keys von 2009, spürt man die Anziehungskraft des mal glitzernden, mal rauen Dschungels von Manhattan. Der Song ist die jüngste Hymne auf die Stadt der Möglichkeiten und Ambitionen. Die New Yorker aber sind nachdenklicher geworden: Die Protestbewegungen Occupy Wall Street und Black Lives Matter und die Wahl von Donald Trump zum US-Präsidenten haben auch hier Diskussionen entfacht und am Weltbild amerikanischer Exzellenz gerüttelt. Im Medienzentrum der USA operieren die meisten der wichtigsten Fernsehsender, die großen Nachrichtenmagazine und die Tageszeitung, die als die beste der Welt gilt: *The New York Times.* Alle bedeutenden Buchverlage sitzen hier und haben den Weltmarkt im Blick.

DIE STADT WIRD GRÜN

Ex-Bürgermeister Michael Bloomberg hat die Stadt in eine umweltverträgliche Metropole verwandelt. Das zeigt sich am Times Square, der teilweise zur Fußgängerzone wurde, und an mehr als 1600 Kilometern Fahrradwegen. Sein Nachfolger, der Liberale Bill de Blasio, setzt die grüne Revolution im verkehrsreichen Manhattan fort. Verkehrsinseln wurden zu kleinen Ausruhoasen mit Bistrotischen, Stühlen und Sonnenschirmen umfunktioniert und die ehemalige Hochbahntrasse High Line in einen Park verwandelt. Über die gesamte Länge der Insel Manhattan erstreckt sich ein Park am Hudson River, in Brooklyn wurde die Uferlinie unter der Brooklyn Bridge meilenweit begrünt und begehbar gemacht – Strand, Bootsfahrten und Spielplätze inklusive. Im dicht gedrängten Verkehr beschleunigen Busfahrspuren das ökologischere Fortbewegungsmittel. Dazwischen drängeln klingelnde Fahrradrikschas, die einen schnell und umweltfreundlich ans Ziel bringen können. Oder du setzt dich selbst aufs Fahrrad: Die blauen Citi-Bikes finden sich an fast jeder Ecke und deine Tasche hat vorne im Gepäckkorb Platz. Per Kreditkarte und App besorgst du dir so ganz schnell und einfach eine Portion Fahrtwind.

MARCO POLO TOP-HIGHLIGHTS

CENTRAL PARK 1
Von Fahrradtouren bis „Shakespeare in the Park“: Nirgendwo sind die Freizeitaktivitäten facettenreicher als hier

HIGH LINE 2
Der Park befindet sich auf einer ehemaligen Hochbahntrasse in Chelsea – und ist der perfekte Ort für City-Pausen: mit Hudson-Blick und Liegestühlen
Tipp: Auf Höhe der 26. Straße bietet eine alte Reklametafel den perfekten Rahmen für eine Stadtansicht

BROOKLYN BRIDGE 3
13 Jahre brauchte es für den Bau, 30 Minuten dauert der Spaziergang über die „Kathedrale aus Stahl“ über den East River
Tipp: Für die besten Skyline-Fotos solltest du von Brooklyn nach Manhattan laufen

9/11 MEMORIAL 4
2791 Menschen starben 2001, als die beiden Türme des World Trade Center zusammenstürzten. Ein Ort der Besinnung und Erinnerung an die Opfer des Terroranschlags – im Schatten des höchsten Gebäudes der westlichen Welt, des One World Trade Center

STATUE OF LIBERTY 5
Seit 1886 Freiheitssymbol der Stadt und des Landes: Lady Liberty im New Yorker Hafen

FIFTH AVENUE 6
Vom Kaufhaus Bergdorf Goodman bis zum Rockefeller Center präsentieren sich auf dem legendären Boulevard Luxusläden
Tipp: Besonders die Festbeleuchtung zur Weihnachtszeit bietet unzählige Motive

EMPIRE STATE BUILDING 7
Atemberaubender Überblick über Manhattan und ein gigantischer Rundblick ins Land
Tipp: Das Sonnenaufgangs-Ticket buchen – und das perfekte Fotolicht ist garantiert

MUSEUM OF MODERN ART 8
Das Museum beherbergt die weltweit bedeutendste Sammlung moderner Kunst. Wer hier ausstellt, ist ganz oben!

GUGGENHEIM MUSEUM 9
Frank Lloyd Wrights architektonischer Klassiker: ein extravagantes Museum

BROADWAY-MUSICALS 10
Von „Hamilton" über „The Book Of Mormon" bis zu „Der König der Löwen" – der Broadway boomt und für jeden Geschmack ist etwas dabei

SO VIEL MEHR ALS EINE FÄHRE

Die Staten Island Ferry ist eine Gratis-Fähre, die Manhattan mit dem südlichen Stadtteil vebindet. Misch dich unter die Pendler und genieß atemberaubende Blicke auf die Skyline von Manhattan und die Freiheitsstatue.

YOGA AUF DEM TIMES SQUARE

Herabschauender Hund, kleine Kobra: Jeden Sonntag treffen sich Hunderte auf dem Times Square zum kostenfreien Yogakurs.

MINI-BÜHNE & MAXI-MUSIKGENUSS

Jazz, Weltmusik oder Beats: Der kleine, aber spannende Club Barbés in Brooklyn bietet exzellente Musik ohne Eintritt.

MODERNE KUNST

Normalerweise kostet das MoMA stolze $ 25 Eintritt. Am Freitagnachmittag kommst du ganz umsonst in den Tempel der Kunst des 20. und 21. Jahrhunderts.

GOSPEL MIT GÄNSEHAUT-GARANTIE

Sonntags geht es zum Gospelgottesdienst nach Harlem – nirgendwo ist der Gesang beeindruckender und nirgendwo sind die Sonntagskleider eleganter als hier.

CITYTOUR MIT EINHEIMISCHEN

Big Apple Greeters nennen sich die New Yorker, die dir herzlich und engagiert ihre Heimatstadt zeigen. So lernst du nicht nur die Metropole kennen, sondern machst auch neue Bekanntschaften, völlig kostenlos.

WIE WIRD BIER GEBRAUT?

Bei einer Tour durch die Bronx Brewery darfst du in die Kupferkessel schauen – kostenlos! Das Bier danach zu probieren ist natürlich Ehrensache.

BEST OF

TYPISCH

DAS ERLEBST DU NUR HIER

GEWIMMEL IM GROSSSTADT-DSCHUNGEL

Nirgendwo wuseln die Menschen und Autos in New York so durcheinander wie am weltberühmten Times Square. Da ein Teil des Platzes inzwischen Fußgängerzone ist: Mach es dir auf Treppenstufen oder Stühlen bequem und lass das Gewimmel ganz entspannt auf dich wirken.

NEUES LEBEN AM ORT DES TERRORS

Das ergreifende 9/11 Memorial für die Terroranschläge vom 11. September 2001 ist der Beweis, dass New York sich nie unterkriegen lässt: Wasserfälle ergießen sich in zwei riesige Auffangbecken, die an der Stelle der ehemaligen Twin Towers liegen.

SUPERLATIV-SHOPPEN

Macy's, das größte Kaufhaus der Welt und eine Institution in der Stadt, zieht sich über einen ganzen Straßenblock. Hier gibt es einfach alles. An Thanksgiving Ende November organisiert der Shopping-Tempel auch noch eine riesige Parade – mit Festwagen, Musik und gigantischen Luftballons.

TIEF LUFT HOLEN IN DER GRÜNEN LUNGE DER STADT

Der weitläufige Central Park mit seinen Wiesen, Felsen und Wasserfällen blüht dank aufwendiger Restaurierung so schön wie lange nicht mehr. Ob Picknick mit Blick auf die Skyline, Zoo-Besuch, Gondelfahrt, Roller-Disco oder Open-Air-Konzert – dieser Park bietet für jeden etwas.

SÜSSE KRINGEL KOSTEN

Die runden und eckigen Donuts der Doughnut Plant werdem mit Pistazien, Erdnussbutter oder Blaubeergelee fantasievoll aufgemotzt.

DIE BESTEN INSIDER-TIPPS

DAME, KÖNIG, TURM & BAUER
Schachspieler treffen sich am Washington Square – wer Lust hat, tritt zum königlichen Duell an.

IN 400 METERN HÖHE STAUNEN
Von der Aussichtsplattform des One World Trade Center die Metropole wie im Flug von oben betrachten.

SCHLUMMERN UNTERM WAL
Schon tagsüber ist das American Museum of Natural History spektakulär – aber du kannst dort auch übernachten!

DRINKS AUF DEM DACH
Die riesige Rooftop-Bar 230 FIFTH liegt mitten im Lichtermeer von Midtown. Wenn es kalt wird, gibt es Decken, wenn es noch kälter wird, kleine Iglus zum Warmhalten.

MITTAGESSEN MIT DIPLOMATEN
Das Hauptgebäude der Vereinten Nationen hat eine schicke Kantine – und da kann jeder schlemmen.

SONNE TANKEN AM STADTSTRAND
Ja, New York hat auch schöne Strände, beispielsweise in Coney Island – also pack die Badehose ein!

IN ARIEN SCHWELGEN
Auf der Bühne der Metropolitan Opera stehen die besten Sänger der Welt. Im Sommer gibt's Gratiskonzerte in Parks.

IMMER AN DER SKYLINE ENTLANG-PADDELN
Im Brooklyn Bridge Park kannst du dir umsonst ein Kajak ausleihen und Manhattan vom Wasser aus bestaunen.

DAS SCHMECKT IN NEW YORK

Unsere Empfehlung heute

Snacks

BAGEL
Die Kringel gibt es in unzähligen Variationen, etwa mit Sesam oder Rosinen, süß oder deftig, mit Oliven mit Paprikafüllung oder Frischkäse

CRAB CAKES
Krebsküchlein, gebacken oder gegrillt und kombiniert mit vielen Zutaten

Vorspeisen

CLAM CHOWDER
Muschelsuppe in den Variationen New England (weiß) und Manhattan (rot)

OYSTERS
Austern – mit Essig und Pfeffer oder manchmal gar mit profanem Ketchup

Hauptgerichte

LUMBERJACK
Riesiges Frühstück, gerne mit Eiern, Speck, Bratkartoffeln und Pfannkuchen

BURGER
Gibt es längst weltweit, die in Amerika sind aber nach wie vor unschlagbar

PASTRAMI SANDWICH
Geräuchertes und gewürztes Rindfleisch zwischen zwei Brotscheiben

REUBEN SANDWICH
Corned Beef, Sauerkraut, russische Sauce und Schweizer Käse auf gegrillten Roggenbrotscheiben

LOBSTER
Hummer kommt in New York in allen möglichen Variationen auf den Tisch

NEW YORK STRIP STEAK
Typische New Yorker Fleischspezialität mit Speckrand

TURKEY
Der traditionelle Thanksgiving-Truthan, dazu gibt es Cranberries, Bratensauce *(gravy)* und Süßkartoffeln *(sweet potatoes)*

Desserts

CHEESECAKE
Den Käsekuchen, den Symbolkuchen der Stadt, gibt es in unzähligen leckeren Varianten

BLACK AND WHITE COOKIES
Gebäck mit Vanille- und Schoko-Überzug – nennt man in Deutschland ironischerweise Amerikaner

BROWNIES
Die kleinen Schoko-Kuchen kommen in vielen unterschiedlichen Varianten von Cappuccino bis Walnuss daher

PEKING

Schriftkunst im Gewusel der Stadt

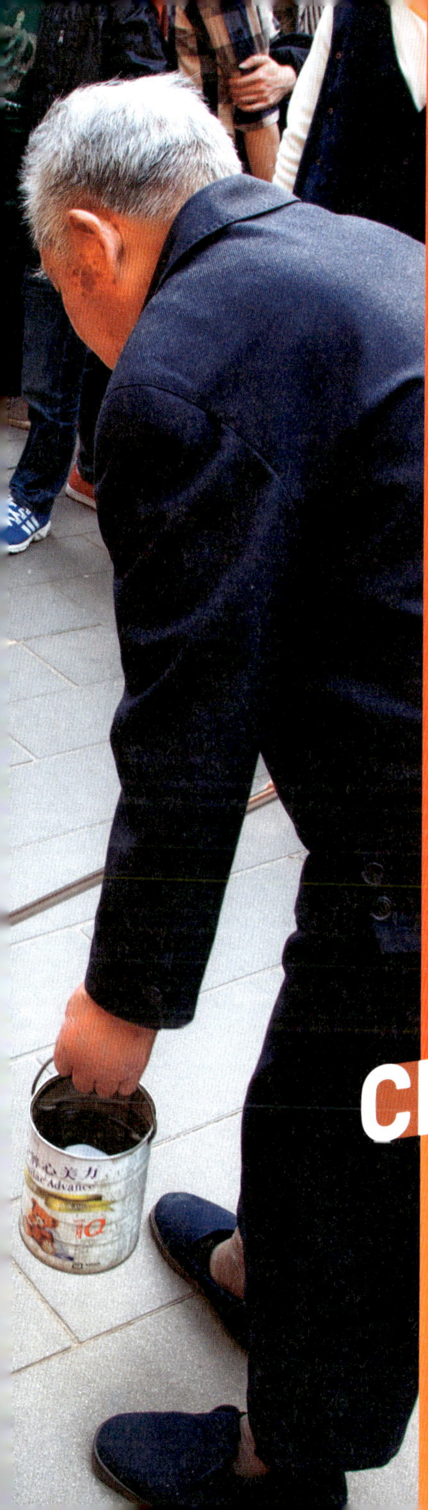

38

Kaiserpalast, Himmelsaltar und Große Mauer: Das ist das Minimum. Tatsächlich hält Peking – amtlich Beijing genannt – genug erstklassige Sehenswürdigkeiten für eine Woche bereit, und auch eine zweite lässt sich problemlos füllen. Doch Chinas Hauptstadt überrascht auch als Metropole des 21. Jh. Innerhalb von nur einer Generation hat sich die Stadt praktisch neu erfunden, prägen spiegelnde Hochhäuser und der längste erhöhte Fahrradhighway der Welt das chronisch verstopfte Stadtbild.

CHECK

- ✓ Das Herz Chinas
- ✓ Shoppen in Luxusmalls
- ✓ Qigong & Yangge
- ✓ Teehausvarieté oder Club?
- ✓ Schriftkunst Kalligrafie

ENTDECKE PEKING

Ein Ei für die Bühnenkunst: das futuristisch gestaltete Nationaltheater

Peking mit seinen 21,5 Mio. Einwohnern bleibt die chinesische Stadt mit den meisten und größten Sehenswürdigkeiten. Das China der Kaiser, die Zukunftshoffnungen des sozialistischen China, das nationale Selbstbewusstsein dieser werdenden Weltmacht und ihre Wirtschaftskraft – hier wird alles an einem Ort erlebbar. Ein ewiges China gibt es aber nicht, und wer richtig alte Altertümer sehen will, muss nach Xi'an oder Datong fahren.

PEKING IST VOLLER PARALLELWELTEN

Erst nach und nach erkennt man, dass das heutige Peking im Grunde aus drei Städten besteht, die sich zwar vermischen, es dabei aber fertigbringen, einander fast völlig zu ignorieren. Da ist zum einen das Peking der Kaiserzeit, die eigentliche Attraktion. Hierzu gehören der Kaiserpalast, die kaiserlichen Altäre, einige erhaltene Tempel und – im steten Schwinden begriffen – alte Wohnviertel, die aus den für Peking so typischen eingeschossigen Hofhäusern bestehen. Das zweite Peking ist das sozialistische der 50er- bis 70er-Jahre des 20. Jhs. Es zeigt sich in monumentalen, doch nicht besonders hohen Bauten in einem sinostalinistischen Stil, in unansehnlichen Plattenbauten und in jenem endlos langen und breiten Ost-West-Boulevard, der die ganze Stadt durchschneidet, in der Mitte markiert vom Platz am Tor des Himmelsfriedens, dem Zentrum des sozialistischen China.
Das dritte Peking, wieder völlig anders, ist das von heute, ein aggressiv wucherndes Gebilde aus spiegelnden Hochhäusern, knalligen Ladenfronten und Autobahnen, das sich hier und da ein wenig mit Imitaten klassisch-geschwungener Dächer oder anderem nostalgischem

Firlefanz herausputzt, um seine Beliebigkeit und Hässlichkeit ein wenig zu bemänteln und eine kulturelle Kontinuität vorzuspiegeln, die nur noch Legende ist.

GROSSBAUTEN UND ABRISSWELLEN

Einen vorläufigen Höhepunkt erreichte der Bauboom seit den 1980er-Jahren im Zusammenhang mit den Olympischen Spielen 2008. Zwei der dafür gebauten Sportstätten wurden wegen ihres einprägsamen Aussehens als „Wasserwürfel" (für das Schwimmstadion) und „Vogelnest" (für das Nationalstadion) weltbekannt und zählen heute zu den Attraktionen, die jeder Hauptstadttourist gesehen haben muss. Auch andere Großbauten wie das Nationaltheater oder die Zentrale des chinesischen Staatsfernsehens CCTV sind derart spektakulär, dass jeder sie schon vom Foto her kennt, ehe er sie in natura bestaunt. Die Abrisswellen der letzten Jahrzehnte werden jedoch leider weitergeführt. Im Zuge der „urbanen Revitalisierung" mussten vor allem kleine Geschäfte und Bars in den verwinkelten Hutong-Gässchen schließen. Organisch gewachsene Nachbarschaften wurden eingeebnet und in einheitlichem Taubengrau verputzt. Wer zum ersten Mal hindurchspaziert, wird sie malerisch finden. Die anderen denken melancholisch an das heimelige Gewimmel von früher zurück.

STETIGER WANDEL ALS EINZIGE KONSTANTE

In den Straßen, auf den Märkten, in Büros, Schulen und Fabriken spiegeln sich Tradition und Gegenwart trotzdem noch immer in tausenderlei Mischungsverhältnissen. Morgens im Park treffen sich die Frühaufsteher zum Schattenboxen, während andere nach Discomusik aus dem Kassettenrekorder Gymnastik machen. Vor den kleinen Altstadthäusern hocken alte Männer unter Schatten spendendem Blätterdach auf winzigen Stühlchen, tief über eine Partie chinesisches Schach gebeugt. Unterdessen wächst nebenan ein neuer Konsumtempel oder ein weiteres Luxushotel in die Höhe. Amerikanische Fastfood- und Caféketten haben sich bis in entlegene Stadtteile verbreitet, Kaderkinder und Jungunternehmer strömen in Diskotheken und Karaokebars. Mittlerweile stehen in jeder großen Shopping-Mall telefonzellengroße Karaokekabinen, in denen man unter Kopfhörern Solokonzerte schmettern kann. Schick ist es, anonym im Hochhaus zu wohnen: mit Parkett und eigenem Bad. Das Bedürfnis vieler junger Menschen, in der Millionenmetropole auch mal für sich alleine zu sein, wächst stetig.

MARCO POLO TOP-HIGHLIGHTS

HIMMELSALTAR 1
Wo der Himmelssohn vorm Himmelskaiser niederfiel: runde Bauten voller Symbolik im Süden der Stadt

KAISERPALAST 2
Das größte Ensemble klassischer chinesischer Baukunst birgt Kunstschätze erster Güte
Tipp: Die symmetrische Schönheit der Anlage mit ihren goldenen Dächern siehst du am besten vom Gipfel des angrenzenden Jing-Shan-Kohlehügels

TIAN'ANMEN-PLATZ 3
Mao-Mausoleum, Nationalmuseum, Volkskongresshalle, Heldengedenkstele: Hier stehst du im Herzen des sozialistischen China
Tipp: Selfies mit dem berühmten Mao-Porträt gelingen optimal vom Rand des frontal angrenzenden Fahrradwegs

WANGFUJING 4
In Pekings berühmtester Einkaufsmeile präsentiert sich die Metropole modern und international
Tipp: Exotisches Streetfood, etwa ein Skorpion am Stiel, lässt sich hier fotografisch gut einfangen

SOMMERPALAST 5

Gartenkunst für die Kaiserinwitwe. Der längste Wandelgang der Welt ist zugleich ein Bilderbuch

Tipp: Von der Siebzehn-Bogen-Brücke hast du freie Sicht auf den Sonnenuntergang

798 ART ZONE 6

Kunstgalerien auf einstigem Fabrikgelände – dazu Cafés, Bars, Restaurants

Tipp: Einen Panoramablick über die endzeitliche Industriekulisse verschafft das begehbare Metallgerüst neben dem Showroom von VW

BEIJING DA DONG ROAST DUCK RESTAURANT 7

Die berühmte Pekingente – am besten schmeckt sie immer noch in diesem altbewährten Restaurant

PANJIAYUAN-MARKT 8

Ein echter Flohmarkttraum: 3000 Stände mit Kunst und Krempel, Antikem und Gefälschtem, Alltäglichem und Originellem

HOUHAI-GEGEND 9

Pekings Zentrum des Nachtlebens: die Bar- und Restaurantszene an den Hinteren Seen

Tipp: Mit dem Tretboot zur Seemitte – das Getümmel am Ufer wirkt von hier draußen glatt idyllisch

GROSSE MAUER 10

Das bekannteste Bauwerk Chinas: Gleich mehrere restaurierte Abschnitte des imposanten Grenzwalls kannst du erklimmen

BEST OF LOW BUDGET

FÜR DEN KLEINEN GELDBEUTEL

FILME AM HIMMEL
Das spektakulärste Umsonst-Erlebnis: Der an eine Shoppingmall angeschlossene, 200 m lange und 30 m breite in 25 m Höhe schwebende LED-Bildschirm. Er ist der größte Freiluftbildschirm Asiens. Mal läuft Werbung, mal gibt es Kurzfilme.

NATIONALMUSEUM
Um das größte Museum Chinas und angeblich sogar der Welt besichtigen zu dürfen, musst du nur den Reisepass am Eingang vorzeigen. Dann geht's ab zur Zeitreise in die chinesische Vergangenheit.

MAO-MAUSOLEUM
Beim Allerheiligsten des sozialistischen China gilt ebenfalls: Eintritt frei. Einmal sollte man die einbalsamierte sterbliche Hülle des „großen Steuermanns" doch gesehen haben.

VOLKSTÄNZE AM STADTTOR
Hier tanzen vor allem ältere Pekinger zum eigenen Vergnügen. Mit dem mächtigen Stadttor *Desheng Men* im Hintergrund wirken die schönen alten *Yangge-Tänze* wie eine Aufführung im Freilufttheater.

DRACHEN UND ARIEN
Bunte Leuchtdrachen durch die Dunkelheit schweben zu lassen – ein abendliches Vergnügen, z. B. am Stadttor *Yongding Men*. Dort treffen sich auch Opernfans zum Singen.

798 ART ZONE
Was du hier an spannender zeitgenössischer Kunst entdecken kannst, reicht mindestens für einen ganzen Tag. Viele größere Objekte stehen sowieso draußen, aber auch die meisten Galerien öffnen ihre Tore für Besucher gratis.

BEST OF

TYPISCH

DAS ERLEBST DU NUR HIER

AUF DER MAUER

Selten erwischt man die Große Mauer ohne Touristen. Das Gedrängel ist meist groß. Schnell an- und abreisen kann man am Abschnitt von Mutianyu: Hier gibt es zwei Seilbahnen und sogar eine Sommerrodelbahn.

PANJIAYUAN-MARKT

Kunsthandwerk, Bücher, Trödel und Krempel ... Was in Peking aus zweiter Hand gekauft und verkauft wird, findet sich hier – ein Paradies für Flohmarktfans.

KNEIPENTOUR IN DER HOUHAI-GEGEND

Die Ufer um Pekings Stadtseen verwandeln sich abends in eine bunt flirrende Kneipengegend. Hier verbindet sich Altstadtflair mit modernem Nachtleben.

FLAGGENHISSEN AUF DEM TIAN'ANMEN-PLATZ

Der Tian'anmen-Platz ist das Herz des sozialistischen China. Am stolzesten schlägt es, wenn Soldaten jeden Tag exakt bei Sonnenaufgang die Nationalfahne hissen.

DIGITALISIERTER ALLTAG

Mobile-Payment-Apps wie Alipay haben das Bargeld in China schon so weit aus dem Alltag verdrängt, dass selbst Bettler ihre Spenden mit dem Smartphone einsammeln. Manche Geschäfte haben kein echtes Wechselgeld mehr in der Kasse.

TEIGTASCHEN

Typischer noch als die Pekingente ist die nördliche Volksküche. Probier die leckeren *Jiaozi*-Teigtaschen, z. B. in der Green Bites Dumpling Bar.

DIE BESTEN INSIDER-TIPPS

KNALLBUNTE PERFORMANCE
Die Pekingoper ist ein Mix aus Theater, Tanz, Kampfkunst und Gesang. Im Chabg'an Theater werden noch komplette chinesische Opern gegeben. Ziemlich schrill! Komm am besten in sprachkundiger Begleitung.

KÄSETEE TRINKEN
Stell dich mit der Hauptstadtjugend in die Schlange von Hey Tea für einen Tee mit Käseschaum – schmeckt überraschend gut!

IN DEINEM REICH SPAZIEREN
Ein Nachtspaziergang um die Verbotene Stadt macht die erhabene Einsamkeit des Kaiser-Daseins greifbar.

KALLIGRAFIE IM PARK
Im Ritan-Park kalligrafieren häufig Poeten mit großen Pinseln schön geschwungene Schriftzeichen aus Wasser auf den Boden, die unmittelbar danach wieder verdunsten – eine Ode an die Vergänglichkeit.

PARKVIEW GREEN FANGCAODI
Die avantgardistische Glasarchitektur ist Luxusmall und Galerie zugleich – in den Raum hineinragende Skulpturen zeitgenössischer chinesischer Künstler bieten tolle Fotomotive.

DURCH WALDKLÖSTER STREIFEN
Betritt eine andere Welt bei einem Ausflug in die Westberge zu den Tempelklöstern Tanzhe Si und Jietai Si. Mächtige alte Bäume, darunter ein 1000-jähriger Ginkgo, spenden Schatten.

PEKING-POGO TANZEN
Hier spielten schon die Toten Hosen Geheimkonzerte: Die School Bar ist der aufregendste Rockclub der Stadt.

DAS SCHMECKT IN PEKING

Unsere Empfehlung heute

Vorspeisen

BASI PINGGUO
Karamellisierte Apfelstücke

SHAOBING
In Fett ausgebratene, mit Lauch gefüllte Brotfladen

HUNDERTJÄHRIGE EIER
Im Lehmmantel gelagerte Enteneier, dazu frischer Ingwer

Hauptgerichte

JIAOZI
Pekinger Teigtaschen, gefüllt mit Schweinehack und Chinakohl

PEKINGENTE
In Honig marinierte gegrillte Ente, deren Haut man mit weißem Lauch und einer speziellen Tunke in dünne Weizenfladen wickelt

MONGOLISCHER FEUERTOPF
Lammfleisch in hauchdünnen Scheiben, am Tisch in Fleischbrühe zusammen mit Gemüse, Tofu oder Nudeln gegart

MAPO DOUFU
Gewürfelter Tofu nach Sichuan-Art mit Chili-Bohnen-Paste

Desserts

BABAO FAN
süßer, gehaltvoller „Acht-Schätze-Reis" auf Klebreisbasis

TANGHULU
Kandierte Weißdornfrüchte am Spieß

JIDANZAI
Eierwaffel in Wabenoptik mit süßer Füllung

Getränke

JUHUA CHA
Natürlich-süßer Aufguss aus Chrysanthemenblüten

TIEGUANYIN
Halbfermentierter Oolong-Tee mit süßlich-herber Note

DOUJIANG
Frisch gepresste Sojamilch

BAIJIU
„Chinas Wodka", destilliert aus Sorghumhirse

Sonnenaufgang an der Copacabana

39

„Der erste Eindruck … ist der einer verwirrenden Üppigkeit", schrieb der Schriftsteller Stefan Zweig schon nach seinem ersten Besuch in Brasilien 1936. Die brasilianische Stadt Rio de Janeiro ist atemberaubend. Das sind Superlative und Kontraste, die spannende Mischung der Kulturen und die Ekstase des Karnevals. Aber Rio verstört auch durch seine Gegensätze: von Arm und Reich, Agrobusiness und intakter Natur, alltäglicher Gewalt und Lebensfreude.

CHECK

- ✓ Stadt der Bergkegel
- ✓ Karneval? Mega!!!
- ✓ Strand: Copacabana
- ✓ Sambaschulen & Favelas
- ✓ Tropischer Schmelztiegel

ENTDECKE RIO DE JANEIRO

Farbenpracht im Sambódromo

Oh, Rio! Wie kaum eine andere Stadt begünstigt von der Natur: die Kegel der Berge, deren Hänge mit Urwald bewachsen sind, die Bucht mit verstreuten Inseln, die Wellen, die sich an den Stränden brechen, und über allem das Blau des Himmels. Die Stadt der schönen Aus- und Ansichten erschließt man sich am besten zu Fuß. Trotz der rund 6 Mio. Einwohner (im Großraum Rio sind es über 12 Mio.) bewegen sich die meisten Besucher in einem überschaubaren Gebiet zwischen dem Zentrum und der Zona Sul mit ihren Stränden.

BUNT, AUSGELASSEN, GIGANTISCH

Ob bei der Parade der Sambaschulen oder im Straßenkarneval – die Zurschaustellung der brasilianischen Lebensfreude ist ein einmaliges Erlebnis. Höhepunkt in Rio de Janeiro sind die zwei Nächte, in denen die zwölf besten Sambaschulen durch das Sambódromo ziehen. Du kannst auf der Tribüne dabei sein oder sogar bei einer der Sambaschulen mitmachen. Umsonst auf der Straße sind die Umzüge der Karnevalsgruppen im Stadtzentrum, in Santa Teresa, Copacabana und Ipanema. Wenn sich die lebenstrunkene Stadt und ihre *Cariocas* genannten Einwohner feiern, tobt die Stadt – mitfeiern ausdrücklich erwünscht!

FLIRTEN, TANZEN, FUSSBALL SPIELEN ...

Den Eindruck, dass es nur um diese Dinge geht, bekommt man, wenn man an Rios Stränden entlangläuft: gebräunte, Fitness-Studio-gestählte Körper, abschätzende und auffordernde Blicke, Grüppchen mit Gitarre oder Pandeiro, Bikini-zupfende Frauen, schweißgebadete Ath-

leten, die Bällen hinterherhechten. Aber auch hier besteht der Tag nicht nur aus Freizeit. Die wöchentliche Arbeitszeit liegt bei 44 Stunden, 6,5 Stunden mehr als in Deutschland, der Mindestlohn bei rund 180 Euro im Monat. Viele Brasilianer haben deshalb mehrere Jobs, um über die Runden zu kommen.

AUF IN DIE VERGANGENHEIT

Fast 200 Jahre (1763–1960) war Rio die Hauptstadt Brasiliens und ab 1808 Zentrum des portugiesischen Kolonialreichs. Damals flüchtete Dom João VI. vor Napoleon nach Brasilien. Außer Regierungsgebäuden und Palästen wurden Theater und Bibliotheken gebaut, der Botanische Garten angelegt und die Banco do Brasil gegründet. Sein Sohn Dom Pedro I. erklärte 1822 Brasiliens Unabhängigkeit, und Rio wurde zur prosperierenden Kaiserstadt. Als 1889, ein Jahr nach Abschaffung der Sklaverei, die Republik ausgerufen wurde, hatte Rio 500 000 Einwohner; 20 Jahre später hatte sich die Zahl verdoppelt. Viele kamen aus dem Nordosten und siedelten sich auf den schwer zugänglichen Hügeln an. Ihre Musik und Kultur brachten sie mit.

DAS GIRL VON IPANEMA

Samba und Bossa Nova haben die brasilianische Musik berühmt gemacht. Irgendwo singt, spielt, trommelt oder tanzt immer jemand. Musik gehört dazu, ganz gleich ob intellektuelle MPB (Música Popular Brasileira), seelenvolle Sertanejo-Musik (die Country-Musik Brasiliens aus dem Sertão), poppige Axé-Music aus Bahia, Romantikschmelz, Funk und Rap, fetziger Forró oder eindeutig zweideutiger Pagode. Die meisten Brasilianer sind begnadete Tänzer. Schon die Kleinsten üben vor dem Fernseher und schauen, wie es die Musikstars machen.

BESTE LAGE UND AUSSICHT: IN DEN FAVELAS

Klingt befremdlich? Gar keine Frage, aber in einer Stadt wie Rio nicht wirklich überraschend, denn hier kleben die planlos wachsenden, illegalen Wohnviertel der Armen, die sogenannten *Favelas,* an den steilen Berghängen mit freiem Blick aufs Meer. In den unübersichtlichen Wohngebieten errichteten Drogenhändler ihre Imperien und diktieren die Regeln des Zusammenlebens. Vom Besuch einer Favela ist daher aus Sicherheitsgründen abzuraten. Aber auch sonst solltest du in Rio besonders vorsichtig sein, dunkle Ecken und verlassene Straßen meiden und immer ein Auge auf die Umgebung haben! Dann steht einer fantastischen Zeit in Rio nichts im Wege.

MARCO POLO TOP-HIGHLIGHTS

ZUCKERHUT ★1
Der 396 m hohe Granitkegel des Pão de Açúcar an der Öffnung der Guanabara-Bucht ist das Wahrzeichen der Stadt

CORCOVADO ★2
Dort, wo die 38 m hohe Art-déco-Statue von Christus ihre Arme ausbreitet, hat man den schönsten Blick über die Guanabara-Bucht

SANTA TERESA ★3
Touristenprogramm? Ja, aber so romantisch: Das *bondinho*, eine Straßenbahn, fährt vom Zentrum über den Viadukt Arcos da Lapa ins Künstlerviertel Santa Teresa

JARDIM BOTÂNICO ★4
Lustwandeln durch die Allee der 30 m hohen Königspalmen, das Orchideenhaus besuchen und den See mit den Amazonas-Seerosen

CIDADE DO SAMBA 5
Was wäre Rio ohne den Karneval? Ohne die farbenprächtigen Sambaschulen? In den Hallen in Hafennähe sind die wichtigsten untergebracht. Hier werden Allegoriewagen gebaut und Karnevalskostüme geschneidert

COPACABANA 6
Rios Vorzeige-Beach: der berühmteste Strand der Welt. Ein Luxushotel reiht sich an das nächste und in der Nähe des Posto 4 trafen sich bereits vor Tinder flirtbereite Strandgänger

PRAÇA MAUÁ 7
Zu den Olympischen Spielen wurde das zwielichtige Hafenviertel saniert, Bars, Restaurants und zwei Museen zogen in die alten Lagerhäuser
Tipp: Von der Dachterrasse des Museu de Arte do Rio hast du den besten Blick auf den Hafen

AQUARIO MARINHO 8
Tiefblaue Doktorfische, schwebende Rochen, riesige Tintenfische – das größte Meeresaquarium Südamerikas
Tipp: Fotografiere das größte, 7 m hohe Becken, denn durch dieses führt mittendurch ein Tunnel

CONFEITARIA COLOMBO 9
Rios prachtvolles Kaffeehaus. Hier wird die Belle Epoque lebendig: mit Spiegeln, Jugendstillampen und Caféhaustischen

PETRÓPOLIS 10
Der 70 km nordöstlich von Rio gelegene Kaiserpalast mit kühlem Klima und tropischer Vegetation ist perfekt für einen Tagesausflug

BEST OF
LOW BUDGET

FÜR DEN KLEINEN GELDBEUTEL

FREIER BLICK – IN JEDE RICHTUNG
Die Besuche von Zuckerhut und Corcovado haben ihren Preis. Der Blick von der Aussichtsplattform Dona Marta in Rios Stadtteil Santa Teresa ist hingegen kostenlos. Tief unter dir liegen Zuckerhut und Guanabara-Bucht, im Rücken breitet die Christusfigur ihre Arme aus.

RIO PER FAHRRAD
In Rio gibt es ca. 200 km Radwege. Am schönsten ist es, entlang der Strände oder um die Lagoa zu radeln. Fahrräder kannst du für kleines Geld ausleihen: an der Av. Atlântica in Copacabana, an der Av. Vieira Souto in Ipanema und entlang der Lagoa Rodrigo de Freitas.

VIEL BESSER ALS BURGER!
Die besten Sandwiches der Stadt werden im Cervantes im Stehen gegessen: Rinder- oder Schweinefilet mit Ananas auf Brötchen. Wer mehr ausgeben will, kann auch im Restaurant speisen.

FÜR SPARFÜCHSE UND SPORTLICHE
Du kannst den Morro da Urca auch zu Fuß erklimmen. Der Weg beginnt gegenüber der Kabinenbahn, ist bei Regen aber rutschig. Tickets für die zweite Bahn vorher kaufen!

VITAMINSCHOCK
Der „Saftladen" Rios: Hier hast du die Wahl unter rund 50 verschiedenen Saftkombinationen und Sandwiches. Mehrere Filialen in der Zona Sul. Viel Vitamine für wenig Geld.

MITKICKEN
Fußball wird auf den beleuchteten Plätzen in den Grünstreifen entlang der Bucht und am Strand bis tief in die Nacht gespielt. Zum Mitkicken einfach fragen.

BEST OF

TYPISCH

DAS ERLEBST DU NUR HIER

GEKACHELTER AUFSTIEG

Zum Aufstieg nach Santa Teresa: Die 250 Stufen der mit farbigen Kacheln gepflasterten Escadaria Selarón führen von Lapa nach oben – der Stop für ein Foto ist ein Muss!

TANZEN, BIS DER ARZT KOMMT

Authentischer als im Carioca da Gema (die wörtliche Übersetzung würde „Carioca aus dem Eigelb" lauten) geht es nicht. In diesem zweistöckigen Kolonialhaus werden jede Nacht bis zum Umfallen Samba und Choro gespielt.

SUNDOWN

Der schönste Sonnenuntergang Rios ereignet sich an der Praia do Arpoador. Hierher kommen vor allem die Surfer und betrachten, wie hinter den Felsen der Dois Irmãos am Ende von Leblon die Sonne verschwindet.

TRAUMBLICK

Am schönsten ist der Blick auf die Bucht und die Strände, wenn die Sonne untergeht und die Lichter der Stadt zu funkeln beginnen. Von der Praia Vermelha geht es mit der ersten Seilbahn auf den 220 m hohen Morro da Urca und von dort mit der zweiten Seilbahn auf den Zuckerhut.

AUF EIN BIER MIT INTERESSANTEN LEUTEN

Bohemiens und Künstler treffen sich im Armazém São Thiago, wo das *chopp* (Bier) kalt und die frittierten Pastéis und Fischbällchen heiß und knusprig sind.

CAIPI & ZUCKERROHRSCHNAPS

Zum Studieren und Probieren! Über 100 Sorten Zuckerrohrschnaps und die besten Caipirinhas der Stadt gibt es in der Academia da Cachaça.

DIE BESTEN INSIDER-TIPPS

FLEISCH VOM GRILL

in Churrascaria-Restaurants wie dem Rodízios säbeln Kellner das Grillfleisch von langen Spießen auf die Teller, machen immer wieder ihre Runde von Tisch zu Tisch. Lass auch mal eine Runde aus – die guten Sachen kommen zum Schluss!

FEIERABEND – WORTWÖRTLICH

Nach Büroschluss werden in der Travessa do Comércio Tische auf die Straße gestellt, und die Cariocas treffen sich zu After-Work-Partys.

TRADITIONELLER IMBISS

Südlich der Praça Mauá gibt es die besten Sardinen der Stadt im Beco das Sardinhas.

CORNERN MIT NIVEAU

Die Bar Urca ist der Place to be für den Sonnenuntergang an der Guanabara-Bucht. Die Einheimischen nehmen die Getränke mit zum gegenüberliegenden Mäuerchen.

BEACHVOLLEYBALL

Überall an Rios Stränden wird Volleyball oder *futevolley*, eine Mischung aus Fuß- und Volleyball, gespielt. Wer mitmachen möchte, fragt bei den Trainern nach.

STATT SAMBA INNERE EINKEHR?

In der zum Benediktinerkloster Mosteiro de São Bento gehörenden Barockkirche nahe der Praça Mauá tauchst du ein in den portugiesischen Geist vergangener Zeit.

WOHIN ABENDS?

Östlich der Av. Rio Branco (zur Bucht hin) hat sich rund um die kolonialen Verwaltungsgebäude eine lebhafte Szene mit Straßenbars und Restaurants etabliert.

DAS SCHMECKT IN RIO

Unsere Empfehlung heute

Zum Frühstück

CUZCUZ
Grieß aus Mais- oder Maniokmehl, süß oder salzig

MINGAU
heißer, flüssiger Brei aus Mais oder Maniok

Petiscos (Kleinigkeiten)

BOLINHO DE BACALHAU
frittierte Stockfischbällchen

CAMARÃO ALHO E OLEO
mit Knoblauch frittierte Gambas

PÃO DE QUEIJO
aus Maniokstärke gebackene Käsebrötchen

QUIBE
frittierte Fleischbällchen arabischen Ursprungs

Hauptgerichte

CARNE DO SOL COM AIPIM
getrocknetes Rindfleisch mit Maniokwurzeln, gekocht oder frittiert

GALETO COM FAROFA
gegrilltes Hühnchen mit in Butter geröstetem Maniokmehl

LEITÃO PURURUCA
gegrilltes Spanferkel

MANIÇOBA
deftiger Eintopf mit Maniokblättern und Fleisch

MOQUECA
Fisch- oder Meeresfrüchteeintopf mit Koriander in Kokosmilch und Palmöl

PATO NO TUCUPI
gebratene Ente im Saft frischer Maniokwurzeln

PICANHA
Stück Rindfleisch mit Fettrand (Tafelspitz), meist auf dem Grill zubereitet

Streetfood

ACARAJÉ
Teigbällchen aus zerstoßenen Bohnen, Nüssen und Krabben, die in Dendê-Öl fritiert werden; in Bananenblättern gekocht heißt das ganze *abará*

BEIJU (TAPIOCA)
aus Maniokflocken gemachte Fladen, die süß oder salzig gefüllt werden

Blick auf die Golden Gate Bridge

40

Du planst einen Trip nach San Francisco, in eine der schönsten Städte der USA? Doch du weißt nicht, wo du zuerst hingehen sollst? Keine Panik, du bist in guter Gesellschaft: Vielen San Franciscans geht das nach Jahren noch so. Neben dem Pflichtprogramm wie dem Bestaunen viktorianischer Holzhäuser, der Cable Cars, der Golden Gate Bridge, Chinatown und der Seelöwen am Fisherman's Wharf buhlen das ganze Jahr über Dutzende von Festivals, Konzerten, Sportveranstaltungen und Straßenfesten um die Aufmerksamkeit von Anwohnern und Besuchern.

CHECK

- ✓ City by the Bay
- ✓ Stadt, Meer, Hügel
- ✓ Tolerant & progressiv
- ✓ Ratternde Cable Cars
- ✓ Seelöwen-Chillout

ENTDECKE SAN FRANCISCO

Absolutes Touristen-Muss: die Fahrt mit dem Cable Car

Warum will jeder in die City by the Bay? Die Antwort: Weil es hier zwar eng und laut, aber noch immer atemberaubend schön und einzigartig ist – und das an fast jeder Ecke. Etwa, wenn du mit letzter Kraft einen der rund 50 Hügel der Stadt erklimmst, dich in den von Westen wehenden Wind lehnst und den Sonnenuntergang an einem feuerroten Himmel genießt – so dir der legendäre Nebel nicht die Sicht versperrt. Oder wenn eine auf dem Telegraph Hill lebende, laut gackernde Papageienschar über dich hinwegflattert und die Händler in der Stockton Street ihre exotischen Auslagen präsentieren. Die Beispiele können unendlich fortgesetzt werden …

STÄNDIGE VERÄNDERUNG ALS KONSTANTE

San Francisco – na gut, sag eben flapsig „San Fran" oder „The City", nur ja nicht „Frisco" – findet sich erst seit 1850 offiziell auf der Landkarte – und hat seitdem Kriege, Erdbeben und im Rathaus erschossene Lokalpolitiker mit links weggesteckt. Denn ständige Veränderung ist in San Francisco eine Konstante. Auf dem Heimatland der Ohlone-Indianer gründeten die Spanier mit dem Presidio 1776 eine erste Siedlung. Im Zuge des Mexikanisch-Amerikanischen Kriegs kassierten die USA Kalifornien und damit auch San Francisco, das durch den Goldrausch von 1849 auf 25 000 Menschen anwuchs.

MIETEN WIE IN MANHATTAN

Heute platzt die gerade mal 121 km² große Stadt langsam aus allen Nähten. Erschwerend kommt hinzu, dass der Pazifik und die San Francisco Bay den Ort an drei Seiten mit Salzwas-

ser umschließen. Erwähnten wir die Berge – okay, die Hügelkette – im Süden der Stadt? Aufgrund der Beliebtheit schießen insbesondere im Stadtteil SoMa – kurz für South of Market – die Apartment- und Bürowolkenkratzer in die Höhe. Immobilienmakler und Investoren treiben den Preis der letzten Freiflächen in schwindelerregende Höhen. Oh, und die Miete für eine Zweizimmerwohnung? Im Schnitt $ 3500 pro Monat.

BEAT-POETEN UND FLOWER-POWER

Etwa tausend verschiedene Volksgruppen nennen San Francisco ihr Zuhause. Sie alle wollen authentisch essen und leben. Daher besitzt fast jeder Stadtteil seine eigene kulturelle Identität. In Chinatown ist, unschwer zu erraten, alles komplett auf Chinesisch ausgeschildert. Einen Block weiter nördlich lockt das italienische Viertel North Beach. Im Mission District im Osten der Stadt machen Tech-Hipster den dort ansässigen Latinos Haus und Hof streitig. Im Castro-Viertel gleich nebenan flattern Regenbogenfahnen. Nicht von ungefähr: An die 6 Prozent aller Stadtbewohner sind lesbisch, schwul, bi- oder transsexuell – mehr als in irgendeinem anderen Ballungszentrum der USA. In San Francisco ist man in jeder Hinsicht tolerant und progressiv. Schon vor 55 Jahren schlug im Haight-Ashbury-Viertel gleich rechts vom Golden Gate Park die Geburtsstunde der Hippie-Bewegung. Zehntausende Blumenkinder trafen sich hier, um die Werte der Gegenkultur der 1960er zu zelebrieren. Hippies muss man heute mit der Lupe suchen. Stattdessen leben entlang der Haight Street zumeist jüngere Obdachlose.

ZWANGSPAUSE FÜR DIE DIÄT

Augen auf, was das Essen betrifft: Neben der Qual der Wahl aus Hunderten von „normalen" Cafés und Restaurants boomt in San Francisco die Street-Food-Kultur: Statt Burger und Fritten gibt es frisch servierte kulinarische Höhenflüge aus aller Welt. Teilweise rotten sich einzelne Anbieter zu Wagenburgen zusammen, Livemusik inklusive. Google ist hier dein Freund, denn so schnell, wie die fahrbaren Küchen ihre Claims abgesteckt haben, so schnell fahren sie weiter zum nächsten Standort. Hab bei alldem keine Angst, nach dem Weg zu fragen. Die meisten San Franciscans sind auf der Stelle bereit, dir zu helfen – oder fragen schon von sich aus, wenn sie jemanden mit einem Stadtplan am Straßenrand stehen sehen. Denn das erinnert sie daran, dass sie in einer Stadt leben, in der jemand anderes Urlaub macht: in San Francisco, einer der schönsten Städte der Welt.

MARCO POLO TOP-HIGHLIGHTS

LOMBARD STREET ★1
Die Anwohner wollen die legendäre Schnörkelstraße immer wieder sperren lassen – zu Fuß kannst du sie aber immer besuchen

CLIFF HOUSE ★2
Romantischer Sonnenuntergang: check! Doch von hier aus lohnt sich auch ein Strandspaziergang Richtung Süden

GOLDEN GATE BRIDGE ★3
Das Wahrzeichen der Stadt lockt das ganze Jahr Besucher an – selbst im Nebel sieht die Brücke spektakulär aus
📷 *Tipp: Die beste Perspektive hast du vom obersten Stock des Fort Point aus*

PRESIDIO ★4
Park, Museums, Restaurants und Hotels: In der ehemaligen Militärbasis fällt der Stress der Stadt von dir ab
📷 *Tipp: Die unzähligen schlicht-weißen Grabsteine des Militärfriedhofs geben sehr grafische Fotomotive ab*

GOLDEN GATE PARK ★5
Größer als der Central Park in New York! Japanischer Teegarten, tropische Gewächshäuser, Museen, Mitmachsport – hier wird es keinem langweilig

FISHERMAN'S WHARF 6

Abteilung „Muss man wenigstens mal gesehen haben“: Hier gibt es dank Seelöwen, Straßenkünstlern und gutem Essen mehr als nur Kommerz

ALCATRAZ ISLAND 7

Bedrückende Einblicke in den Gefängnisalltag und befreiende Ausblicke auf die Bay Area

CABLE CARS & F-LINE 8

Geschichte live: Ohne eine Fahrt in einem Cable Car und einer der historischen F-Line-Straßenbahnen warst du nicht in San Francisco

📷 *Tipp: Abends im Cable Car ganz nach hinten setzen und dann Bilder der nun hell erleuchteten Hochhausschluchten machen*

ASIAN ART MUSEUM 9

In diesem Weltklassemuseum warten über 17 000 Objekte aus China, Japan, Indien, Nepal und Tibet darauf, dich zu begeistern

HARRIS' 10

Ein USA-Urlaub ohne Steak? Nicht doch: Hier gibt's *cuts* für jeden Geschmack und Geld-beutel – Kobe-Beef für rund $ 200 inklusive

BEST OF

LOW-BUDGET

FÜR DEN KLEINEN GELDBEUTEL

SAN-FRANCISCO-TOUREN
Melde dich für eine der rund 90 (!) Touren der San Francisco City Guides an und lass dir von Ortsansässigen kostenlos alle Winkel der Stadt zeigen. Beim „Victorian Home Walk" geht es nicht nur zu, sondern sogar in die legendären Painted Ladies.

EVENTS AN JEDER ECKE
Gerade im Sommer ist überall in der Stadt was los: Kinofilme in Parks, Musikfestivals, Gratiskonzerte, -opern und -theaterstücke. Informier dich unter *sf.funcheap.com*.

IM GOLDEN GATE PARK
Der Golden Gate Park ist zwar wilder als sein New Yorker Pendant, dafür gibt es hier eine Menge Aktivitäten und viel zu entdecken – alles gratis! Zeig den Amis, wie man in Europa Fußball spielt, oder beteilige dich an einer Partie Frisbee-Golf.

BLICK INS MASCHINENHAUS
Weißt du, wie Cable Cars ohne Motor steile Berge erklimmen? Nein? Dann weißt du es nach einem Besuch des kostenlosen Cable Car Museum, wo du sehen kannst, wie die sonst unterirdisch verlegten Kabel um riesige Drehscheiben herumsausen.

MORGENS MAL KLASSISCH
Das Symphonieorchester der Stadt, das San Francisco Symphony, ist preisgekrönt. Wer den Musikgenuss günstiger haben will, besucht die offenen Proben am Vormittag.

ACHTECKIGES LEBENSGEFÜHL
Mitte des 19. Jhs. glaubte man, dass das Wohnen in einem achteckigen Haus zu einem gesünderen, zufriedeneren Leben verhelfen würde. In dem 1861 erbauten Octagon House kannst du das ein paar Stunden lang selbst überprüfen – kostenlos.

BEST OF

TYPISCH

DAS ERLEBST DU NUR HIER

SEELÖWEN AM PIER 39

Seit Jahren besetzen Heerscharen von Seelöwen einen Bootssteg westlich des Pier 39. Die laute Truppe ist für viele eine größere Attraktion als der Pier mit all seinen Geschäften.

VOM BAUERNMARKT AUF DEN TISCH

Am Ferry Plaza Farmer's Market trifft sich die ganze Stadt. Küchenchefs kaufen hier biologisch angebaute regionale Zutaten ein, alle anderen locken der Ausblick auf die Bucht und Stände mit frisch zubereiteten Speisen.

MIT EIS ZUR LOMBARD STREET

Was ist noch besser als ein Eis von Swensen's? Mit dem Eis in der Hand den Autos zuzusehen, wie sie sich die kurvige Lombard Street hinuntermanövrieren.

SCHON MAL GEBRATENE HÜHNERFÜSSE PROBIERT?

Mit großer Sorgfalt bereiten chinesische Köche teils gewöhnungsbedürftige Spezialitäten zu, die dann auf Servierwagen direkt an den Tisch gefahren werden. Ein Muss, etwa im Great Eastern.

SCHIFF AHOI

Schon zu Zeiten des Goldrauschs ging es am Fisherman's Wharf wild zu. Davon erzählen noch heute die hier vor Anker liegenden Museumsschiffe und ein U-Boot, die USS Pampanito.

AB IN DEN REGENWALD

Der vierstöckige Regenwald ist nur eine der Attraktionen der California Academy of Sciences, die u.a. auch mit einem Aquarium und einem Planetarium lockt. Absolute Weltklasse!

DIE BESTEN INSIDER-TIPPS

SIGHT-JOGGING
Beim Joggen die Stadt erkunden, so z.B. die Hügel von Potero Hill rauf und runter. Oder auf der Golden Gate Promenade – da hast du die Golden Gate Bridge stets im Blick, fast ohne Touristen.

WIE DIE LOCALS BRUNCHEN
Bei MyMy genießt du außergewöhnliche Omeletts und *pancakes*, bei schönem Wetter auch draußen.

TOLLE MUSIKSCHÄTZE ENTDECKEN
Tausende von CDs, LPs, Postern, Videos gibt's bei Amoeba Music – hoffentlich hast du genug Platz im Koffer.

STRANDAUSFLUG MIT PICKNICK
Ein schönes Vergnügen, auch wenn das Wasser nicht das wärmste ist: Am Baker Beach rennen Kinder und Hunde um die Wette, am wilden Ocean Beach treffen sich Jung und Alt zum Picknick.

BURGER MIT AUSBLICK
Hol dir einen Burger von In-N-Out-Burger und setz dich damit auf die Stufen des Aquatic Park.

DAS GRÖSSTE SELFIE SCHIESSEN
Probier mal, die spektakuläre, 28 m hohe Venus mit ins Bild zu bekommen.

STARKE COCKTAILS SCHLÜRFEN
Im Tonga Room warten potente Rumcocktails, eine Liveband und Gewitter auf dich.

KAFFEE MIT DRAG-QUEEN
Sonntags gibt's zum Brunch im Starlight Room noch eine Drag-Queen-Show.

DAS SCHMECKT IN SAN FRANCISCO

Unsere Empfehlung heute

Vorspeisen

CLAM CHOWDER
Cremig-helle Muschelsuppe mit Fleisch, Kartoffeln, Zwiebeln und Gewürzen

CRAB CAKES
Frikadellengroße Krebsküchlein aus gehacktem Krebsfleisch, Zwiebeln, Chilis und Kräutern

HANGTOWN FRY
Üppiges Omelett aus Eiern, Austern und Speck

Hauptgerichte

BURRITO
Bohnen, Reis, Fleisch, Sauerrahm, Avocado, Kräuter und Käse in eine Tortilla gewickelt

CHOP SUEY
Eintopf aus verschiedenen Gemüsen wie Bambussprossen, Mungbohnenkeimen und Pilzen mit dünn geschnittenem Hühner-, Schweine- oder Rindfleisch

DIM SUM
Täglich frisch gemachte Teigtäschchen mit Shrimps, Gemüse, Fleisch und auch exotischen Zutaten

RAMEN
Japanische Nudelsuppe aus unterschiedlichen Fonds und Nudeln, kombiniert mit Ei, Fleisch und Gemüse

Nachspeisen

CHEESE CAKE
Gerolltes Gebäck, gefüllt mit Ricotta und Schokoladenchips

CRUFFIN
Wie ein Muffin gebackenrs Croissant mit Vanille-, Schokoladen- und vielen anderen Füllungen

IT'S-IT
Zwei Haferflockenkekse, die lokal hergestellte Eiscreme umschließen

Getränke

ANCHOR STEAM
Würziges Dampfbier, seit 1896 ununterbrochen in San Francisco gebraut

IRISH COFFEE
Potenter Mix aus Kaffee, Whiskey und Sahne

THAI ICE TEA
Erfrischend-kräftiger schwarzer Tee mit Gewürzen, Zucker und Milch über Eis

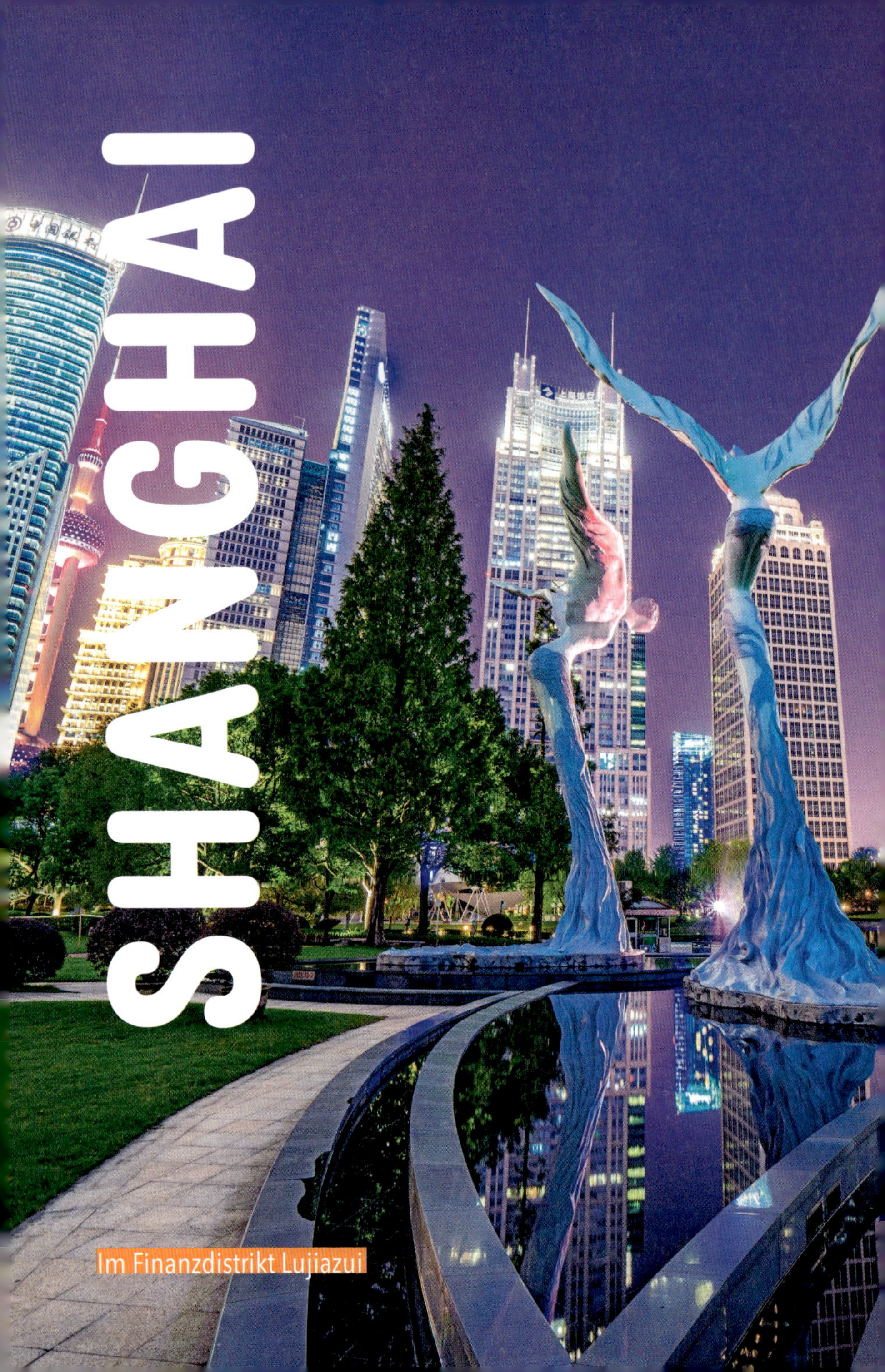

Im Finanzdistrikt Lujiazui

In den Himmel ragende Wohntürme, fantasievolle Kunst und vibrierende Kultur – alles Neue wird hier ausprobiert. Das ist es, was Shanghai zur aufregendsten Stadt der Welt macht. Es sind zudem die Menschen, deren unermüdliche Kraft die Metropole im Takt der Zukunft pulsieren lässt. Abends am Bund, wenn die wunderbare, funkelnde, elektrische Nacht anbricht und Shanghai zur Schönheit und zum Vorbild für ganz China wird, spürt man ihren fröhlichen Optimismus.

CHECK

- ✓ **Glitzernde Weltmetropole**
- ✓ **Superlative ohne Ende**
- ✓ **Relikte der „Goldenen Ära"**
- ✓ **Eine fantastische Küche**
- ✓ **Skyline & Tai Chi am Bund**

ENTDECKE SHANGHAI

Spannende Architektur am laufenden Band: Bund

Shanghai hat tausend Facetten, besonders schön bekommt man sie, scheinbar alle auf einmal, morgens an der Uferpromenade Bund serviert. Vor der glitzernden Skyline des modernen Pudong am anderen Ufer tuckern die Schiffe, vom Schleppkahn bis zum modernen Kreuzfahrtschiff, über den Fluss. Auf der Promenade üben sich derweil die Menschen schweigend in Tai Chi – oder legen mit einem tragbaren Lautsprecher unüberhörbar eine flotte Sohle aufs Parkett, pardon die Straße. Im Hintergrund die perfekt restaurierten Kolonialbauten, die schon damals geschaffen wurden, um zu beeindrucken. Alt und Neu begegnen sich jeden Tag aufs Neue am Bund.

VORREITER SHANGHAI

Shanghai will das New York des 21. Jh. werden – oder ist es vielleicht sogar schon? China, das mit 1,4 Mrd. Menschen bevölkerungsreichste Land der Erde, erobert seinen Platz in der globalen Ökonomie und internationalen Politik. Das riesige Reich will an die Spitze, und Shanghai spielt dabei die Vorreiterrolle. Vom Gigantismus berauscht, wetteifert man um Superlative. Die Stadt ist stolz auf zwei der höchsten Wolkenkratzer der Welt, auf die anspruchsvollste Formel-1-Rennstrecke – und den schnellsten Zug: Der Transrapid schwebt mit mehr als 400 km/h zum Flughafen Pudong und ein 600 km/h schneller Nachfolger wird bereits getestet.

LEBEN IN DER MEGACITY

Dass man in China ist, wird einem erst so richtig bewusst, wenn man sich unter die Menschen mischt. Die Stadt Shanghai hat ca. 24 Mio. Einwohner, mit den Vorstädten sind es aber

mindestens 30 Mio. – und es werden täglich mehr. Wirklich einsame Ecken gibt es in Shanghai nicht, die Menschen scheinen ständig in Bewegung: der Strom der Fußgänger in der Nanjing Lu, die Pulks der Pendler in den überfüllten Bussen und die Schwärme der Mopedfahrer. Die Shanghaier arbeiten unermüdlich, kaufen unentwegt ein und essen ständig und überall, so scheint es. Nur in den Gassen der Altstadt vollzieht sich das Leben in einem gemächlicheren Tempo.

„PARIS DES OSTENS" & SÜNDENPFUHL

Schon einmal in der Geschichte Shanghais gab es eine solch atemberaubende Dynamik wie heute: Im 19. Jh. erkannten die Briten die hervorragende wirtschaftsgeografische Lage der Manufaktur- und Hafenstadt. Nördlich der Stadt mündet der Huangpu in den Jangtse. Dieser gewaltige Strom erschließt das Innere des riesigen Landes und gewährte den Zugang zu seinen wichtigsten Gütern: Tee, Porzellan und Seide. Die Briten erzwangen mit dem Opiumkrieg 1842 die Öffnung des Hafens für den internationalen Handel. Shanghai stieg zur Weltmetropole auf. Im „goldenen Zeitalter" von 1900 bis 1941 entstanden die Kolonialbauten am Bund, die Kaufhäuser in der Nanjing Lu, die eleganten Clubhäuser, Art-déco-Hotels und die Wohnhäuser im Französischen Viertel. Shanghai wurde mit dem Beinamen „Paris des Ostens" für seine Eleganz geadelt und kam als die verruchteste Stadt des Orients zu zweifelhaftem Ruhm.

SHANGHAI WIRD „CLEAN"

Nach Jahren des Bürgerkriegs zogen 1949 die Kommunisten in Shanghai ein. Das Glücksspiel wurde verboten, Bordelle wurden geschlossen, Drogenabhängige und Prostituierte „umerzogen", Slums beseitigt, die Kinderarbeit verschwand. Keiner hungerte mehr, es sei denn nach Freiheit – galt es doch, der Stadt das kapitalistische Denken, das bourgeoise Handeln, die westliche Dekadenz auszutreiben.

EINE STADT STARTET DURCH

Mit der Liberalisierung in den 1980er-Jahren begann die sozialistische Tristesse wieder zu weichen. Quasi über Nacht wurden Milliardenbeträge in die Infrastruktur investiert, eine Sonderwirtschaftszone in Pudong lockte ausländische Investoren an. Ganze Viertel mussten modernsten Hochhäusern weichen. Fabriken, die unter Lärm und Gestank produziert hatten, wurden ausgelagert und machten Platz für Wohnquartiere und schöne Parks.

MARCO POLO TOP-HIGHLIGHTS

CHINESISCHE ALTSTADT ★1
In den engen Gassen der Altstadt scheint die Zeit stehen geblieben zu sein

BUND ★2
Am einen Ufer die kolonialen Prachtbauten, am anderen Ufer die Wolkenkratzer des modernen Shanghai: Der Boulevard am Huangpu-Fluss ist das Zentrum der Stadt
📷 *Tipp: Besonders schön fotografiert man ihn nachts von der Terrasse der Bar Rouge oder der Waipudu-Brücke*

JADEBUDDHATEMPEL ★3
Die lieblichen Jadebuddhas sind nur ein Teil der prunkvollen Ausstattung

YU-GARTEN 4

Gartenkunst mit Fels und Wasser, Wandelgängen und Pavillons, Zickzackbrücke und Drachenmauer: Hier schlägt das ruhige Herz der Altstadt

Tipp: Wie wäre es mit einem Foto durch eines der vielen seltsam geformten Fenster in den Wandelgängen?

SHANGHAI MUSEUM 5

Das beste Museum im Land setzt Chinas Kulturschätze eindrucksvoll in Szene

JIN MAO BUILDING 6

Die silberne Pagode ist immer noch der schönste Wolkenkratzer der Welt

Tipp: Vom Rondell vor der IFC-Mall aus bekommst du den Jin Mao in Kombination mit dem „Flaschenöffner" aufs Bild

SHANGHAI TOWER 7

Der elegante Turm zeigt die technischen Möglichkeiten der modernen Architektur und die überragenden Ambitionen der Stadt

Tipp: Vom Bund aus gesehen glitzert der Wolkenkratzer besonders schön in der Morgensonne

TIANZIFANG/TAIKANG LU 8

In den verwinkelten Gassen der ehemaligen französischen Konzession: schöne Dinge, kleine Lokale, nette Leute

WESTSEE 9

Der Stadtsee mitten in Hangzhou ist seit jeher berühmt für seine Schönheit und ist das Vorbild aller Landschaftsgärtner Chinas

LITERATENGÄRTEN 10

Große Natur im Kleinen – wohlhabende Gelehrte schufen in Suzhou die schönsten Privatgärten des Landes

BEST OF LOW-BUDGET

FÜR DEN KLEINEN GELDBEUTEL

GRATIS INS SUZHOU-MUSEUM
Das wunderbare Museum, von Stararchitekt Ieoh Ming Pei entworfen, verlangt kein Eintrittsgeld. Als ebenfalls kostenlose Zugabe gibt es eine moderne Adaption klassischer Gartenkunst, entspannt zu erleben von einem gläsernen Pavillon aus.

BESUCH DES MÄRTYRERPARKS
Der weitläufige Park ist den Opfern des Arbeiteraufstands von 1927 gewidmet, einem Meilenstein des Kommunismus in China. Das Memorial Museum dokumentiert Leben und Kampf der roten Revolutionäre.

GENUG VON SHANGHAIS MODERNE?
Das alte China ist bei einem Ausflug nach Qibao zu erleben, dem kleinen Wasserstädtchen, das dank der Metro kostengünstig und einfach zu erreichen ist. Bummle durch die Gassen mit ihren zweistöckigen Holzhäusern und überquere die drei Brücken über den Kanal, auf dem man auch Boot fahren kann.

KUNSTGENUSS IN DER M 50
Gucken kostet hier nichts: In der Kolonie der Galerien kann man sich einen ganzen Vormittag lang unterhalten, denn es gibt viele interessante Werke zu betrachten. Und immer ist jemand da, der Zeit hat für ein Gespräch über zeitgenössische Kunst in China.

INSEL GU SHAN IN HANGZHOU
Den Westsee kannst du vom Ufer aus sowieso gratis erleben, aber die Insel *Gu Shan* bietet noch mehr kostenloses Vergnügen: das Provinzmuseum, das klassische Anwesen der Siegelschnitzergesellschaft, den Sun-Yat-sen-Park und den Uferpavillon „Herbstmond überm stillen See".

BEST OF

TYPISCH

DAS ERLEBST DU NUR HIER

GLÜCK AUF!
Das hoch aufragende Jin Mao Building hat nicht umsonst genau 88 Stockwerke. Die Acht ist überaus beliebt, denn sie steht für Glück. Kein Wunder, dass auch der Shanghai Tower 128 Etagen zählt – eine Acht am Ende ist Pflicht! Die Vier hingegen bringt Unglück, daher kein vierter, kein 14. und kein 24. Stock in chinesischen Hotels.

DURCH DIE CHINESISCHE ALTSTADT
Schlendere abseits der Touristenpfade durch die kleinen Gassen. Grüß die alten Damen, die warm verpackt im Liegestuhl stricken, versuch ein Schwätzchen mit dem Altherrenclub: Die Freundlichkeit hier, das ist typisch *shanghainese*!

DRINK MIT PUDONG-PANORAMA
Am Bund sind die Cocktails zwar teuer, aber doch günstig verglichen mit denen in New York, Tokio und Paris. In der Bar Rouge gibt es den fantastischen Panoramablick auf die funkelnde Skyline von Pudong gratis dazu.

HANGZHOU: ÜBER DEN SU-DAMM BUMMELN
Was den Westsee so besonders macht, sind die Dämme, auf denen du ihn trockenen Fußes durchschreiten kannst. Der Su-Damm ist der längere von beiden – mehr Anstrengung heißt hier auch mehr Genuss.

SUZHOU: SICH IM LIU YUAN VERIRREN
Der verzwickteste der Gartenpaläste bietet mit seinen vielen großen und kleinen Innenhöfen die meisten Überraschungen – typisch für die raffinierte Suzhouer Gartenarchitektur. Ein bisschen Verwirrung liefert zum Sinnenkitzel eine schöne Prise Spannung.

DIE BESTEN INSIDER-TIPPS

Reisen mit Insider Tipps

STREETFOOD IN QIBAO
Knusprige Ente am Stiel, geröstete Schweineschwarten, süße Sesampfannkuchen und andere Delikatessen, die du noch nie gesehen hast: zu probieren im kleinen, restaurierten Altstadtviertel in Qibao.

IM PARK TANZEN
Im Fuxing-Park tanzen die Shanghaier auf dem Rasen – tanze einfach mit!

TEIGTÄSCHCHEN SCHLÜRFEN
Die Shanghaier Xiaolongbao sind mit Fleisch und Brühe gefüllt – extrem lecker und schwer zu essen.

BANANENBLATTMUSIK IM YU-GARTEN
Lausche bei Regenwetter dem Klang der Tropfen auf den großen Bananenblättern: Genau dazu wurden die Stauden ja angepflanzt, und zwar in Hörweite von Wandelgängen oder Pavillons, sodass man selbst im Trockenen bleibt.

DURCH DAS ALTE CHINA SCHWEBEN
Die Bootstour über die Kanäle von Suzhou ist eine wahre Zeitreise, manchmal sogar mit Gesang.

NEUE FÜSSE BEKOMMEN
Die chinesische Fußmassage ist nichts für Zimperliesen, aber dafür richtig wirksam.

KLASSISCH LAUSCHEN
Die Konzerte im Suzhouer Garten des Meisters der Netze sind legendär schön – chinesischer wird's nicht!

IM SCHNELLSTEN ZUG DER WELT
Die Magnetschwebebahn Maglev vom Flughafen Pudong beschleunigt auf rasante 430 km/h!

DAS SCHMECKT IN SHANGHAI

Unsere Empfehlung heute

Teigtäschchen

XIAOLONG BAO
Mit Schweine- oder Garnelenfleisch und Brühe gefüllte Teigtaschen

BAOZI
Dampfnudeln mit Fleischfüllung

JIAOZI
Gedämpfte Teigtäschchen gefüllt mit Fleisch und Frühlingszwiebeln

SHENGJIAN
Gebratene Teigtäschchen mit Essig-Dip

Hauptgerichte

HONGSHAO ROU
In Sojasoße geschmortes Schweinefleisch

BETTLERHUHN
Umhüllt von Lotosblättern und Lehm im Feuer gebacken

BABAO YA
Gebratene Ente, gefüllt mit den „acht Schätzen“ (z. B. Lotossamen, Datteln, Schinken, Hühnchenfleisch, Reis, grüne Bohnen)

SHIZI TOU
„Löwenköpfe“, Hackfleischbällchen in dunkler Soße

Meeresfrüchte & Fisch

DAZHA XIE
Wollhandkrabben aus dem Yangcheng-See

SONGSHU GUIYU
Süßsaurer Mandarinfisch mit Pinienkernen

HUANGYU MIAN
Nudelsuppe mit Störfleisch

Vegetarisch

CHOU DOUFU
„Stinktofu“, vergoren und frittiert

QINGCAI
Grünes Blattgemuse jeglicher Art mit Knoblauch

CONG YOUBING
Pfannkuchen mit Frühlingszwiebeln

JIECAI
Gebratene Senfkohlblätter

SINGAPUR

Chinatown

42

Singapur ist eine Stadt, die es Europäern leicht macht, sie zu erkunden, sich wohlzufühlen. Jeder spricht Englisch, das nahe Meer glitzert, Palmen und futuristische Stahlbäume ragen in den Himmel. Es gibt atemberaubende Museen, Spitzenrestaurants und geheime Imbissperlen. Zwei Kasinos warten darauf, dir einen aufregenden Abend im Spielerparadies zu bescheren. Gib dich einem Luxus hin, wie du ihn in Europa kaum finden wirst – von den schönsten Spas bis zu supermodernen Boutiquen.

CHECK

- ✓ Tropische Vielvölkerstadt
- ✓ Tempel & Wolkenkratzer
- ✓ Shopping 24/7
- ✓ Asia light
- ✓ Dem Äquator nah

ENTDECKE SINGAPUR

Wo die Natur zum Leuchten gebracht wird: Gardens by the Bay

„Shop around the clock" heißt das Gebot in Singapur, die Drinks unter Tropenbäumen sind wirklich verlockend, und, ja, der Stadtstaat wird recht streng geführt. Aus der Insel, die sich mit eiserner Disziplin von der verlotterten Hafenstadt über die Kolonialmetropole zum Zentrum Südostasiens hocharbeitete, ist eine Weltstadt geworden.

SICH DEM LUXUS HINGEBEN

Singapur kannst du problemlos auf eigene Faust erkunden. Jeder hier spricht Englisch, und jeder ist bemüht, Touristen gegenüber freundlich aufzutreten. Kein Wunder also, dass mehr als 18 Mio. Besucher alljährlich in das Tropenparadies kommen, allein 350 000 davon aus Deutschland, Tendenz steigend. Hier bieten die Hotels oft einen überschwenglichen Service, und Pagen helfen beim Koffertragen. Von 10 bis 22 Uhr klingeln in Singapur sieben Tage die Woche die Kassen der Shoppingmalls. Nicht nur Shopaholics geht das Herz über. Luxusgüter aus aller Welt, aber auch Überraschungen aus Asien auf allen Märkten – klar packt man da die Tüten voll.

ESSEN ALS LEBENSHALTUNG

Hast du nach dem ersten Erkunden der Stadt Hunger? Der Rentner im Feinrippunterhemd und die Geschäftsfrau im edlen Kostüm treffen sich mittags beim *hawker stall,* den Essmärkten, um die Ecke – der Platz dazwischen kann deiner sein. Denn die Liebe zum Essen vereint in dieser Stadt alle: Junge wie Alte, Reiche wie Arme, Chinesen, Malaien

und Inder. Gerne erklären dir deine Nachbarn am Nebentisch die teils exotisch wirkenden Gerichte: die indischen Currys, die brennend scharfe Chili Crab oder die Laksa, eine orange-rote Nudelsuppe, die schon dank der Kokosmilch nach Tropen schmeckt. Scheu braucht in Singapur keiner zu haben: Hier ist alles sauber und wird von den Behörden überprüft.

DER ANFANG WAR EIN KÜSTENDORF

Doch auch die Vergangenheit des so modernen Singapur fesselt und steckt voller Anekdoten – sie ist so aufregend wie ein Krimi, so bunt wie ein Märchen aus 1001 Nacht: Singa Pura, Löwenstadt, taufte ihr Entdecker, der indische Prinz Nila Utama, Ende des 13. Jh. dieses Küstendorf, nachdem ihm ein imposantes Wesen im dichten Tropenwald erschienen war, das er für einen Löwen hielt. „Singa" ist das Sanskrit-Wort für Löwe. Der Brite Sir Thomas Stamford Raffles, der im Januar 1819 dort landete, erkannte die strategische Lage des Ortes an der Malakka-Seestraße. Raffles kaufte die Insel für die britische East India Company. Indische Sträflinge rodeten den malariaverseuchten Dschungel, bauten Straßen und Kanäle. Chinesische Kulis schleppten Elfenbein und Gewürze, Tee, Seide, Edelhölzer und Opium, später auch Zinn und Kautschuk in die Lagerhäuser. 1911 lebten schon 250 000 Menschen in Singapur; sie gehörten 48 Ethnien an. Die meisten kamen aus dem Süden Chinas, viele aus Indonesien, Malaysia und Indien.

DER MERLION WACHT ÜBER ALLE

Für die britischen Kolonialherren war Singapur ein äußerst wichtiger Stützpunkt – von der Seeseite her uneinnehmbar für jeden Angreifer. Doch die Japaner, die während des Zweiten Weltkriegs Asien unter ihre Kontrolle zu bringen versuchten, benutzten bei ihrem Eroberungszug – Fahrräder! Sie radelten die Malaiische Halbinsel hinunter und eroberten das von dieser Seite ungeschützte Singapur am 15. Februar 1942. Die folgenden dreieinhalb Jahre bis zur Kapitulation am 21. August 1945 herrschten die japanischen Streitkräfte mit äußerster Brutalität. Danach kamen die Briten zurück, Singapur wurde Kronkolonie. Wahrzeichen der Stadt wurde das Fabeltier, das Prinz Nila Utama einst sah, der Merlion mit seinem Löwenhaupt über dem Fischschwanz. Als Standbild grüßt er dich heute auf Sentosa, an der Marina Bay und in jedem Souvenirladen. Nimm dir doch einen mit nach Hause – als Andenken an diese fantastische Metropole, den Schmelztiegel der asiatischen Kulturen.

MARCO POLO TOP-HIGHLIGHTS

MARINA BAY SANDS ★ 1
Die berühmteste Dachterrasse Asiens, der schönste Blick auf Singapur, Läden, Restaurants und ein Kasino

ASIAN CIVILISATIONS MUSEUM ★ 2
Kunst und Kulturen Asiens sind spannend ausgestellt in diesem Museum mitten im Kolonialviertel

BOTANISCHE GÄRTEN ★ 3
Singapur hat zwei: einen neuen, die Gardens by the Bay, und einen alten. Und keiner ist schöner als der andere.
Tipp: Am Symphony Lakee im alten Garten morens nach sieben machen Dutzende Singapurer Frühsport

ORCHARD ROAD ★ 4
Die größte Einkaufsmeile Südostasiens ist eine Herausforderung für Füße und Portemonnaie

NATIONAL GALLERY SINGAPORE ★ 5
In den geschichtsträchtigen Gebäuden zeigen die Kuratoren den über Jahre gesammelten Kosmos südostasiatischer Kunst.
Tipp: Stell dich auf den Rasenplatz des Padang und nimm das Goldene Vlies über dem Eingang ins Visier

RAFFLES HOTEL ★ 6
Ein Schmuckstück aus Singapurs kolonialer Vergangenheit, frisch renoviert
Tipp: Der Portier mit seinem Turban ist gern zu einem Foto bereit

CHINATOWN ⑦
Das Viertel ist eine Topattraktion Singapurs und sein Charme trotz Sanierung noch immer unwiderstehlich

RESORT WORLD SENTOSA ⑨
So viel freie Zeit hast du gar nicht, um all die Attraktionen der Freizeitinsel mitzunehmen

LITTLE INDIA ⑧
Ein kurzer Ausflug zu all den farbigen Seiten des Subkontinents – und das mitten im behüteten Singapur
Tipp: Farben satt rund um den Tekka-Markt, etwa an einem Stand mit kunstvollen Ketten aus Jasminblüten

TIERPARKS IN MANDAI ⑩
Fünf Wildtierreservate auf einem Gelände – preisgekrönt und mit viel Auslauf für Tiere – und Menschen. Nachts und tagsüber, zu Land, zu Wasser und in den Lüften – einfach fantastisch!

BEST OF LOW BUDGET

FÜR DEN KLEINEN GELDBEUTEL

FITNESS UMSONST
Singapurs Sportarten kann man testen – von Drachenbootfahren bis zum Wohlstandslauf, der persönlichen Reichtum bescheren soll. Das Singapore Sports Hub bietet, meist am Samstagmorgen, zweistündige, kostenlose Schnupperkurse.

DURSTLÖSCHER
Hast du Durst, frag im Restaurant ruhig nach *ice water*. Das saubere, eisgekühlte Trinkwasser wird im tropischen Stadtstaat fast immer gratis zum Essen gereicht.

ROCKEN FÜR LAU
Du brauchst keine Eintrittskarte für 100 Dollar. Auf der Rückseite der Konzerthalle Esplanade, direkt am Wasser, geben sich Singapurs Rockmusiker auf der Open-Air-Bühne an Wochenendabenden ein kostenloses Stelldichein.

BILLIG LAUFEN UND SCHAUEN
Sportschuhe, aber auch Brillen gibt es im Queensway Shopping Centre mit deutlichem Nachlass. Hier darf man nicht nur, hier muss man handeln. Eine tolle Atmosphäre!

BUBBLES & HEELS
Mittwoch ist in Singapur Ladies Night. Die meisten Bars und Clubs bieten Frauen dann kostenlose Drinks bei freiem Eintritt, nur die Männer müssen zahlen. Stichwort „Bubbles and Heels" eben – Champagner und hohe Absätze.

ES WERDE LICHT
Bei der kostenlosen Spectra Light and Watershow zeigt sich das moderne Singapur mit Lasershow zu Symphoniemusik auf seiner schönsten Freifläche, der künstlichen Marina Bay.

BEST OF

TYPISCH

DAS ERLEBST DU NUR HIER

TRAUTE EINTRACHT

Das gilt nicht nur für die Architektur – wo der hinduistische Sri Mariamman Temple vor Businesstürmen der City stets ein gutes Fotomotiv abgibt. Tolerant leben in Singapur Buddhisten, Moslems, Hindus und Christen nebeneinander.

ESSEN WIE DIE EINHEIMISCHEN

Lass die Sterne-Restaurants links liegen und iss in einem der vielen Imbisszentren, den *hawker.* Weil sie kaum Steuern und Miete zahlen, bieten sie beste Qualität für ein paar Dollar. Makansutra Gluttons Bay neben der Esplanade ist eins der besten.

ZOCKEN WIE DIE CHINESEN

Chinesen lieben das Glücksspiel. Du auch? Dann hinein in den Marina-Bay-Sands-Komplex, der Las-Vegas-Charme mit chinesischer Spielsucht verbindet.

MAMMUTBÄUME AUS STAHL

In den Gardens by the Bay stehen die *supertrees,* gigantische stählerne Mammutbäume, an denen exotische Pflanzen emporwachsen. Sie dienen übrigens als Abluftrohre für die mit Grünabfällen gefütterten Klimaanlagen.

SHOPPEN BIS IN DIE NACHT

Singapurer lieben das Einkaufen – oder das „Window-Shopping", beispielsweise auf der Orchard Road. Besuch aber auch die Händler in Chinatown oder Little India.

DIE KÜSTE ENTLANGSAUSEN

Ab aufs Rad: Erradle dir die geteerte Promenade der East Coast. Oder zirkle fast einmal um den ganzen Stadtstaat auf dem Park Connector. Entlang der Küstenpromenade gibt es Fahrrad- und Rollschuhverleihstationen.

DIE BESTEN INSIDER-TIPPS

NAH AM HIMMEL SCHWIMMEN
Die Stadt ganz unten, du ganz oben – planschen im höchsten Dachpool der Welt auf dem Marina Bay Sands Hotel.

KROKO-ALARM
Wer durch die Sungei Buloh Wetland Reserves wandert, blickt auch Krokodilen in die Augen.

NASE ZU UND RUNTER DAMIT!
Singapurs Stinkfrucht schmeckt besser, als sie aussieht. In Geylang findest du überall Straßenstände zum Probieren – du riechst sie eher, als dass du sie siehst.

SICH BEPINSELN LASSEN
In der trubeligen Little India Arcade malen dir Künstlerinnen Henna-Tattos auf Hände, Arme und Füße – zauberhaft vergänglich!

SINGAPORE SLING AUS DEM TURBOMIXER
Wer in der Long Bar des altehrwürdigen Raffles Hotel den traditionellen Singapore Sling ordert, steht nun vor einer spektakulären Shakermaschine.

GESCHÜTZT & GEKÜHLT
Gut behütet lassen sich unterm mobilen Dach des Singapore Sports Hub Sportereignisse verfolgen und Konzerte von Weltstars erleben. Das Schönste: Zu heiß wird es nie, die Sitze sind gekühlt!

BLÜTENPRACHT
Singapurs Nationalblume ist die Orchidee. Prominenten widmet Singapur eine eigene Züchtung. Im Orchideengarten des alten Botanischen Gartens wächst auch die Dendrobium Angela Merkel.

DAS SCHMECKT IN SINGAPUR

Unsere Empfehlung heute

Frühstück

KAYA TOAST MIT HALBGEKOCHTEN EIERN
das klassische Singapurer Frühstück mit Kaya, einer Marmelade aus Eiern, Kokosnussmilch und Zucker

Mittags & Abends

Vorpeisen

OTAK OTAK
im Bananenblatt gebackene Fischpastete

CHAI TOW KWAY/ FRIED CARROT CAKE
Reiskuchen mit Rettich, Knoblauch, Frühlingszwiebeln und süßer dunkler Sojasauce

Hauptgerichte

CHICKEN RICE
Singapurs Nationalgericht: zart gekochtes Huhn mit verschiedenen Saucen

FISH HEAD CURRY
Mischung aus südindischem Curry und einem Fischkopf, einer chinesischen Delikatesse

LAKSA
berühmte scharfe Suppe mit dicken gelben Nudeln, Huhn- oder Fischstückchen, Tamarinde, Tofuwürfeln und Kokosmilch

DIM SUM
im Spankörbchen gedämpfte Teigtaschen mit Fleisch-, Krabben- oder Gemüsefüllung

HOKKIEN MEE
gebratene gelbe Nudeln mit Schweinefleisch oder Tintenfisch und viel Gemüse

CHAR KWAY TEOW
gebratene, flache Nudeln mit süßer, dunkler Sojasauce, dazu chinesische Würstchen, Sojasprossen, Eier und Knoblauch

Desserts

ROJAK
tropischer Salat aus Gurke, Ananas, Mango, gegrilltem Tofu, Tamarindensaft, frittierten Teigstücken mit Garnelenpaste und gehackten Erdnüssen

PANDAN CAKE
Biskuitkuchen mit dem Saft von Pandanblättern

SYDNEY
Opera House

Kultur, Wolkenkratzer und Strände: Sydney ist für viele, Einheimische wie Besucher, die schönste Hafenstadt der Welt. Das weiße Muscheldach der Oper gleißt in der strahlenden Sonne vor den Palmen des botanischen Gartens. Segelboote und Fähren durchschneiden die blauen Wogen des Hafens mit dem stählernen Bogen der Hafenbrücke. Willkommen im Herzen der pulsierenden Fünf-Millionen-Stadt, einer lebhaften, multikulturellen Metropole und Hauptstadt des ältesten australischen Staates New South Wales.

CHECK

- ✓ Unverschämt schön
- ✓ Kunst der Aborigines
- ✓ Naturhafen & 30 Strände
- ✓ Auf die Harbour Bridge
- ✓ Land der Traumzeit

ENTDECKE SYDNEY

Tagsüber eindrucksvoll, nachts atemberaubend: Sydneys Skyline

Keine Stadt kann Besucherempfang so gut wie Sydney: Nach endlos langem Flug steigst du am Circular Quay aus Bahn oder Airport Shuttle, und da liegen sie vor dir: der wimmelnde Hafen, das markante Opernhaus und die Harbour Bridge, von den Einheimischen auch *coat hanger* (Kleiderbügel) genannt. Willkommen in Sydney!

KOSMOPOLITISCHE SCHÖNHEIT

Wie ein überdimensionaler Flickenteppich erstreckt sich Australiens bevölkerungsreichste Metropole rund um den Naturhafen über eine Fläche, die fast 14-mal so groß ist wie Berlin. Langweilig wird dir hier so schnell nicht: Man könnte Monate damit verbringen, die unzähligen hübschen Strandvororte zu entdecken, Museen zu erkunden, Märkte zu durchstöbern, prachtvolle Villen zu bewundern oder sich durch die gastronomischen Highlights zu kosten. Aber wer hat schon so viel Zeit? Konzentrier dich auf das, was du unbedingt sehen willst, und lass dir Zeit dabei, diese kosmopolitische Schönheitskönigin einfach auf dich wirken zu lassen!

WOHIN ZUERST?

Idealer Ausgangspunkt ist der Circular Quay an der Sydney Cove, wo sich Bahnhof und Busterminal befinden und die City-Fähren ablegen. Hier bist du mittendrin: vor dir die Oper, hinter dir die Harbour Bridge. Alle Fähren und City-Rail-Züge halten hier. Auto fahren in der Innenstadt ist nicht zu empfehlen. Und dennoch: Sydney ist eine Flächenstadt. Die Stadt zieht sich über 100 km an der Küste entlang und breitet sich fast 70 km in Richtung Inland aus. Der Nahverkehr ist gut ausgebaut, die wichtigsten Sehenswürdigkeiten außerhalb des

Zentrums erreichst du mit dem Explorer Big Bus Sydney.

DAS UNBEKANNTE SÜDLAND

Historisch betrachtet trat Australien und damit Sydney erst vor ganz kurzer Zeit ins Bewusstsein unserer westlichen Zivilisation. Noch bis zur Rückkehr von Captain James Cook von seiner ersten Südseereise 1771 war die „Terra Australis Incognita" – das unbekannte Südland – nichts als eine Vermutung. Man muss sich das mal vorstellen: In Europa hatte das Maschinenzeitalter begonnen und Astronomen konnten den exakten Abstand zwischen Sonne und Erde berechnen, aber die Existenz der weltgrößten Insel, einer Erdmasse mehr als 35-mal so groß wie Großbritannien, war uns irgendwie durchgegangen.

DAS LAND DER TRAUMZEIT

Während wir Europäer Australien als junges Land betrachten, ist es für die Ureinwohner alles andere als das. Die Aborigines lebten schon über 60 000 Jahre auf dem Kontinent, als Captain Cook hier vor Anker ging. Damit ist die Aboriginekultur die älteste fortwährend bestehende Kultur der Menschheit. In den Grundzügen ist der Glaube, die Lebensweise und die Spiritualität der Ureinwohner derart beständig, dass heutige Aborigines die in Form von Felsmalereien oder Versen übertragenen Botschaften ihrer Vorfahren mit einer Leichtigkeit zu interpretieren verstehen, als seien sie Kurznachrichten eines zeitgenössischen Cousins. Ihre tiefe Verbundenheit mit ihrem Land sorgte für eine Lebensweise, die über Jahrtausende hinweg im perfekten Einklang mit der Natur stand. In ihrer Mythologie ist jeder Mensch der Nachfahre eines Ahnenwesens aus der Schöpfungsgeschichte. Diese als *dreamtime* (Traumzeit) bezeichnete Phase wird in Form von Malereien und Liedern überliefert.

TYPISCH AUSSIE

Eine sehr liebenswerte Eigenschaft aus den Pioniertagen konnte in die Neuzeit hinübergerettet werden: Schier grenzenlos ist die Hilfsbereitschaft der Australier, ganz gleich ob bei einer Reifenpanne im Outback oder Orientierungsverlust in Sydney. Da werden Karten organisiert, Wege erklärt, und das alles mit einer Geduld und Freundlichkeit, über die Europäer nur staunen können. In solchen Momenten erfährt man, wie groß der Zusammenhalt noch immer ist und dass Solidarität zumindest innerhalb des weißen Australiens zu den Grundwerten gehört.

MARCO POLO TOP-HIGHLIGHTS

HARBOUR BRIDGE 1

Über Stahltreppen und Leitern aufs Wahrzeichen Sydneys. Für Generationen von Migranten das lang ersehnte Zeichen, dass ihre Reise ein Ende gefunden hat

OPERA HOUSE 2

Das muschelförmige Bauwerk am Hafen von Sydney ist ein Designwunder – und eines der Wahrzeichen von Downunder.

Tipp: Toll ist der Blick auf die Oper von der nördlichen Spitze des Domain (nahe Mrs Macquaire's Chair)

THE ROCKS 3

Die Rocks am westlichen Ende des Circular Quay sind der älteste Teil Sydneys. Historische Pubs, lebhafte Restaurants und tolle Shops

ROYAL BOTANIC GARDENS ④
Die botanischen Gärten von Sydney liegen an der schönsten Hafenbucht der Stadt
📷 *Tipp: Wenn die Fledermäuse in der Dämmerung erwachen, halte die Kamara parat*

SYDNEY TOWER EYE ⑤
Sydney besitzt eine Fläche von über 12 000 km^2. Ein Ausmaß, das kaum vorstellbar ist, es sei denn natürlich, du stehst auf der Aussichtsplattform des Sydney Tower Eye in 250 m Höhe

SEA LIFE SYDNEY AQUARIUM ⑥
In Plastiktunneln wanderst du durch den Ozean. Überwältigend: das künstliche Barrier Reef mit tropischen Fischen und klassischer Musik

DARLING HARBOUR ⑦
Sydneys Amüsierhafen mit Vergnügungen aller Art: Kasino, IMAX-Kino, Aquarium, Wildlife World sowie Madame Tussauds Wachsfigurenkabinett

AUSTRALIAN MUSEUM ⑧
Fleischfressende Riesenkängurus, Monsterwombats und mit messerscharfen Zähnen bewehrte Dinosaurier – Sydneys naturhistorisches Museum gibt dir auf engagierte und oft humorvolle Weise einen Einblick in die frühe Entstehungsgeschichte des australischen Kontinents

BONDI BEACH ⑨
Die über 30 Strände Sydneys ziehen sich fast 100 km die Küste entlang. Bondi Beach, der berühmteste, steht mittlerweile auf der National Heritage List

BLUE MOUNTAINS NATIONAL PARK ⑩
Die Wildnis vor den Toren Sydneys – endlose Wälder, steile Schluchten und heilige Stätten der Aborigines
📷 *Tipp: Zum Ozean hin fallen die Klippen jäh ab – spektakulär!*

BEST OF
LOW-BUDGET

FÜR DEN KLEINEN GELDBEUTEL

UREINWOHNERKUNST
Besuch unbedingt Yiribana, die größte Ausstellung der Aborigines weltweit. Der Eintritt ist frei, kostenlose Führungen auf Anfrage.

DEM GEWUSEL ENTFLIEHEN
Die Großstadt kannst du auch ohne Bus und Bahn hinter dir lassen – zu Fuß! Beispielsweise auf dem Federation Cliff Walk, einem 5 km langen Wanderweg entlang der Küste, von den östlichen Wohnvierteln Dover Heights vorbei an Sandsteinklippen bis zur Watson Bay.

TOUR IN DIE VERGANGENHEIT
Wer mehr über die Geschichte Australiens erfahren möchte: Täglich um 18 Uhr startet am Cadman's Cottage eine kostenlose, 90-minütige Tour durch die Rocks. Den Tour-Guide erkennst du am grünen T-Shirt.

GROSSER BLICK FÜR KLEINES GELD
Eine spektakuläre Aussicht auf Stadt, Hafen und Opernhaus gibt es auch vom Pylon Lookout. Du erreichst den Pfeiler von The Rocks aus.

AB IN DEN POOL
Sydney ist bekannt für seine schönen, ins Meer gebauten Pools, der älteste ist bereits über 200 Jahre alt. Spring doch mal in den Bronte Baths oder im Cronulla Rock Pool ins Wasser. Beide sind ohne Eintritt zu genießen.

IL BARETTO
Preisgünstig und doch sehr gut – das kommt bei den Sydneysidern an, weswegen hier zu allen Tageszeiten enormer Betrieb herrscht. Serviert werden Spezialitäten aus Norditalien, aber auch Pasta und Pizzen.

BEST OF

TYPISCH

DAS ERLEBST DU NUR HIER

JUSTICE & POLICE MUSEUM
Ein bisschen Grusel gefällig? Dann statte dem Museum rund um Sydneys Gangster und Ganoven im ehemaligen Gebäude der Wasserpolizei einen Besuch ab.

FRISCH AUS DEM WASSER
Wenn du Meeresfrüchte magst, versäum nicht, zum Sydney Fish Market zu gehen, und genieß mit frischen Garnelen und Austern einen delikaten Lunch am Wasser.

PADDELN DURCH DEN HAFEN
Genieß Sydney Harbour vom Kajak aus. Sydney Harbour Kayaks nimmt dich mit auf eine geführte Kajaktour in einer kleinen Gruppe. Der Blick vom Wasser auf Opernhaus und Harbour Bridge ist einfach sensationell!

AUSTRALISCHE GRILLPARTY
Klar, ein Aussie-BBQ im Garten guter Freunde ist das Größte. Aber gleich danach kommt Phillip's Foote: Im Hinterhof des alten Pubs grillst du dir dein Steak selbst, dazu gibt's leckere Beilagen von der Salattheke und frisch Gezapftes.

ERSTAUNLICH
1874 – die Sträflingstransporte liegen gerade mal 30 Jahre zurück und Sydney hat nur 200 000 Einwohner – eröffnet mittendrin eine respektable Kunstgalerie, bis heute eine der größten Australiens: Art Gallery of New South Wales.

THE STAR
Spielhöllen genießen in Australien einen hohen Stellenwert – mit beeindruckenden Auswirkungen. Die werden dir spätestens dann klar, wenn du vor dem funkelnden Eingang des Star-Kasinos mit seiner Shoppingmeile stehst.

DIE BESTEN INSIDER-TIPPS

SAMSTAG IST MARKTTAG

Bei der St John's Church in Paddington findet samstags der populärste Markt der Stadt statt: regionale Produkte und schöne Mitbringsel einheimischer Kunsthandwerker.

BESTEIGE DIE HARBOUR BRIDGE

Der Bridge Climb auf die Harbour Bridge ist teuer, aber ein Erlebnis, das du nicht vergessen wirst. Vorbuchen!

WANDERN DURCH DEN BUSCH

Bekannte *bushwalks* sind bei Sydney der Coast Track durch den Royal National Park, den viele tolle Wanderwege durchziehen. Die meisten davon sind gut ausgeschildert.

WO TOURISTEN SIND, GIBT'S ESSEN

Am Darling Harbour und Circular Quay dürfte dir kaum lange der Magen knurren, denn hier reiht sich ein Lokal ans andere. Günstiger wird man in Kings Cross oder in den Vororten Glebe, Newtown oder Surry Hills satt.

KICK IN SCHWINDELNDER HÖHE

Den gibt's auf dem Skywalk, einem rund 45-minütigen Rundgang um den Sidney Tower Eye herum – im Freien und auf teilweise gläsernem Untergrund.

SCHRILLE MODE ...

... bekommst du vor allem an der King Street in Newtown und auf der Glebe Point Road im Studentenviertel Glebe.

TARONGA ZOO

Brauchen Giraffen diese atemberaubende Aussicht? Vermutlich nicht, sie sorgt aber zweifellos für spektakuläre Bilder: Giraffenhälse im Vorder-, Oper im Hintergrund.

DAS SCHMECKT IN SYDNEY

Unsere Empfehlung heute

Vorspeisen

BARBECUED PRAWNS
Marinierte gegrillte Riesenkrabben

CRAB SALAD
Gekochte Krabben auf frischem Salat

GARLIC BREAD
Frisches Sauerteigbrot in Knoblauchrahm

Hauptgerichte

BARRAMUNDI FILLETS WITH MACADAMIANUTS
Mit gehackten Macadamianüssen panierter Barramundi, dazu Salat

KANGAROOBURGER WITH BEETROOT
Kängurufleisch im Hamburgerbrötchen mit Roter Bete

LEG OF LAMB WITH ROASTED VEGIES
Mit Knoblauch, Rosmarin und Honig gewürzte Lammkeule aus dem Ofen und Gemüse

CROCODILE PIZZA
wahlweise auch mit Känguru- oder Emufleisch

Desserts

PAVLOVA
Eiweißmeringue mit frischer Sahne und Beeren, Pfirsichen, Kiwis und Passionsfrüchten

LAMINGTON
Weicher Biskuitkuchen in Schokolade gewendet und mit Kokosflocken besprenkelt

ANZAC BISCUIT
Haferkeks mit Zuckerrübensirup

TIM TAM
Australiens beliebtester Schokokeks

Getränke

CRAFT BEER
Ein frisch Gebrautes aus einer *microbrewery*

SAUVIGNON BLANC
Aus dem Hunter Valley

SHIRAZ
Aus dem Barossa Valley

FLAT WHITE
Espresso mit heißer, ungeschäumter Milch

TOKIO

Eingang zum Asakusa-Kannon-Tempel

44

Was Paris für Frankreich ist, ist Tokio für Japan. Dort konzentrieren sich Kultur und Business. Die Millionenstadt ist unglaublich vielseitig, jedes Viertel ist anders und super angebunden durch das wohl beste Bahnsystem der Welt. Es gibt keine No-go-Areas, die Stadt ist sicher und sauber. Und sie ist der perfekte Ausgangspunkt für Ausflüge. Eine Stunde Fahrt, und du bist im Skigebiet, mit der Nachtfähre kommst du auf die Inseln südlich von Tokio, zwei Stunden brauchst du in die Berge von Nikko zu einer der schönsten Tempelanlagen Japans.

CHECK

- ✓ **Uralt und doch modern**
- ✓ **Tempel, Klöster, Schreine**
- ✓ **Holzhaus unter Hochhaus**
- ✓ **Kabukiza-Theater**
- ✓ **Manga & Anime**

ENTDECKE TOKIO

Wie sieht Tokio aus? Schwarz-weiß und bunt, wie hier im quirligen Zentrum

An einem Schrein im Tokioter Geschäftsviertel Toranomon ziehen Gläubige an farbigen Bändern. Eine Glocke ertönt. Dann werfen die Schreinbesucher, darunter auch Geschäftsleute in dunklen Anzügen und Kostümen, eine Münze in eine hölzerne Box, klatschen in die Hände, verbeugen sich, klatschen wieder. Wo früher Bäume und kleine Holzhäuser standen, ragt heute neben dem Heiligtum einer der unzähligen Bürotürme aus Glas und Stahl auf. Alt und Neu eng beisammen und miteinander verwoben, das ist typisch Tokio, typisch Japan.

WOLKENKRATZER UND HOLZHÄUSER

Vom Tokioter Wahrzeichen, dem 634 m hohen Tokyo Skytree, sieht die japanische Hauptstadt aus wie ein endloses, uniformes Häusermeer, das sich nach allen Seiten erstreckt, nur begrenzt vom Pazifik und Bergketten in der Ferne. Riesige Türme aus Beton, Glas und Metall, ein Lichtermeer aus Werbetafeln mit blinkenden Schriftzeichen, zwitschernde Ampeln, sprechende Aufzüge und Verkäufer mit Megafonen – all das ist Tokio. Dann wiederum landest du in einem Viertel, das dir vorkommt wie eine historische Filmkulisse. Dort reihen sich niedrige Holzhäuschen mit lackierten Dachziegeln aneinander, daneben steht ein kleiner Tempel, ums Eck ein Shinto-Schrein. In dieser fast dörflichen Idylle kannst du kaum glauben, dass in der Innenstadt 9 Mio. Menschen leben, im Großraum Tokio 12 Mio. und in der gesamten Megalopole 36 Mio. Menschen. In wieder einem anderen Stadtteil packt dich der Shoppingwahn, weil du von einer coolen Boutique zur nächsten stiefelst, auf der Suche nach dem nächsten hippen Teil. Es gibt so viele Tokios – finde deins!

Dem Klischee nach sind japanische Wohnungen winzig. Fährst du jedoch aufs Land, siehst du dort riesige Bauernhäuser aus Holz und mit schweren Ziegeldächern, in denen mehrere Generationen Platz haben. Allerdings ist der typische Wohnraum in Tokio deutlich kleiner. „Tokio ist so hektisch, da sind so viele Leute!", sagen Japans Provinzbewohner, die ihrerseits in kleinen Siedlungen und eingeschworenen Gemeinschaften leben (denn Reisanbau ist Teamarbeit!) und Landwirtschaft oder Fischfang betreiben. Während auf dem Land viele das essen, was sie im eigenen Garten anbauen, gehen die Städter oft auswärts essen oder holen sich Fertiggerichte aus rund um die Uhr geöffneten Convenience Stores.

ANBANDELN SCHWER GEMACHT

Das Heer der *salarymen* und zunehmend auch *salarywomen,* wie in Japan Angestellte genannt werden, dominiert das Straßenbild Tokios. Dunkle Anzüge mit Hemd und Krawatte sind für Männer Pflicht – außer im schwülen Sommer zur *cool biz*-Zeit –, für Frauen heißt der Dresscode Kostüm und High Heels. Sich ohne professionell manikürte Fingernägel oder gar ohne Make-up ins Büro zu wagen gilt als Fauxpas. So schick alle aussehen, so wenig Effekt scheint das auf das andere Geschlecht zu haben. Die Eheschließungen gehen zurück und das Heiratsalter ist inzwischen wie in Europa auf über 30 gestiegen. Vor allem auf den Dörfern herrscht Frauenmangel. Was beim Anbandeln auch nicht hilft, sind extrem lange Arbeitszeiten bis in die Nacht. Hinzu kommen Pendelzeiten von einer Stunde und mehr.

JÜNGER UND WEIBLICHER

Die Politik will Japan, das bereits jetzt eine *super-aging society* ist, wieder verjüngen. Sie versucht Anreize für Familien zu geben, finanziell und durch mehr Kinderbetreuung. Außerdem appelliert sie an die Wirtschaft, Frauen mehr zu fördern – schließlich werden ja Arbeitskräfte gebraucht, und Immigration ist für Japan, das sich als homogen betrachtet, ein heikles Thema. Seit dem Zweiten Weltkrieg beherrschen die konservativen Liberaldemokraten die Politik, deren Orientierung sich in den vergangenen Jahren unter Premierminister Shinzo Abe zunehmend nach rechts verlagert hat. Und was ist nun mit den Geishas, Ninjas und Samurai, mit Cosplay, Maid-Cafés und Pokémon? Auch dieses Japan gibt es. Freu dich jeden Tag über neue Entdeckungen und Überraschungen und fang schon mal an zu sparen: Wen der Japan-Virus einmal gepackt hat, der wird ihn so schnell nicht mehr los.

MARCO POLO TOP-HIGHLIGHTS

TOKYO SKYTREE ★1
Vom zweithöchsten Gebäude der Welt siehst du über ganz Tokio und – an klaren Tagen – bis zum Fuji

KAISERPALAST ★2
Am besten siehst du den Kaiserpalast im Laufschritt, auf einer 5 km langen Route rund um die 110 000 m² große, von Wassergräben umgebene Residenz

MEIJI-SCHREIN & YOYOGI-PARK ★3
Der eine Teil einer riesigen Grünfläche im Westen Tokios gilt der Spiritualität, der andere dem Spaß
📷 *Tipp: Vor dem Meiji-Schrein stehen Anfang Januar zu den ersten Gebeten des Jahres Millionen Menschen an*

ASAKUSA-KANNON-TEMPEL & ASAKUSA-JINJA-SCHREIN ★4
Im Viertel Asakusa pocht noch das Herz der alten Edo-Hauptstadt. Immer der Nase nach zum berühmtesten Tempel Tokios, dem Senso-ji

MORI BUILDING DIGITAL ART MUSEUM ★5
Digitale, interaktive Kunst mit Licht-Animationen, bei denen du selbst kreativ werden kannst
📷 *Tipp: Je aktiver du bist, desto cooler werden deine Fotos. Berühre, was du siehst! Elefanten werden zu Blumen, Schriftzeichen lösen Regen und Blitz aus*

EDO-TOKYO-MUSEUM 6

Geschichtsmuseum klingt langweilig? Von wegen. Im raumschiffartigen Gebäude schlenderst du durch die Nachbauten der Gassen von Edo, wie Tokio zur Zeit der Samurai hieß

GINZA 7

Auf Tokios Luxuseinkaufsmeile versammeln sich die Marken von Welt. Auch Architekturfans kommen auf ihre Kosten

Tipp: Beste Fotomotive sind das Geschäft der japanischen Perlenmarke Mikimoto von Toyo Ito und das Glasquadergebäude, in dem Hermès sitzt, von Renzo Piano

FISCHMARKT 8

Morgenstund hat Fisch im Mund am größten Fischmarkt der Welt

Tipp: Komm morgens schon um 5.30 Uhr, dann beginnt die Thunfischauktion

ODAIBA 9

Schon für die Fahrt lohnt sich der Ausflug zur vorgelagerten Insel Odaiba. Der Blick auf die Bucht und den Tokyo Tower – eine Kopie des Pariser Eiffelturms – ist klasse, vor allem nachts!

FUJI 10

Einmal Japans Wahrzeichen sehen – wenn du Glück hast, siehst du den schneebedeckten Berg vom Flugzeug oder vom Shinkansen-Schnellzug Richtung Kyoto aus

BEST OF LOW BUDGET

FÜR DEN KLEINEN GELDBEUTEL

BESTAUN BLÜTEN FÜR LAU
Ob zur Kirschblüte oder zum *people watching* – im weitläufigen Ueno-Park mit seinen Museen, Cafés und Tempeln bist du immer richtig. Im Sommer, wenn der Shinobazu-Teich an der Südseite des Parks sich mit riesigen Lotusblättern und zartrosa Blüten füllt, ist ein Fotostopp dort Pflicht.

GÜNSTIGER SCHLEMMEN
Abends setzen viele Kaufhäuser und Supermärkte in den Abteilungen für frisch zubereitete Gerichte die Preise um bis zu 50 Prozent herunter. Deck dich dort mit einer Bento-Box ein und genieß dann im Freien dein Picknick.

SHOPPEN FÜR 100 YEN
Vor einer Japanreise kann die Wunschliste von Familie und Freunden schon mal länger werden. Günstig fündig – und qualitativ für den Preis in Ordnung – wirst du in den 100-Yen-Läden. Für rund 80 Cent pro Stück, in Ausnahmefällen auch etwas mehr, bekommst du dort alles: Stäbchen, Schälchen, Snacks – und selbst Dinge, von denen du nie geahnt hättest, dass du sie mal brauchen würdest.

AUSBLICKE IN SHINJUKU
Im Wolkenkratzerviertel ragt das Tokyo Metropolitan Building 243 m in die Höhe. Es ist nicht wirklich schön, aber imposant – und eine kostenlose Option, das Tokioter Häusermeer vom 45. Stock zu bestaunen.

IN HARAJUKU
Das modisch abgefahrene, stylische Tokio der Teens mit ausgeflippten Klamotten- und günstigen Fastfood-Läden findest du rund um die Straße Takeshita-dori in Harajuku.

BEST OF TYPISCH

DAS ERLEBST DU NUR HIER

GLÜCKSBRINGER
Glück hat man in Japan nicht, man kauft es – oder versucht es zumindest. An Tempeln und Schreinen kannst du Holzboxen schütteln, aus ihnen ein Stäbchen mit einer Nummer ziehen und den dazu passenden Orakelzettel *(omikuji)* lesen, teils auf Englisch. Ist die Voraussage erfreulich, wird der Zettel als Glücksbringer eingesteckt.

ALLES, WAS DAS MANGA-HERZ BEGEHRT
Wer Manga, Anime, Cosplay und elektronische Gadgets mag, ist im Viertel Akihabara richtig. Am Sonntagnachmittag wird die Hauptstraße Chuo-dori westlich vom Bahnhof zur Fußgängerzone.

KABUKIZA-THEATER
Männer in Frauenrollen mit geschminkten Gesichtern in prächtigen Kimonos, Musik auf japanischen Instrumenten, Geschichten zwischen Komik und Drama – das ist die alte japanische Theaterform Kabuki.

WASHI-PAPIER
Japan ist berühmt für handgeschöpftes *washi*-Papier – in dem traditionsreichen Geschäft Kyukyudo merkst du schnell, warum. Das Papier ist wunderschön, verziert mit Ornamenten, handbemalt. Im Obergeschoss gibt's Pinsel und Tuschsteine sowie Räucherstäbchen.

SUMIDA-HOKUSAI-MUSEUM
Der Neuzugang in der Tokioter Museumslandschaft spaltet mit seinem futuristischen Design aus Metall die Gemüter. Aber unbestritten ist: Der wohl berühmteste Holzschnittkünstler Katsushika Hokusai hatte ein feines Auge, eine ruhige Hand und einen guten Humor.

DIE BESTEN INSIDER-TIPPS

Reisen mit Insider Tipps

ESSEN NACH PLASTIKFAKES

In Japan zu reisen und gut zu essen, ohne die Landessprache zu sprechen, ist überraschend einfach. Denn viele Lokale stellen ihre Gerichte nachgemacht aus Plastik ins Schaufenster. Einfach draufzeigen – fertig!

WELLNESS AUF JAPANISCH

Nach einem entspannenden Bad kannst du im Oedo Onsen Monogatari im japanischen Baumwoll-Kimono durch eine Edo-Zeit-Kulisse flanieren und dich an Essständen durchprobieren. Etwas kitschig, aber sehr erholsam.

ERKENNUNGSZEICHEN: ROTER PAPIERSCHIRM

Im Studentenviertel bei der Keio-Universität gelegen, ist die beliebte Kneipe Manmaya in einem alten Holzhaus gut an einem roten Papierschirm am Eingang erkennbar.

WOHIN ZUM FEIERN?

Clubs zum Tanzen findest du in Shibuya und Roppongi, Bars mit Livemusik und Kleinkunsttheater in Shimokitazawa, Theater und Konzerthallen vor allem in Ginza und Shinjuku.

COOL KURATIERTE KUNST

Lass dir auf keinen Fall die hervorragend konzipierten Ausstellungen im Museum 21_21 Design Sight im Midtown-Garten entgehen.

WASSERSPORT VOR MEGAKULISSE

Strände gibt es in Tokio kaum. Eine der wenigen Ausnahmen: Auf Odaiba kannst du am Ehukai-Strand surfen und Stand-up-Paddling und Sea Kayaking probieren.

DAS SCHMECKT IN TOKIO

Unsere Empfehlung heute

Streetfood

SOBA/RAMEN/UDON
Suppe mit Buchweizen-, dünnen oder dicken Weizennudeln, getoppt mit Gemüse, Fleisch und Fisch

TAKOYAKI
Mit Oktopus gefüllte, gebratene Teigbällchen

Vegetarisches

GEMÜSETEMPURA
Im Teigmantel frittiertes Gemüse, mit Salz oder leichter Dip-Sauce

DENGAKU-DOFU
Tofu, gegrillt und mit Misopaste bestrichen

NABE
Gemüse und Tofu, in Suppensud kurz gekocht und in Sesam- oder *ponzu*-Sauce (Zitrus-Sojasauce) gedippt

Fleischgerichte

SHABUSHABU
Feuertopfgericht mit hauchdünn geschnittenem Fleisch und Gemüse, gegart in Seetangsud

OKONOMIYAKI
Herzhafte dicke Pfannkuchen, auf der heißen Platte gebraten, gefüllt nach Geschmack, etwa mit Schweinefleisch, Shrimps, Käse und Frühlingszwiebeln

YAKITORI
Mit Salz oder Sojasauce gegrillte Hühnerspieße

Fisch & Meeresfrüchte

KATSUO NO TATAKI
Bonito-Thunfisch, außen scharf angebraten, innen noch roh, serviert mit Frühlingszwiebeln, Ingwer und Knoblauch und pikant gewürzt mit Sojasauce, Essig und Zitrone

HOTATE NO BATAYAKI
In Butter gebratene Jakobsmuscheln

Dessert

KUZUKIRI
glasartige Nudeln aus der bohnenähnlichen Kuzuwurzel, serviert mit braunem Zuckersirup

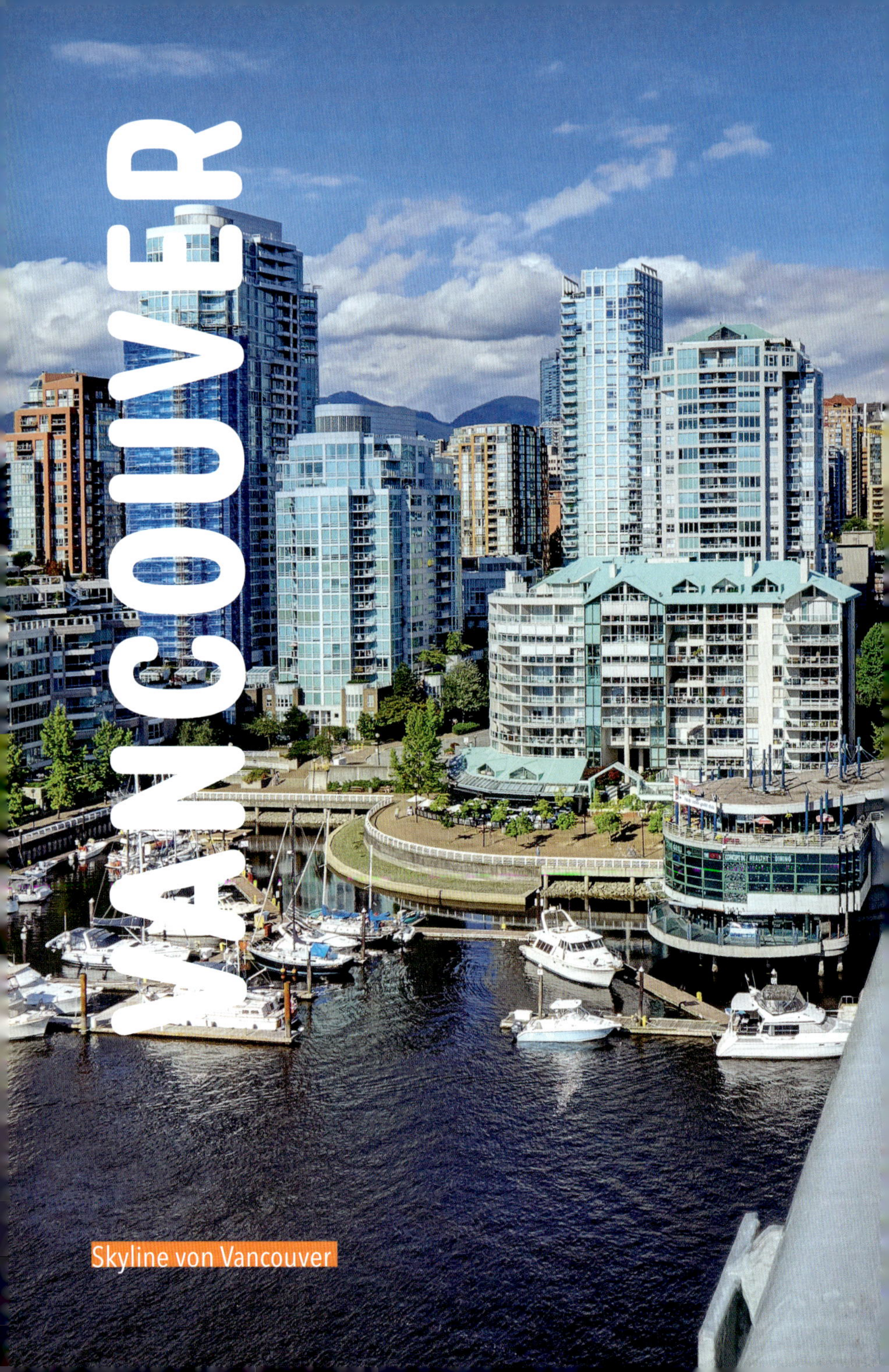

Skyline von Vancouver

Jung und lebensfroh gibt sich Vancouver, mit hinreißendem Charme und lässigem Flair in einem Mix aus Europa und Asien, eine dynamische Metropole vor einer dramatischen Kulisse tiefgrüner Berge im breiten Flussdelta des Fraser River, mit restaurierten viktorianischen Häusern, weitläufigen Parks, Stränden und viel unberührter Natur im Umland. Mit rund 2,5 Mio. Einwohnern im Ballungsraum ist Vancouver heute die größte Stadt der Westküste Kanadas und das wichtigste Wirtschaftszentrum am Pazifik.

CHECK

- ✓ **Juwel der Westcoast**
- ✓ **Quicklebendig & jung**
- ✓ **Meerumschlungen**
- ✓ **Kunst der First Nations**
- ✓ **Hafenviertel neu belebt**

ENTDECKE VANCOUVER

Uferweg zum Promenieren und Radfahren: Stanley Park

Auf einer Halbinsel vor der atemberaubenden Kulisse der Coast Mountains gelegen, besitzt Vancouver eine einzigartige Ausstrahlung. In den letzten Jahren wurden hier so viele Filme gedreht, dass die Stadt mittlerweile den Spitznamen „Hollywood North" bekam. Stars wie Nicolas Cage, Lucy Hale oder Liam Neeson zu begegnen ist hier keine Seltenheit. Drei Universitäten, Museen und Theater machen die Stadt zudem zum kulturellen Nabel Westkanadas.

MIT DER EISENBAHN KAM LEBEN INS HOLZFÄLLERCAMP

Dabei gab es hier nur gewaltige Douglasienwälder, als Captain George Vancouver 1792 die Mündung des Fraser River in den Pazifik entdeckte – und gleich wieder weitersegelte. Erst um 1860 entstand ein kleines Holzfällercamp am Ufer des Burrard Inlet. Als dann 1886 der Endbahnhof der transkontinentalen Eisenbahn hier gebaut wurde, war das Wachstum der Stadt nicht mehr zu stoppen. Heute ist Vancouver eine lebenswerte, naturnahe Metropole, eine Oase feiner Stadtkultur inmitten der Wildnis Westkanadas.

EINE GANZE STADT IM PUCK-FIEBER

Wenn du die Stadt für dich haben willst, dann komm in den Wintermonaten an einem Samstag. Dann ist „Hockey Night in Canada", und die ganze Nation sitzt vor dem Fernseher oder in den Sportbars, fiebert bei den Spielen der National Hockey League (NHL) mit – und lacht über die wunderbar schrillen Anzüge des legendären Kommentators Don Cherry. Angeblich spielten schon die Seeleute, die mit dem englischen Entdecker John Franklin Anfang des

19. Jh. unterwegs waren, Hockey auf dem Packeis, ein Vorläufer des heute beliebtesten Sports Kanadas. Wenn die heimischen Teams bei den *play-offs* für den berühmten Stanley Cup mitspielen, dann gerät das ganze Land in den Hockeyrausch. Die besten Teams des Westens sind die Vancouver Canucks, die Calgary Flames und die Edmonton Oilers.

FIRST NATIONS – DIE UREINWOHNER KANADAS

Nicht Indianer und Eskimos – die Nachfahren der Ureinwohner Kanadas heißen heute politisch korrekt First Nations. Damit wollen die Kanadier anerkennen, dass die 617 Stämme des Landes lange vor den Weißen da waren. Ihre Vorfahren kamen vor vermutlich 20 000–15 000 Jahren über die Beringstraße nach Nordamerika. Im Lauf der Jahrtausende entwickelten sich eigenständige Kulturgruppen, wobei im Norden vor allem halbnomadische Jägervölker lebten. Die Stämme der Plains-Kultur in den Prärien des heutigen Alberta folgten den großen Büffelherden, während das reiche Nahrungsangebot an der Westküste den Kwakiutl und Haida genügend Muße ließ, zu kunstfertigen Holzschnitzern zu werden. Das UBC Museum of Anthropology ist eines der führenden Museen für die Kultur der First Nations im pazifischen Nordwesten. Das Museum besitzt auch die weltweit größte Sammlung von Werken des Haida-Künstlers Bill Reid, darunter die berühmte Skulptur „The Raven and the First Men". Es zeigt, wie nach dem Glauben seines Volks der Rabe die ersten Menschen in einer Muschelschale am Strand fand. Viele Jahre lang war dieses Werk auf dem kanadischen 20-Dollar-Schein abgebildet.

PROTZ IN HOLZ: TOTEMPFÄHLE

Mit schauerlichen Fratzen und mythischen Tierfiguren versehen stehen Totempfähle vor Regierungsgebäuden und Museen, kitschige Nachbildungen in Plastik zieren die Souvenirläden. Die Pfähle sind zu einem Symbol der indianischen Kultur schlechthin geworden. Ursprünglich gab es diese Schnitzkunst jedoch nur im Kulturkreis der Nordwestküsten-Indianer zwischen Vancouver Island und Südostalaska. Die *totem pole*s waren Prestigesymbole, mit denen eine Sippe oder ein Häuptling Macht und Reichtum zeigte. Nachdem um 1920 das angeblich „heidnische Schnitzwerk" von Regierung und Missionaren verboten worden war, lebt die alte Kunst heute wieder auf. Einige der schönsten Original-Pfähle stehen im Stanley Park.

MARCO POLO TOP-HIGHLIGHTS

UBC ANTHROPOLOGY MUSEUM ★1
Der eigenwillige Museumsbau von Arthur Erickson birgt eine großartige Sammlung von Kunst der First Nations
📷 *Tipp: Nimm die eindrucksvolle, zwei Meter große Skulptur von Bill Reid ins Visier – kanadische Kultur pur!*

CANADA PLACE ★2
Glitzerndes Wasser, grüne Berge, Jachten und startende Wasserflugzeuge: Die Promenade vom Kreuzfahrtpier nach Westen punktet mit fabelhaften Ausblicken

VANCOUVER AQUARIUM ★3
Das große Aquarium im Inneren des Stanley Park lockt mit superputzigen Seeottern und 50 000 Fischen

GRANVILLE ISLAND ★4
Schön zum Bummeln: ein restauriertes Hafenviertel mit Hausbooten und Straßenkünstlern

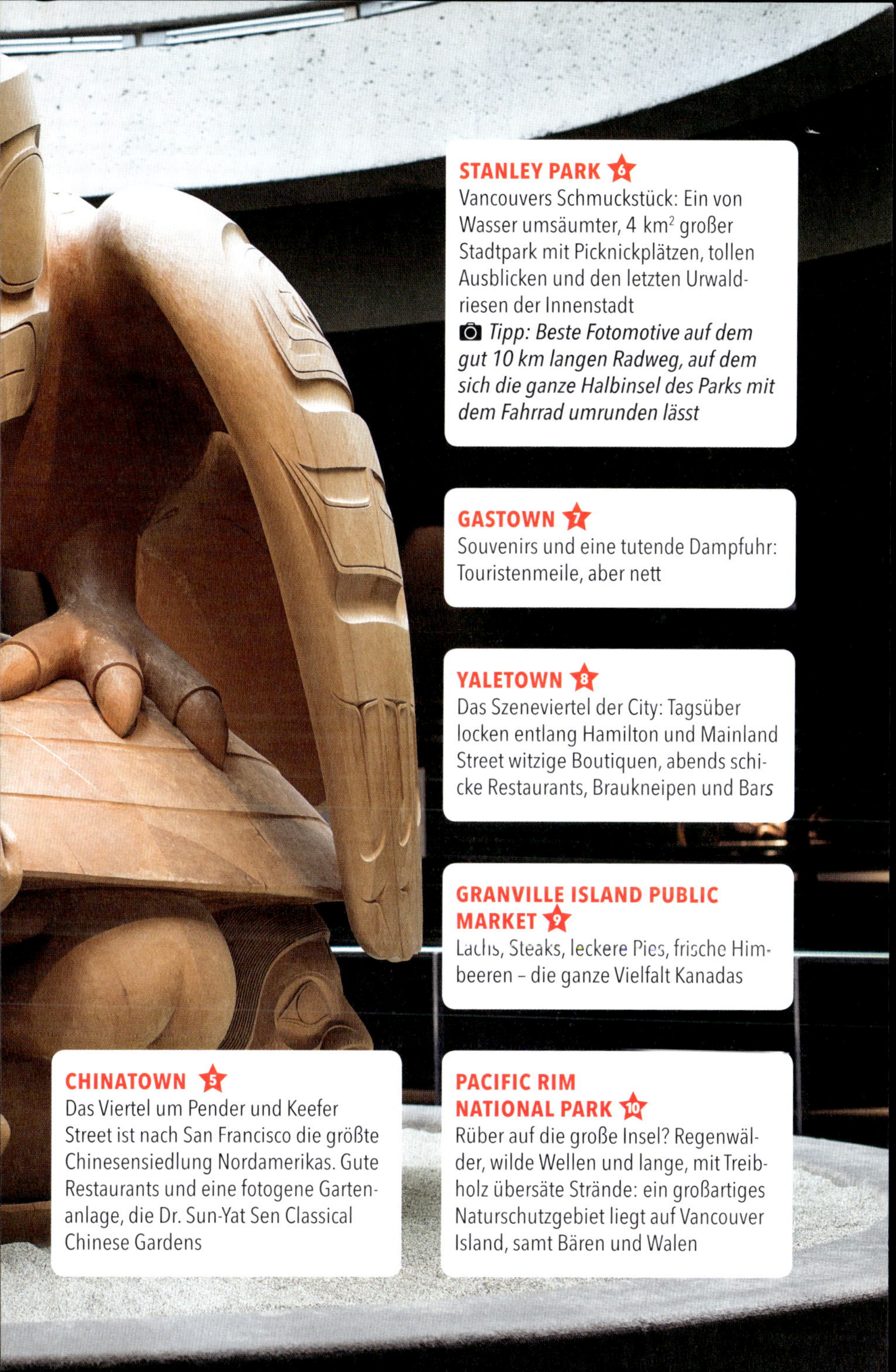

CHINATOWN 5
Das Viertel um Pender und Keefer Street ist nach San Francisco die größte Chinesensiedlung Nordamerikas. Gute Restaurants und eine fotogene Gartenanlage, die Dr. Sun-Yat Sen Classical Chinese Gardens

STANLEY PARK 6
Vancouvers Schmuckstück: Ein von Wasser umsäumter, 4 km² großer Stadtpark mit Picknickplätzen, tollen Ausblicken und den letzten Urwaldriesen der Innenstadt
Tipp: Beste Fotomotive auf dem gut 10 km langen Radweg, auf dem sich die ganze Halbinsel des Parks mit dem Fahrrad umrunden lässt

GASTOWN 7
Souvenirs und eine tutende Dampfuhr: Touristenmeile, aber nett

YALETOWN 8
Das Szeneviertel der City: Tagsüber locken entlang Hamilton und Mainland Street witzige Boutiquen, abends schicke Restaurants, Braukneipen und Bars

GRANVILLE ISLAND PUBLIC MARKET 9
Lachs, Steaks, leckere Pies, frische Himbeeren – die ganze Vielfalt Kanadas

PACIFIC RIM NATIONAL PARK 10
Rüber auf die große Insel? Regenwälder, wilde Wellen und lange, mit Treibholz übersäte Strände: ein großartiges Naturschutzgebiet liegt auf Vancouver Island, samt Bären und Walen

BEST OF
LOW BUDGET
FÜR DEN KLEINEN GELDBEUTEL

ERST ÜBERS WASSER SHIPPERN, DANN SHOPPEN
Für nur gut 4 $ und mit schönem Ausblick auf die City geht es nach North Vancouver mit den kleinen Fähren des SeaBus. Dort lockt der Lonsdale Quay Market mit seinen bunten Marktständen und originelle Läden.

MODERNE KUNST FÜR LAU
Die Kunstgalerien von Vancouver haben ständig ausgezeichnete moderne Kunst in ihren Ausstellungen. Viele von ihnen sind kostenlos zu besichtigen und liegen in der South Granville Street, auch bekannt als „Gallery Row".

GÜNSTIG INS KONZERT
Karten für Konzert-, Theater- und auch Sportereignisse erhält man bei Tickets Tonight im Vancouver Tourist Info Centre. Tickets für denselben Abend meist zum halben Preis.

NACHTS AUF DEM CHINA-MARKT
Für wenig Geld lohnt sich ein Besuch des chinesischen Nachtmarkts in Richmond. Die gebratenen Tintenfische und Fischbällchen sind einfach köstlich! Wer unter 13 oder über 60 Jahre ist, hat sogar freien Eintritt.

HOCH AUF DEN GIPFEL
Wenn du fit bist, dann spar dir die kostenpflichtige Gondel und besteige den aussichtsreichen Gipfel zu Fuß. Der Grouse-Grind-Wanderweg ist ausgeschildert. Anstrengend, aber atemberaubend.

LACHSE AUF DER LEITER
Hautnah ist in der Capilano Salmon Hatchery der Lebenszyklus der Lachse zu beobachten. Die Lachsleiter ist durch Unterwasserfenster zu beobachten. Ab Mitte August kehren die erwachsenen Lachse zurück.

BEST OF

TYPISCH

DAS ERLEBST DU NUR HIER

DAMPFUHR

Witzige Attraktion im historischen Viertel Gastown ist die viertelstündlich tutende Steam Clock an der Ecke Cambie Street, die über das städtische Fernwärmenetz betrieben wird.

220 000 M² GROSS …

… ist der Van Dusen Botanical Garden mit Blumen und Wäldchen, idyllischen Wegen und kleinen Seen. Besonders farbenprächtig zeigt sich der Garten von Mai bis Juli.

CANADA PLACE

Während der Expo 86 war der von Stararchitekt Ed Zeidler mit einem schneeweißen Zeltdach überbaute Pier der Pavillon Kanadas. Heute lässt es sich hier herrlich flanieren, den Kreuzfahrtschiffen zusehen und von der Spitze des Piers den Blick über den Fjord Burrard Inlet genießen.

PER KAJAK DIE SKYLINE GENIESSEN

Das Ecomarine Paddling Centre vermietet Kajaks und Stand-up-Paddleboards für individuelle Touren im False Creek vor der Kulisse der Innenstadt. Auch Kurse und geführte Touren.

SUPER AUSSICHTEN!

Einen fantastischen Blick über die Stadt bietet die Aussichtsterrasse The Lookout im Harbour Centre an der Hastings Street oder – noch umfassender – eine Gondelfahrt auf den Grouse Mountain.

HÄNGEBRÜCKE ÜBERM CANYON

Die Capilano Suspension Bridge ist eine schwankende, knapp 140 m lange Hängebrücke über einen 70 m tiefen Canyon mit Totempfahlpark, einem *cliffwalk* hoch über der Schlucht und riesigem Souvenirshop. Aber leider auch eine teure Touristenfalle.

DIE BESTEN INSIDER-TIPPS

BEACH IN THE CITY
English Bay Beach ist Vancouvers Stadtstrand, denn er liegt absolut zentrumsnah. Noch schönere Strände liegen weiter südwestlich der Innenstadt: Kitsilano Beach und Jericho Beach.

ALLES FÜR JEDE SPORTART
MEC (Mountain Equipment Co-op) ist die Mutter aller Outdoor-Läden in Vancouver.

SÜDAMERIKA TRIFFT KANADA
Der Venezolaner Jefferson Alvarez schickt sterneverdächtige Kreationen aus der Küche seines Restaurants Cacao: Tintenfisch mit Ananas-Salsa und leckere Yucca-Fritten.

MEKKA DER EISLIEBHABER
Das Rain or Shine ist gut gelegen im Studentenviertel Kitsilano. Unbedingt probieren: Nuss mit Bourbon-Whiskey.

SCHIFF IN SICHT!
Schmuckstück des Maritime Museum ist die „St. Roch", ein arktisches Patrouillenschiff. Der hölzerne Schoner durchquerte mehrmals die Nordwestpassage.

SCIENCE WORLD
Im gläsernen Ball der Expo am False Creek ist ein Technikmuseum eingezogen. Viele Experimente zum Selbermachen.

NIGHTLIFE
Das Nachtleben der Downtown konzentriert sich auf Gastown, im Westend um Davie und Denman Street sowie in Yaletown. Dort findet sich auch die beliebte Braukneipe Yaletown Brewing Co.

SPEISEN UNTER DER BRÜCKE
Super Fisch auf beheizter Dachterrasse mit Kamin über dem False Creek: The Sandbar.

DAS SCHMECKT IN VANCOUVER

Unsere Empfehlung heute

Frühstück

BC BENNY
Pochierte Eier und Räucherlachs mit Sauce Hollandaise auf Brötchen

FRENCH TOAST WITH FRESH BERRIES
Toastscheiben in Eihülle (Arme Ritter) mit frischen Beeren

PANCAKES WITH MAPLE SIRUP
Pfannkuchen mit Ahornsirup

Vorspeisen

ARTICHOKE SPINACH DIP
Aufstrich aus Artischocken und Spinat

CLAM/SEAFOOD CHOWDER
Cremige Suppe mit Muscheln/Fisch

CHICKEN/BUFFALO WINGS
Gut gewürzte Hähnchenflügel

EDAMAME
Gedämpfte Sojabohnen zum Selberknacken

Hauptgerichte

POACHED SOCKEYE SALMON
Rotlachs gedämpft (aus Wildfang)

DUNGENESS CRAB
Großer Taschenkrebs von der Westküste

PRIME RIB (STEAK)
Sehr zarte Bratenscheibe (oder Steak) aus der Hochrippe

TUNA POKE BOWL
Schale mit rohem Thunfisch, Gemüse, Reis und asiatischer Soße

Getränke

CAESAR
Scharf gewürzter Drink aus Wodka und Tomaten-Muschelsaft

IPA BEER
India Pale Ale, ein leicht bitteres, hopfiges helles Bier

PITCHER OF BEER/ MARGARITA
Krug Bier/Tequila-Limonen-Drink zum Teilen

BILDNACHWEIS

Titelbild: Venedig, San Marco (hemis/laif: B. Gardel)
Fotos: AWL: M. Bottigelli (34/35, 132/133), S. Politi Markovina (37), C. Unger (90/91); S. Bünemann (137, 140/141, 160/161, 256, 290, 406/407, 422/423, 426/427, 432/433); W. Dieterich (272/273, 274/275); DuMont Bildarchiv: T. Anzenberger (260/261, 267), T. Babovic (2 u.), M. Gumm (138); Dumont Bildarchiv: C. Heeb (291); DuMont Bildarchiv: F. Heuer (459), P. Hirth (60/61), G. Knoll (6/7, DUMONT Bildarchiv: G. Knoll (147); DuMont Bildarchiv: T. Linkel (16), S. Lubenow (42/43, 44/45, 47), O. Meinhardt (234/235), M. Sasse (2 M., 4 u.); L. Forst-Gill/F. Beuerskens (206); F. M. Frei (308); R. Freyer (389, 429); Getty Images: Bohistock (448), A. Hobel (59), M. A. Paulda (250/251), Seng Chye Teo (326/327), S. Winter (19); Getty Images/Digital Vision: S. E. Barbour (24/25); Getty Images/Johnér Images (110/111); Getty Images/Lonely Planet Images: R. Cummings (27); R. M. Gill (306/307); huber-images (240/241, C. Bäck (174/175), A. Bartuccio (392/393, 394/395, 398, 401), G. Baviera (257), M. Borchi (51/52, 53/54, 304/305, 318, 380), P. Canali (212/213, 376/377), C. Cassaro (224/225), B. Cossa (369), O. Fantuz (259), J. Foulkes (342/343), P. Giocoso (152/153, 366/367), Gräfenhain (117, 167); Huber-images: G. Gräfenhain (386/387); huber-images: J. Huber (96); Huber-images: Kremer (148); huber-images: S. Kremer (2 o., 192/193, 194/195, 220/221, 222/223, 226, 302/303, 310, 354/355, 356/357, 359, 379, 404/405, 411), M. Manser (20/21); Huber-images: H. P. Merten (144/145); huber-images: Zoltan Nagy (228), S. Raccanello (94/95), M. Rellini (10/11, 76, 80/81, 97, 112/113, 374/375, 424/425), M. Ripani (77), S. Scatà (371), R. Schmid (50, 62/63, 107, 170/171, 172/173, 179); Huber-images: R. Schmid (200/201, 208); huber-images: R. Schmid (210/211, 292/293, 294/295, 431); Huber-images: R. Schmid (462/463); huber-images: L. Vaccarella (55/56, Huber-images: L. Vaccarella (190/191); huber-images: W. (254/255); Huber-images/TC (452/453); iStock: pidjoe (88); Laif: J. Baier (279), D. Butzmann (67), H. Champollion (46), T. Gerber (130/131, 262/263), M. Gonzalez (79), F. Heuer (284/285), P. Hirth (89, 122/123, 129), L. Jäckel (319), M. Jaeger (69), L. Jaekel (364/365, 368), C. Kerber (189), T. Linkel (14/15, 18, 177, 264/265), Ch. Papsch (444/445), Sasse (378), M. Sasse (149), D. Schmid (58, 244/245), D. Schwelle (139, 322/323), B. Steinhilber (182/183, 184/185), N. Wohlleben (36), F. Zanettini (92/93); Laif/Arcaid: B. Simmons (442/443); Laif/Arcaid/Ambience: M. Freeman (418); Laif/Gamma-Rapho/Eyedea/HOA-QUI/TMN: J. Barea (159); Laif/hemis: F. Guiziou (286/287); Laif/hemis.fr (438, B. Gardel (118), R. Mattes (227); Laif/imagineChina: Z. Yang (414/415); Laif/Le Figaro Magazine: Martin (451); Laif/Loop Images: Q. Bargate (142/143), P. Tyson (312/313); Laif/Polaris: T. Donoghue (361); Laif/Redux: A. Gonzalez (341); Laif/robertharding: K. Kozlowski (316/317), M. Lange (146), Photo Escapes (329), E. Rooney (268), M. Runkel (436/437), N. Tondini (321); Laif/VWPics/Redux: L. Vallecillos (39, 464); Look: K. Johaentges (134/135), S. Lubenow (40/41), I. Pompe (276); Look/age fotostock (309, 336/337, 446/447); Look/age photostock (12/13, S. Lubenow (38); Look/robertharding (178, 232/233); Look/travelstock44 (277); mauritius images: U. Bernhart (187), W. Bibikow (119), Johnér (249), H.-P. Merten (176), Novarc Images (102/103), U. Siebig (358), S. Vidler (421), D. Weber (360), P. Widmann (214/215); mauritius images/foodcollection (269); mauritius images//People/Alamy: P. Forsberg (216); mauritius images/age (456/457); mauritius images/age fotostock (450, L. F. Dafos (120/121); mauritius images/Alamy (136, 150/151, 168, 197, 229, 324/325, 331, 348, 381, 420, 440), A. Altun (338), Z. Atletić (391), V. Bareta (180/181), S. Barnes (64/65), M. Berry (439), M. Bruxelle (454/455), C. Ehlers (248), G. B. Evans (247), P. Forsberg (72/73), B. Gal-

marini (300), A. German Vilela (339), P. C. Gordon (158), R. Granieri (186), B. Harrington III (346/347), T. Harris (26), P. Horree (157), W. Lemlerkchai (57), Marka (311), MARKA (388), B. Marty (430), B. Monteney (28), S. Novikov (196), C. Okolo (218), P. Oshkai (4 o., 382/283), I. Özdere (334/335), S. Pavone (384/385), Photomax (68), S. Reddy (219), J. Ritterbach (128), S. Schnepf (344/345); Mauritius images/Alamy: A. Segre (416/417); mauritius images/Alamy: M. Soler (32/33), N. Tinelli (299), G. Vaughn (314/315), A. Velikzhanin (301), T. Vyshnya (434/435), C. Wilton (298), J. Wlodarcyzk (22/23), YongCS (428); mauritius images/Alamy/ Efesenko (332/333); mauritius images/Alamy/Andfoto (370); mauritius images/Alamy/Cavan Images (296/297); mauritius images/Alamy/ Dbimages (351); mauritius images/Alamy/Eyesonmilan (166); mauritius images/Alamy/Jejim120 (408); mauritius images/Alamy/Oneinchpunch (320); mauritius images/Alamy/RosalreneBetancourt 13/ Pablo Picasso, Guernica, 1937 (MNCA Reina Sofia) © Succession Picasso / VG Bild-Kunst, Bonn 2019 (154/155); Mauritius images/Alamy/ Stockinasia (412/413); mauritius images/Alamy/travel4pictures (458); mauritius images/Alamy/travelstock44 (461); mauritius images/Alamy/volkerpreusser (266); mauritius images/Blend Images: A. Hester (410); mauritius images/Chromorange: C. Ohde (106); mauritius images/ClickAlps (114/115); mauritius images/Cultura (328); mauritius images/Cultura/Henn Photography (289); mauritius images/Destinations: J. Short (87); mauritius images/Folio Images: W. Nystrand (242/243); mauritius images/foodcollection (441); mauritius images/Hemis.fr: L. Montico (198); mauritius images/Image Source: S. K. Hughes (402/403); mauritius images/ Imagebroker: D. Bleyer (349), M. Blume (409), M. Mainka (204/205), M. Moxter (30/31); mauritius images/imagebroker: K. Petersen (116); mauritius images/imageBROKER: S. Randebrock (29); mauritius images/Imagebroker: J. Tzu-chao Lin (390); mauritius images/ John Peter Photography/Alamy (84/85); mauritius images/Masterfile: R. I. Lloyd (74/75); mauritius images/Prisma (419); mauritius images/Radius Images (350); mauritius images/robertharding (17, M. Cristofori (188), O. Wintzen (202/203); mauritius images/Rosalrene-Betancourt 10/Alamy (288); mauritius images/SagaPhoto: P. Forget (207); mauritius images/Tetra Images (78); mauritius images/Travel Collection (230/231, 237, 460), C. Körte (156); mauritius images/Westend61 (4 M., 238, 340); maurtius images/Alamy: A. Ivanov (70/71); C. Naundorf (199); Offfstock/Shutterstock (Klappe hinten); picture-alliance: R. Schlesinger (49); picture-alliance/dpa: S. Steinach (48); picture-alliance/EPA: F. Snger (217); picture-alliance/Global Travel Images (270/271, 278); picture-alliance/ImagineChina: Stringer (330); picture-alliance/Mint Images (449); picture-alliance/NurPhoto: G. Cosua (258); picture-alliance/TASS: P. Kovalev (236); M. Sasse (246, 282/283); Schapowalow Images: R. Spila (372/373); Schapowalow/4Corners: T. White (362/363); Schapowalow/SIME: L. Da Ros (252/253); Shutterstock: Anpopiel (127); shutterstock: Curioso.Photography (66); Shutterstock: Kobby Dagan (352/353), Sopotnicki (126); Shutterstock/kronikarz.com (124/125); T. Stankiewicz (82/83, 86); M. von Hessert-Fraatz (98, 99, 100/101, 104/105, 108, 109, 162/163, 164/165, 169, 209, 396/397, 399, 400); vario images/Westend61 (239)

IMPRESSUM

1. Auflage 2023

Gestaltung Cover:
Birgit Eggers, Potsdam
Gestaltung innen:
Anette Vogt, redsign, Stuttgart

Satz und Redaktion:
Marlis v. Hessert-Fraatz, Hamburg

Der Inhalt dieses Buches basiert auf bereits veröffentlichten Beiträgen der Reiseführerreihe von MARCO POLO.

Trotz gründlicher Recherche schleichen sich manchmal Fehler ein. Wir bitten um Verständnis dafür, dass der Verlag keine Haftung übernehmen kann.

Printed in Italy

ISBN 9783575016157

www.marcopolo.de

FSC www.fsc.org
MIX
Papier | Fördert gute Waldnutzung
FSC® C015829